언어학에 대한 65가지 궁금증

The Five-Minute Linguist (second edition)
Edited by E. M. Rickerson and Barry Hilton

Second edition 2012
Published by Equinox Publishing Ltd., 2012

언어학에 대한 65가지 궁금증

E. M. 릭커슨 · 배리 힐튼 엮음

류미림 옮김

KM 경문사

옮긴이의 말

나는 'Serendipity(우연한 발견)'라는 단어를 좋아한다. 존 쿠삭의 영화와 움베르토 에코의 책제목으로도 널리 알려진 이 단어의 말소리와 의미 때문이다. 원제가 *The 5-Minute Linguist*인 이 책은 내가 유진에서 연구년을 시작한 다음날 학교서점에서 'serendipity'라는 말에 딱 맞는, 정말 우연히 마주친 책이다. 성격상 무엇이든 즉흥적인 구매를 잘 하지 않지만 이 책은 언어학서가 앞에 서서 잠시 훑어 본 후 바로 구입했다. 그날로 책의 1/3을 읽고 다음날부터 번역을 시작했다. 이후 연구년 1년은, 번역 작업을 통해 정신적으로 지적으로 나를 더욱 살찌우는 감사하고도 행복한 하루하루를 보냈다.

이 책은 미국과 영국의 저명한 60명의 언어학자들이 영어를 비롯한 미국의 언어상황, 그리고 역사 속으로 사라진 언어에서 현존하는 언어에 이르기까지 전 세계의 언어에 관련된 다양하고 흥미로운 주제를 4~5페이지 분량으로 아주 명료하면서도 재미있게 정리한 에세이 모음집이다. 이 책은 일반인들이 좀 더 적극적으로 언어에 관심을 가지고, 수화를 포함한 다양한 외국어를 배우고자 시도하고, 동시에 현존하는 언어들, 특히 멸종위기의 언어들을 보존하는 데 관심을 불러일으키는 것을 목표로 하고 있다.

2005년 미국에서 '언어의 해'를 기념해서 한 라디오 방송에서 매주 5분씩 언어의 기원, 영어의 역사, 인간의 언어능력, 외국어학습, 조기외국어교육의 영향, 해외어학연수, 컴퓨터 자동번역기 등의 여러 주제를 가지고 방송한 내용이 이 책의 바탕을 이루었다. 대부분의 주제가 현재 우리나라의 많은 사람들이 관심을 가지는 것들이기 때문에 언어나 외국어학습 전반에 관련해 사람들이 가지는 의문이나 질문에 대한 답을 이 책을 통해 얻을 수 있기를 바라는 소망에서 이 책을 번역하였다. 사실, 엮은이의 말에서도 언급되고 있듯이 이 책은 언어와 관련해서 사람들이 가지고 있는 의문들에 답을 제공하고자 하는 의도를 가지고 있기 때문에 모든 장들의 제목이 질문형식을 취하고 있다. 따라서 이 책은 아주 현실적이고 구체적인 정보를 독자들에게 전달한다는 크나큰 장점을 가지고 있다.

책 전반에 걸쳐 수많은 언어, 인명, 지명, 문학작품, 영화, TV 시리즈 등이 소개되고 있는데 대부분의 고유명사들은 외래어 표기법에 맞추어 옮겼고 그렇지 않은 경우는 고유명사의 발생국가의 발음을 취하거나 많은 경우 이 책이 미국에서 만들어졌기 때문에 미국영어발음을 한글로 옮겼다.

이 책을 번역하는 동안 사소한 발음의 문제에서부터 특정 영어 표현의 사회문화적 배경에 대한 설명에 이르기까지 도움을 아끼지 않은 오랜 친구 웬덜 페퍼다인에게 감사의 말을 이 지면을 빌려 전한다.

함박눈이 소담하게 내리는
2013년 1월의 어느 고요한 아침에
유진에서
류미림

이 책을 시작하며

이 책은 언어나 언어의 본질에 궁금증을 가진 모든 사람 — 결국 우리들 대부분 — 을 위한 책입니다. 이 책은 전문가를 위한 퀴퀴한 냄새 나는 학술책은 아닙니다. 언어분야의 선도적인 전문가들에 의해 쓰인 《언어학에 대한 65가지 궁금증》은 언어학적 기본에 대한 독자 친화적 탐구, 일반 독자를 위한 언어학적 출발도구입니다. 이 책은 독자가 주제에 관심을 가지고 있다는 것 이외에는 독자에 대해 어떤 가정도 하지 않습니다. 적은 분량의 각 장들은(모두 5페이지 미만) 사람들이 언어에 대해 가지고 있는 가장 궁금한 질문에 대한 전문적인 대답을 생생한 구어적 표현으로 전합니다. 정말 마음에 드는 책입니다.

비록 이 책의 주된 목표는 유익한 정보를 전달하는 것이지만 언어에 대한 공부를 장려하고 언어들의 본질과 다양성에 대한 인식을 불러일으키는 것 또한 목표로 추구합니다. 이 목표가 바로 미국외국어교육위원회(ACTFL)가 이 책에 특별한 관심을 가지는 이유입니다. 당신은 아마 미국 상·하원에서 언어교육의 중요성과 유익에 관심을 모으기 위해 2005년을 미국에서 '언어의 해'로 지정한 사실을 알 것입니다. 그해 내내 ACTFL은 언어에 관한 긴박감을 촉발시키는 것을 목표로 하는 활동을 증진시켰습니다. 대학에서 강의와 영화상영, 학교에서 포스터 전시, 고속도로에 광고, 주대항(statewide) 언어경시대회, 에세이 대회, 민속 페스티벌, 문화 프로그램, 전국토론회 등의 많은 행사가 있었습니다. 심지어는 언어, 문화, 세계문제라는 새로운 단과대학이 사우스캐롤라이나 주의 찰스턴대학에 설립되었습니다. 야심작 중의 하나가 〈Talkin' About Talk〉라는 라디오 시리즈였습니다.

이 시리즈는 일반 라디오방송국, 상업 라디오방송국, 대학 라디오방송국들을 통해 전국적으로 방송되었습니다. ACTFL 디렉터들과 스태프들이 이 프로젝트에 관여했고, ACTFL은 홈페이지(www.actfl.org)에 전체 시리즈의 오디오 파일을 탑재함으로써 프로젝트를 지원했습니다. 지금 당신 손에 들려있는 이 책은 52편의 원래 방송본을 다듬고 새로운 장을 추가하여 만든 방송 시리즈의 각색본입니다.

보다 숭고한 목표 이외에도 언어교육을 장려해야 하는 몇 가지 아주 현실적인 이유가 있습니다. 미국은 아이들이 단지 한 언어만을 알고 중등교육을 마치는 세계 유일의 산업선진국입니다. (단일어 미국인에 대한 고정 관념이 완전히 잘못된 것만은 아닙니다.) 최근의 입학 조사에 따르면, 세 명 중 오직 한 명만이 학교에서 외국어를 배운다고 말합니다. 한편으로 정부는 번역을 기다리고 있는 교재들, 전국적으로 부족한 언어 전문가들, 가장 중요한 언어들에서 오직 3%의 준비수준 등 해결해야 할 엄청난 문제들을 가지고 있습니다. 글로벌 교역에 대한 고려 이외에도, 911사태 이후 세계에서 영어 이외의 다른 언어에 대한 관심의 결여는 매우 심각한 대가를 치르게 하고 있습니다. 경제적 요구와 국가안보의 문제가 과거 그 어느 때보다도 무역 파트너, 동맹국, 가상 적국과의 분명한 의사소통에 의존하는 이때에 미국인들은 외국 언어와 문화를 교육받아야만 합니다.

언어 수용력을 증가시키기 위해서 미국은 조기 언어공부를 시작하는 학생들이 대학까지 언어공부를 계속하는 길을 만들어야 합니다. 모든 학생들, 특히 초등학생들에게 언어학습 기회가 주어져야 합니다. 주정부와 지역관

청은 우선 사항에 눈을 돌려야 하고 언어는 학교 교육과정에서 보조금이 빠듯할 때 쉽게 잘라버릴 수 있는 엑스트라라는 생각을 버려야 합니다. 패러다임이 변했습니다. 미국인의 70%가 매일 영어가 모국어가 아닌 사람들과 교류합니다. 글로벌 경제에서 학생이 어떤 직업을 구하든 그는 사우스캐롤라이나와 비즈니스를 하는 것과 마찬가지로 한국과 비즈니스를 할 것입니다.

다른 사람들이 무엇을 생각하고 왜 그렇게 생각하는지를 이해하는 것은 우리가 — 미국인과 다른 사람들이 — 더 나은 친구가 되고 세계적으로 더 나은 협상가가 되는 것을 돕습니다.

그렇지만 언어의 중요성에 대한 관념을 바꾸는 것은 쉽지는 않습니다. 슬프게도 2006년에 이 책의 첫 판이 출판된 이래로 변한 것은 별로 없습니다. 미국에서 언어의 해는 위대한 첫걸음이었습니다. ACTFL은 현재도 진행 중인 "언어를 발견하라. …… 세계를 발견하라!"라는 캠페인을 통해 일반인들을 교육하는 시도를 계속하고 있습니다. 그리고 유치원에서 고등학교, 대학에 이르기까지 중국어반의 등록이 엄청나게 증가하고 있습니다. 그러나 지역 학교에서의 예산 삭감은 다른 많은 외국어 프로그램들의 폐쇄를 초래하고 있습니다.

그러나 여전히 희망은 있습니다. 점점 더 많은 학부모들이 영어가 아닌 체계적인 외국어 교육만이 자신의 아이들이 세계시장에서 활동하는 데 도움을 줄 것이라고 생각합니다. 국방부와 다른 정부기관들은 미국의 보안에 관해 결정적으로 언어가 중요함을 알고 있고 언어교육의 확장을 지원하고 있습니다. 점점 더 많은 미국인들이 인터넷 소셜 네트워크에서 언어에 대해 말하거나 언어를 배우는 것을 논의하고 있습니다. 언어교육자들은 이러한 지지자들과 소통하기 위한 방법을 모색하고 있고 ACTFL은 미국 단일어주의를 치유하는 목표 아래 이러한 연결을 촉진시키는 역할을 반갑게 받아들이고 있습니다.

《언어학에 대한 65가지 궁금증》을 재미있게 읽으시고 여러분 스스로가 언어 주창자가 되기를 바랍니다.

미국외국어교육위원회 사무국장

브렛 러브조이

엮은이의 말

학문이 유익하면서 동시에 재미있는 경우는 드뭅니다. 《언어학에 대한 65가지 궁금증》은 언어 전문가들의 글이어서 전문적인 내용들로 가득 차기는 했지만 비전문가과, 일반 독자들을 배려한 언어와 언어학에 대한 유쾌한 입문서입니다. 이 책의 각 장들은 짧아서(3~5페이지) 바쁘게 움직이는 동안 훑어보거나 읽어보기에 알맞고 글의 스타일은 교재라기보다는 화롯가에서 나눌 수 있는 대화 수준으로, 가볍게 쓰려고 의도하였습니다. 사실, 2005년 미국에서 '언어의 해'를 기념하는 한 형태로 〈Talkin' About Talk〉라는 라디오 프로그램을 진행했고, 프로그램의 시리즈가 이 책의 시작이었습니다. 지적이고 상냥했던 방송 해설자가 광범위한 청취자를 위해 복잡한 언어 주제를 이해하기 쉽게 설명해야 했기 때문에 이 책의 글들은 격식에 얽매이지 않은 어투입니다. 해설자는 매주 정확하게 5분 동안 편안한 대화투로 언어와 관련된 주제를 가지고 방송했습니다. 지금 여러분이 손에 들고 있는 책은(인쇄된 책이든 전자책이든) 첫 판(2006년 출판됨)을 수정하고 다섯 개의 장을 더 추가하여 우리가 부족하다고 느꼈던 부분을 보완한 두 번째 판입니다.

책의 형식 자체가 어떤 주제도 심도 있게 다룰 수 없도록 되어 있었기 때문에 편집자들은 일찍이 몇 가지 길잡이 원칙 — 언어분야에 종사하지 않는 사람들이 언어에 대해 알고자 하는 것이 무엇인가? 그들이 잘못 알고 있는 것에는 어떤 것들이 있는가? 이 사람들은 어떤 언어와 언어집단에 가장 관심이 큰가? 우리의 독자들이 언어를 배우고 사용하는 것과 관련해 어떤 것들을 알고 싶어 하는가? — 에 초점을 맞추기로 결정했습니다. 그 결과, 책의 각 장의 제목이 질문의 형태를 취하게 되었는데, 이 장들이 여러분의 식욕을 돋우어 좀더 실속 있는 음식을 접하게 하는 그런 풍미 있는 언어학적 전채요리가 되리라고 저희는 생각하고 싶습니다.

저희는 처음에 라디오 시리즈를 책으로 출판할 계획을 가지고 있지 않았고 방송이 애청될 것이라는 예상도 하지 못했습니다. 그러나 결과적으로 시리즈는 라디오 청취자들뿐만 아니라 개인적으로든 전문적으로든 언어에 관심을 가진 다양한 사람들에게 인기를 얻었습니다. 시리즈의 자료들은 기초언어 및 언어학 교과 수업, 인류학입문 수업, 예비 언어교사 교육, 성인교육센터, 제2언어로서 영어프로그램, 그리고 어린 학생들을 위한 언어예술 수업 등에서 사용되었습니다. 중·고등학교에서는 학교 방송 시스템을 통해 학생들에게 방송했고, 미국 외교부는 전 세계의 외교부 직원들을 위해 시리즈를 온라인에 올렸습니다. 미국외국어교육위원회(ACTFL)는 언어교사들을 위한 자료로 그들의 홈페이지에 오디오 파일을 탑재했습니다. 심지어는 이 책이 나오기 훨씬 이전에 토론을 촉진시키기 위해 오디오를 틀어 두고 만남을 가졌던 진취적인 독서클럽도 있었습니다. 시리즈가 미국언어학회로부터 명망 있는 '언어학, 언어, 그리고 대중(Linguistics, Language and the public)' 상을 수상했을 때 저희 〈Talkin' About Talk〉 제작진은 정말 영광스러웠습니다.

정확하게 말하면 '5분간의 언어학자'는 없습니다. 프로젝트에서 라디오의 목소리와 설계자는 찰스턴대학의 명예교수인 E. M. '릭' 릭커슨 박사였지만 '언어학자'는 실제로 미국의 25개 주와 영국에서 모인 60명의 전문가들의 컨소시엄입니다. 이 분들은 모든 면에서 놀라운 재능을 소유한 분들이기에 각 장의 마지막 부분에 있는 이 분들의 약력을 읽어 보길 권합니다. 많은 분들이 이 책에서 논의한 주제에 대해 간단히 설명했지만 실상 그 분야에서 크게 호평 받는 책들을 출간했습니다. 대부분이 대학교수들이거나 전문적으로 언어와 관련되어 있는 분들입니다. 이 분들 중에는 가끔 과학적 언어학자(언어학교수, 현장언어학자, 문헌학자, 음성학자, 심리언어학자, 그리고 기본적으로 언어학이론과 언어데이터에 관심을 가진 사람들 등)라고 불리는 분들, 언어교육자들(제2언어습득론의 전문가들과 다양한 언어교사들), 응용언어학 전문가들(번역가/통역가, 정부기관의 언어담당자, 사전편찬자, 인류학자, 자원센터와 언어프로그램의 책임자, 그리고 시민단체나 전문단체의 구성원들)을 포함합니다. 언어에 대한 이 분들의 공통된 관심에도 불구하고 크게 나눈 위의 세 범주는 독자적 영향권을 가지는 경향이 있습니다. 저희는 이 점이 이 책만이 가지는 독특한 특성이라고 믿습니다.

이런 이색적인 그룹이 상대적으로 일관된 스타일의 목소리를 가지고 말하는 것을 ― 방송에서 나중에 책에서 ― 유지시키는 것이 각 장의 초안들을 실험하고 편집하고 논평한 심사위원회의 책임이었습니다. 이 프로젝트의 진행 중 여러 번에 걸친 위원회에는 미국언어학회의 전 회장이자 뉴멕시코대학의 유명한 언어학교수 존 바이비, 듀크대학의 독일어 교수이자 언어교육장비의 전문가 프랭크 보차드, 버밍햄에 있는 알라바마대학의 스페인어 교수이자 《외국어연대기(*Foreign Language Annals*)》의 편집장 쉐리 스패인, 버클리 캘리포니아대학교 정보대학 교수이자 〈프레쉬 에어(Fresh Air)〉라는 NPR 쇼에서 특별 발표자였던 제프리 넌버그, 조지 워싱턴대학의 교수이자 언어박물관의 평의원 질 로빈스, 그리고 프리랜서 작가이자 독립학자 배리 힐튼(릭커슨과 함께 이 책의 공동 편집자) 등이 참여했습니다. 위원회의 역할은 모든 모순이나 반복을 제거하는 것이 아니었다는 것을 말해 두고 싶습니다. (살아있는 학문적인 연구 분야에서 다른 질문들이 겹쳐지고, 동일한 증거가 다른 전문가에 의해 다르게 해석되는 현상은 흔합니다.)

이 책을 읽는 방법

《언어학에 대한 65가지 궁금증》은 처음부터 읽어야 할 필요는 없습니다. 각 장들이 본질적으로 독립적이기 때문에 어떤 순서로 읽든 상관없습니다. 그렇다고 각 장이 나머지 장들과 연결되어 있지 않다는 의미는 아닙니다. 각 장은 인접 장들이나 이 책의 다른 부분의 장들과 관련될 수도 있습니다. 연결을 원하는 독자들을 위해 책 뒷부분에 인덱스와 각 장의 끝에 좀 더 깊은 조사를 위한 몇몇 제안을 담고 있습니다. 이 책의 간결한 글들에 의해 식욕이 돋우는 분들이나 좀 더 본질적인 어떤 것을 시도하길 원하는 분들을 위해 각 장은 비전문적인 독자들이 이용할 수 있는 관련된 책, 논문, 웹사이트를 장의 마지막에 제공합니다.

이 책은 형식적으로 세션을 나누고 있지는 않지만 인접한 장들은 유사한 주제로 그룹을 이루는 것을 볼 수 있을 것입니다. 대략적으로 책의 처음 절반은 과학적 언어학자의 시각에서 언어 일반을 다룹니다. 주제그룹에는 언어의 본질(1~14장), 언어와 뇌기능과 사유와의 관계(15~18장), 언어의 사회적 맥락(19~28장), 그리고 언어의 소리(29~31장)가 포함됩니다. 나머지 절반에서 32장부터 37장까지는 언어학습과 교수를 다룹니다. 38장부터 44장까지는 미국에서 언어에 관련된 다양한 논문모음이고, 45장에서 50장까지는 사전학, 번역, 과학적 탐구 등과 같은 언어 '응용'을 논의합니다. 마지막 다섯 개의 장은 구체적인 언어들과 어족들에 대한 논평으로 구성하였습니다.

감사의 글

《언어학에 대한 65가지 궁금증》을 출간하기 위해 많은 훌륭한 분들과 조직이 관여했습니다. 먼저, 이 책의 두 번째 판은 국립언어박물관과 미국언어학회의 연합된 — 그리고 열정적 — 지원이 있었음을 말씀드립니다. 특히 이 프로젝트의 시작부터 참여하신 박물관의 명예관장이며 박물관 위원회의 위원 아멜리아 머독, 미국언어학회의 재무이사 폴 채편, 그리고 라디오 시리즈나 책에 혹은 둘 다에 기고한 수많은 LSA 회원들에게 감사드립니다. 그리고 라디오 시리즈를 위한 기본적인 작업을 위해 학교에서 자재와 시설을 제공한 찰스턴대학 언어, 문화, 세계문제 대학의 초대학장 사무엘 하이네스에게도 감사드립니다. 두 번째 판의 심사자로서 편집자들에게 의미 있는 조언을 제공한 질 로빈스에게 특별한 감사를 드립니다.

아주 순조롭게 프로젝트를 지원한 미국의 언어와 언어학 단체들에도 또한 감사드립니다. 고맙게도 이 책의 서문을 쓴 미국외국어교육위원회(ACTFL)의 사무국장 브렛 러브조이와 라디오 시리즈에 글을 기고하고 프로젝트의 지속적인 지원자들 중에 대표적으로 미국외국어교육위원회의 교육부장 마티 아보트, 라디오 프로젝트를 후원하고 이끌어 가도록 격려를 아끼지 않은 현대언어학회(MLA), 응용언어학센터, 국립외국어센터, 미국번역협회, 전국언어연합회, 토속언어기관, 외국어 주(state)감독관 전국협회와 같은 다른 전국적인 언어 단체들에도 감사드립니다. 프로젝트는 또한 사우스캐롤라이나 언어협회, MLA의 많은 지역협회를 포함하여 기다란 목록의 외국어교사협회, 특히 〈Talkin' About Talk〉에 특별히 '언어의 해' 상을 수여한 언어교육남부학술대회와 같은 지역단체의 지원을 받았습니다.

감사하게 첫 판의 마지막 원고를 읽고 조언을 해준 세계적인 언어학자이자 작가인 조지타운대학의 데보라 태넌과 카네기 멜론의 리차드 터커, 그리고 이 책의 대부라고 생각하는 미국의 가장 존경 받는 두 언어학자인 노스캐롤라이나 주립대학의 월트 울프럼과 로버트 로드먼에게 큰 빚을 졌습니다. 마지막 두 분은 라디오 프로젝트의 초기부터 적극적으로 관여하여 많은 자극과 격려를 아끼지 않았습니다. 이 분들은 문집에 수차례의 수정 글을 내셨고, 불가피한 어려운 시기에 프로젝트가 진행되도록 그들의 지혜와 경험을 스스럼없이 나누었습니다.

마지막으로 이 책의 60명의 기고자들에게 특별한 박수를 보내고 싶습니다. 《언어학에 대한 65가지 궁금증》에 수록된 글들의 전문성과 명료성은 독자들에게 분명할 것입니다. 글을 쓰고 다듬는 작업에 필요한 동료 간의 사심 없는 협력은 편집자와 더불어 참여자 모두에게서 볼 수 있었습니다. 기고자들은 이 분야의 이익을 위해 주저 없이 자발적으로 참여했습니다. 이 분들이 프로젝트를 너무 전폭적으로 지원해서 언어와 언어학에 대한 일반인의 의식을 일깨우려 했던 소박한 목표는 궁극적으로 그 자체로 언어축제가 되었습니다.

E. M. 릭커슨·배리 힐튼

차례

차례

차례

일러두기

1. 인명, 지명, 작품명은 한글 맞춤법 외래어 표기법에 따라 표기했으며, 두산백과사전을 참조했다. 그러나 원래 발음과 달리 표기하여 혼동이 있을 경우는 가능한 발음하는 대로 표기하였다.(예: 타밀, 타밀어→태밀, 태밀어)
2. 대학명의 경우 대학사전의 표기에 따랐다.
3. 본문에서 책의 경우 《 》로 묶고 원문 병기하였다.
4. 본문에 사용한 부호와 기호의 뜻은 다음과 같다.
   - 저서, 신문, 잡지 : 《 》
   - 영화와 TV 방송작품 : 〈 〉
   - 논문 및 강조 : ‘ ’
   - 인용 : “ ”

01
왜 언어에 대해 배울까요?

로버트 로드먼

어느 언어가 가장 오래된 언어인지 궁금했던 경험이 있나요?
혹은 어린아이가 어떻게 말하는 것을 배우는지 궁금했던 기억이 있나요?

언어는 보편적이고 우리 모두는 우리가 자라면서 말한 언어를 사용하는 데 전문가이지만 언어에는 일상에서 사용하는 것 이외에 훨씬 많은 것이 있으며 이것이 많은 흥미로운 질문을 떠오르게 합니다. 에스페란토어는 어떻게 되었을까요? 기계가 언어를 번역할 수 있을까요? 특정 방식의 말과 글은 다른 방식보다 더 나을까요? 이 책의 장들은 이러한 질문들을 비롯해서 다양한 질문들을 다룹니다.

큰 질문부터 시작해 봅시다. 우리를 인간으로 만드는 것이 무엇일까요? 두 다리로 걷는 것일까요? 혹은 사회 안에서 사는 것일까요? 사랑하고 미워하는 우리의 능력일까요? 모두 다 맞는 이유들입니다. 그러나 어느 것도 인간만이 가지는 것은 아닙니다. 새도 두 다리로 걷습니다. 개미도 사회생활을 합니다. 그리고 우리 집 개는 나를 사랑하고 이웃집 고양이를 싫어합니다.

우리를 다른 모든 생물로부터 구별시키는 것은 언어입니다. 사람들이 함께할 때 — 놀이를 하든, 싸우든, 사랑을 나누든, 햄버거를 팔든, 집을 짓든 — 말하는 것 이외에 무엇을 합니까? 우리는 이 지구상에서 말이라는 힘을 가진 유일한 생명체입니다.

가난한 사람이든 부자이든 모든 인간은 언어를 사용할 수 있습니다. 모든 아이들은 단지 그들 주변에서 하는 말에 노출되는 것만으로 자신의 모국어를 배웁니다. 대부분의 아이들은 열 살이 되기 전에 한 가지 언어 이상을 유창하게 합니다. 그들이 자라면서 격식 있는 말에서부터 사회생활에 어울리는 말, 거리의 속어에 이르기까지 모든 종류의 말을 섭렵한다는 사실은 놀랍습니다.

이 책에서 제기하는 질문 중에는 어떻게 언어처럼 복잡한 것을 어린아이가 배우는 것은 아주 쉽고 어른들이 배우는 것은 어려운가 하는 것도 있습니다. 우리는 언어를 관장하는 뇌의 특정 부분이 있다는 사실과 어린 아이는 그가 노출되는 인간언어를 배울 수 있는 능력을 가지고 태어난다는 사실을 압니다. 반면에 자라면서 언어로부터 격리된 아이는 어른이 되어 유창하게 말하는 것을 결코 배울 수 없습니다. 이러한 근거에 기초하여 많은 과학자들은 언어 능력은 선천적이지만 이 능력의 대부분은 어른이 되면서 퇴화한다고 믿습니다.

우리의 논의는 말과 관련됩니다. 읽기와 쓰기를 배우는 것은 전혀 다른 문제입니다. 비록 말과 밀접하게 관계되어 있고 이 책의 여러 장에서 다룰 것이지만 글은 인간의 발명품이고 배워야만 합니다. 말하는 것은 걷는 것처럼 생물학적 특성이고 자연적으로 나타납니다.

이 책의 전체를 통해 당신이 분명하게 보게 될 것은 지구상의 언어들 사이에 얼마나 많은 다양성이 있고, 오랜 시간에 걸쳐 그들이 얼마나 지속적으로 변하는가 하는 것입니다. 지구상에는 수천 개의 언어가 있는데 이것들은 모두 초기 언어들로부터 전해졌고 사람들이 이동하면서 이 언어들은 바뀌고 방언으로 나뉘었습니다. 충분한 시간이 지나면 집단의 분리와 그들이 말하는 방언은 불가피하게 새로운 언어의 탄생으로 이어지는데 프랑스어, 루마니아어, 그리고 스페인어가 로마인의 라틴어로부터 성장해 나온 것이 한 예입니다.

당신은 언어가 어떻게 그리고 언제 시작되었는지에 대한 언어학자들의 발견을 읽게 될 것입니다. 어떻게 생각하십니까? 어떤 뛰어난 선조에 의해 말해진 '최초의 언어'가 있을까요? 음악적 흥얼거림이 모닥불 주변에서 언어로 진화했을까요? 혹은 다른 행성에서 온 외계인이 역사의 휴식기에 우리 선조에게 말하는 것을 가르쳤을까요? 초자연적인 것에서부터 동물 소리의 흉내에 이르기까지 이론은 무성합니다.

동물들도 언어를 말하나요? 원숭이와 다른 동물들도 분명히 서로 의사소통하고 언어와 연관된 일을 하도록 훈련될 수는 있지만 그들은 주제에 제한 없이 새로운 생각을 표현하는 인간의 언어학적인 유연성은 가지고 있지 않습니다.

그러면 컴퓨터는 어떻습니까? 어떤 면에서 컴퓨터는 아주 영리해 보입니다. 그러나 인간처럼 말하고 이해하도록 컴퓨터를 가르칠 수 있을까요? 컴퓨터는 인간에 가까운 기술의 현란한 시뮬레이션을 해낼 수 있을지는 모르지만 의미 있는 말을 이해하고 생산하는 능력에는 한계가 있습니다. 그리고 컴퓨터는 인간 언어의 즉흥성과 창조성을 가지고 있지 못합니다.

생각해 보십시오. 아플 때나 화날 때 내지르는 탄성과 같은 정해진 표현들이나 시나 기도문처럼 암기해야만 하는 단어들의 경우를 제외하고 당신이 말하는 대부분의 경우 당신은 이전에 들었거나 말한 문장과는 다른 문장을 만들어 냅니다. 모든 문장은 독창적입니다. 그리고 당신은 매일 수백, 수천 문장을 창조합니다! 언어가 특별한 이유 중의 하나는 그것이 인간 창조성의 한 보편적 형태라는 것입니다. 우리가 비록 훌륭한 시인, 작가, 웅변가는 아닐지라도 우리가 말할 때 우리는 삶에 대해 매일매일 창조적일 수 있습니다.

언어보다도 더 만연되어 있고 더 가치 있는 인간 특성은 없습니다. 언어는 인간의 모든 사유, 심지어 사유 그 자체에 대한 사유를 표현할 수 있습니다. 이 책은 바로 이런 것에 대한 책입니다. 자, 그럼 읽기 시작해 봅시다.

• 저자에 대해

로버트 로드먼은 UCLA에서 교육받은 언어학자로 현재 노스캐롤라이나 주립대학의 컴퓨터학과 교수이다. 그는 가장 유명한 언어학 교재 *An Introduction to Language*의 공동저자이다. 로드먼 박사는 또한 법의학 언어학자이며 언어와 법체계와 관련된 문제에 대해 사법부에 조언한다.

추천도서

- Fromkin, Victoria, Robert Rodman, and Nina Hyams. *An Introduction to Language* (Wadsworth, Cengage Learning, 9th edition, 2011).
  이 책은 언어에 배경지식이 없는 사람들을 위해 쓰인 언어와 언어학에 관한 개론서이다. 쉽게 읽을 수 있도록 쓰였고 언어학적 문제를 다루기 위해 만화, 간결하고 함축적인 인용 문구, 시, 노래가사 등을 방대하게 사용한다. 백만 부 이상 판매된 대표적인 언어학 도서이다.

- Pinker, Steven. *The Language Instinct: How the Mind Creates Language*(P.S.) (Harper Perennial Modern Classics, 1994, Revised 3rd edition, 2007).
  이 책은 인간의 마음이 언어를 다룰 때 나타나는 놀랍고 재치 있는 처리 본성에 관한 것이다. 기술적 주제에도 불구하고 흥미진진할 정도로 잘 쓰인 책이다. 이 책은 언어 분야에 종사하는 사람에게는 필독서이고 언어에 호기심 있는 사람에게는 즐거운 책이다.

02
언어학자이세요? 몇 개의 언어를 말하세요?

폴 채펀

언어학은 실제로 무엇에 관한 것일까요?
그리고 언어학자는 실제로 무엇을 할까요?

전문 직업인이라면 한번쯤 다른 사람들로부터 당신이 하는 일에 관해 일정한 틀에 박힌 질문을 받은 적이 있었을 것입니다. 경제학자는 그의 지출을 조절하는 능력에 대해 칭찬을 받고 심리학자는 동료들을 분석하는 것을 삼가 달라는 부탁을 받습니다. 언어학자에게는 이 글의 제목이 그런 질문입니다.

대부분의 언어학자들은 위의 질문을 받았을 때 놀란 것처럼 보이지 않도록 스스로를 단련시킵니다. 그들의 대답은 다양한 기법을 담고 있는데 어떤 대답은 다른 대답보다 덜 공손하기도 합니다. 어떤 언어학자는 '내가 생각하기에는 하나'라고 답하고 다른 언어학자는 '어느 정도 이해하는 수준에서, 모든 언어'라고 답할 것입니다. 그러나 질문은 아주 진지하게 던져졌고 언어학이 정말 무엇에 관한 것인지 설명할 기회를 주는 것입니다. 좋은 답변은 아래와 같은 것입니다.

여러 언어를 말하는 사람을 '다언어 사용자(polyglots)'라고 부릅니다. (이 부분에 대해서는 이 책의 23장에서 자세히 읽게 될 것입니다.) 여러 언어를 말하는 것은 존경받을 만한 기술이기는 하지만 그것은 인간의 자연언어를 과학적으로 연구하는 언어학과는 다릅니다. 배운 언어를 모국어 화자 수준으로 구사하는 능력은 일반적으로 유용하고 때로는 필수적이기도 하지만 항상 그럴 필요는 없습니다. 항상 그럴 필요가 없다는 사실은 좋은 뉴스입니다. 왜냐하면 언어학자가 작업할 수 있는 언어의 수와 다양성이 대폭 줄어들기 때문입니다.

언어학자는 일반적으로 언어를 말하기 위해서 배우지 않습니다. 그렇다면 그들은 정확히 무엇을 할까요? 글쎄요, 언어는 큰 주제이고 답변은 여러 개로 나누어져야 할 것 같습니다. 가능한 답변 중 몇 개를 한번 살펴보도록 하겠습니다.

많은 언어학자들은 구체적 언어를 서술하는 작업을 합니다. 모든 언어는 소리가 단어와 결합하는 구조화된 소리체계인 음운론, 단어와 단어의 의미 목록인 형태론, 그리고 단어들로 문장을 만드는 규칙체계인 통사론을 가집니다. 언어를 서술한다는 말은 이러한 모든 요소들을 체계적으로 보고한다는 의미입니다. 만약 언어학자가 그 언어의 모국어 화자가 아니면 그는 모국어 화자를 조언자로 하여 함께 작업합니다. 이 책의 다른 장에서 읽게 되겠지만 지구상의 많은 언어들이 아주 빠르게 사라지고 있는 이때에 언어학적 서술은 더욱 시급한 과제입니다. 우리가 사라질 위기에 처한 모든 언어를 구할 수 없다면, 최소한 그 언어들을 기록하는 시도는 할 수 있습니다.

언어학자들 중에는 언어학의 이론을 보다 추상적인 차원에서 작업하는 학자들도 있습니다. 오늘날 대부분의 언어학자들은 사람이 사용하는 모든 언어들이 근원적인 특성에서 많은 공통점을 가진다고 믿습니다. 이론 언어학은 이러한 특성들을 입증하고, 이 특성들을 때로는 보편문법이라 부르는 기본적인 언어모델로 함께 묶으려는 노력입니다. 하지만 보편문법을 만드는 것이 지구상의 모든 언어의 모든 문법을 어떻게든 함께 용접하려는 그런 문제는 아닙니다. 어떤 특성이든 그것이 보편적이라면 모든 언어에서 나타나야만 하기 때문에 이론적인 작업은 마치 현대 유전학이 초파리와 같은 몇몇 유기체를 여러 해 동안 집중적으로 연구하는 것처럼 한 언어에 대한 아주 구체적인 분석으로 이루어집니다.

언어는 사람에 의해서 말해집니다. 말에 대한 연구는 음성학과 음성지각이라는 두 주요 요소를 가지는, 그 자체로 과학적인 분야입니다. 음성학자는 말하는 데 관여하는 몸의 다양한 부분들과 그것들이 함께 기능하는 다양한 방식뿐만 아니라 말소리의 음향을 연구합니다. 음성지각 전문가들은 청자가 어떻게 자신의 귀에 부딪치는 소음을 의미 있는 메시지로 전환시키는지를 연구합니다. 음성은 측정 가능한 물리적 현상이기 때문에 음성학은 통사론이나 형태론과는 다르게 연구에 수학이나 물리학 법칙 그리고 복잡한 실험실 기구 등을 포함한 물리과학의 도구들을 사용할 수 있습니다. 이것은 그들의 작업이 확실한 정확성을 가지도록 합니다.

언어는 오랜 시간에 걸쳐 변합니다. 처음에는 모두 동일한 언어를 사용했지만 수 세기 동안 떨어져 산 사람들은 결국에는 서로를 이해할 수 없는 시점에 도달합니다. 이러한 변화의 과정을 연구하고 한 언어를 다른 관련된 언어와 비교함으로써 현재 언어의 초기 상태를 복원하는 것이 역사언어학자의 일입니다.

인간이 인간다울 수 있는 하나의 핵심적인 측면이 언어이기 때문에 언어는 인간의 인식과 행동을 연구하는 다른 과학 분야에서도 필수적인 고려대상입니다. 그래서 학제 간 연구는 언어를 심층적으로 이해하는 데 본질적입니다. 언어학자들은 심리학, 신경학, 어린이발달, 인류학, 혹은 사회학 동료들과 팀을 형성하여 작업하기도 하고 언어가 무엇에 관한 것인가에 대한 전반을 탐구하기 위해 스스로 다른 학문 영역으로 옮겨가기도 합니다. 이러한 노력은 때때로 심리언어학, 신경언어학, 사회언어학 등과 같이 두 학문 영역이 결합된(hyphenated) 언어학이라 불리기도 합니다.

심리언어학자들은 우리가 말하거나 읽거나 다른 사람이 말하는 것을 들을 때 우리의 마음속에 어떤 일이 일어나는지를 연구합니다. 보이지 않는 과정을 보기 위해 그들은 많은 아주 놀라운 기술들을 발전시켰습니다. '마음' 대신에 '뇌'로 대체한다면 신경언어학자들이 하는 일도 동일한 방식으로 서술될 수 있습니다. 기능적 자기공명영상(fMRI) 같은 뇌 영상을 위한 새로운 기구와 기술들의 등장 이래로 신경언어학의 연구는 엄청나게 발전했습니다.

언어의 근본적인 미스터리는 어린아이가 언어를 정식으로 배우지 않았는데 어떻게 걸음마를 배우고 사람을 구별하는 것만큼 쉽고 자연스럽게 그리고 아주 빠르고 완벽하게 배우냐는 것입니다. 언어습득에 관심을 가진 언어학자들이 수십 년 동안 이 과정을 연구하고 많은 것을 배웠지만 여전히 해결해야 할 미스터리는 많이 남아 있습니다.

1960년대 이전까지 언어는 문화현상으로 간주되었기 때문에 언어학은 인류학의 한 분야였습니다. 언어학적 연구의 중심이 인식의 요소로서의 언어로 옮겨가긴 했지만 언어와 문화는 여전히 상호의존적이고 인류언어학도 번창을 계속하고 있습니다. 인류언어학자는 문화가 어떻게 언어로 표현되는지, 언어가 어떻게 문화에 영향을 주는지를 연구합니다. 이들은 원래 산업화 이전 사회에 초점을 맞추었으나 오늘날은 그들의 기술과 관점을 모든 상황에 적용할 수 있습니다.

우리 모두는 우리의 모국어를 사용하는, 우리가 아주 완벽하게 이해하고 의사소통할 수 있지만 우리와 동일한 방식으로 말하지 않는 사람들을 알고 있습니다. 그들은 나라 안에서 다른 지역에 살거나 혹은 단지 동네의 다른 곳에 살 수도 있습니다. 가끔은 다른 세대일 수도 있습니다. 언어의 이런 다양성이 사회언어학자들의 주된 관심입니다. 그들은 성, 민족, 사회·경제적 계층 등이 언어학적 다양성에 깊은 영향을 미친다는 사실을 보아왔습니다. 또한 이러한 다양성이 언어변화에 결정적 역할을 담당한다는 사실도 보아왔습니다.

이제 당신이 언어학자와 같이 있을 때 무엇을 묻지 말아야 할지 알 것입니다. 대신에 이렇게 물으세요. '당신의 전문분야가 무엇입니까?' 여러분은 바로 그의 친구가 될 것입니다.

• 저자에 대해

폴 채편은 1967년에 MIT에서 언어학 박사학위를 받았다. 샌디에이고 캘리포니아대학에서 8년간 교수로 재직한 후 1975년에 국립과학재단(NSF)으로 옮겼고 그 곳에서 최초의 NSF의 언어학 프로그램의 책임자가 되었다. 2001년에 NSF에서 은퇴해서 현재 뉴멕시코 산타페에 살고 있다.

추천도서

이 책에 있는 다른 모든 장들. 이 장들은 언어학 전반에 걸쳐 포괄적인 좋은 시각을 제공한다.

언어학과 언어과학에서 첨단연구들이 현재 무엇을 하고 있는지 알기를 원한다면 NSF의 언어학 프로그램으로부터 최근 연구비를 수혜 받고 있는 리스트를 보면 된다. www.nsf.gov로 들어가서 '수상(Awards)'을 클릭하고 다음 스크린에서 '프로그램정보(Program Information)'을 클릭한다. '프로그램'이라고 되어 있는 박스 안에 '언어학'을 검색한다. 스크린 아래 부분에 연구비 수혜의 긴 리스트가 나타날 것이다. 관심 있는 제목을 클릭하면 프로젝트에 관한 조금 더 자세한 정보가 보일 것이다.

03
지구상에 몇 개의 언어가 존재할까요?

폴 루이스

몇 개의 언어가 존재할까요? 누가 그것을 헤아릴까요?
그 언어들은 어디서 사용될까요? 가장 많은 화자를 가진 언어는 무엇일까요?

몇 개의 언어가 존재할까요? 이 질문은 '전적으로 ~에 달려있다(it all depends)'라는 답이 주어지는 그런 종류의 질문입니다. 다시 말해서, 이 질문에 대한 당신의 답은 당신이 언어를 어떻게 정의하느냐에 달려있습니다. 그러나 무엇이 언어이고 무엇이 언어가 아닌지를 결정하는 것은 당신이 생각하는 만큼 쉽지는 않습니다.

당신이 가장 좋아하는 아침 메뉴가 반죽을 구워 만든 얇은 둥근 케이크에 버터와 시럽을 얹은 것이라고 가정합시다. 당신은 그것을 '팬케이크'이라고 부릅니다. 동일한 것을 좋아하는 당신 이웃은 그것을 '그리들 케이크'라고 부를 수 있습니다. 만약 당신들 중의 한 사람이 가까운 마을에 있는 한 식당을 들러서 이것을 주문할 때 그곳에서는 이것을 '플랩 잭'이라 말해야 한다는 사실을 알게 될 수도 있습니다. 이제 이 연결고리가 더 멀리 뻗친다고 상상해 봅시다. 이렇게 몇 백 마일 지나면 아주 조그만 차이가 더해지고 더해져서 결국에는 사람들을 이해하는 것이 어렵게 됩니다. 그들은 '헬로!'를 의미하기 위해 심지어 '와썹(Wassup)?'이라고 말할 수도 있습니다. 방언과 표준어의 경계를 어디에서 그을 수 있을까요? 한 언어가 끝나고 다른 언어가 시작하는 곳은 어디일까요?

가끔은 어렵지 않습니다. 이라크 사람들은 아랍어를 사용합니다. 이웃나라 이란은 아랍어와 전혀 관련이 없는 언어인 파시(Farsi)를 사용합니다. 그렇지만 다른 경우에는 언어학적 차이는 적고 정치와 사회학의 문제가 답이 되기도 합니다. 스웨덴 사람과 노르웨이 사람은 서로를 쉽게 이해할 수 있습니다. 그러나 그들은 역사, 관습, 정부를 달리하는 그들 스스로를 하나가 아닌 두 개의 언어를 사용하는 두 나라로 봅니다. 다소 차이는 있겠지만 동일한 것이 말레이시아와 인도네시아, 마케도니아와 불가리아에도 적용됩니다. 어떤 그룹은 국경 너머의 그들의 언어 사촌으로부터 그들을 구별하기 위해 무진 애를 씁니다. 세르비아어와 크로아티아어는 상대방의 말을 완벽하게 이해하지만 두 개의 다른 문자 체계를 가지고 있습니다. 또 어떤 그룹은 반대의 경우를 취합니다. 중국에는 10억의 인구가 최소한 7개의 서로 이해할 수 없는 방언을 가지고 살고 있습니다. 그러나 중국인들은 서로를 독립된 나라로 보려고 하지 않아서 그들은 나라 안에서는 어디서든 통용될 수 있는 독자적인 고대 문자 체계를 고수하고 있고 이것이 그들 스스로 하나의 언어로 결합되어져 있다고 생각하도록 만듭니다.

고려해야 할 또 다른 하나는 사회·경제적 측면입니다. 일반적으로 더 많은 교육과 경제적 기회를 가진 사람들은 특정한 말의 방식을 받아들입니다. 교육을 덜 받고 적은 기회를 가진 사람들은 종종 표준이나 우월한 형식을 배울 수 없습니다. 교육받은 사람들은 그들과 다른 사회적 계층에 속한 사람들을 이해하는 데 많은 어려움을 느낍니다. 사회계층의 구분이 분명하게 되어 있고 강력하게 추진되는 그런 사회에서 이런 현상은 훨씬 자주 일어나기는 하지만 어느 사회든 어느 정도는 발생합니다. 당신이 '플랩 잭'이라고 부르는 것을 당신이 속한 사회의 누군가는 '크레이프'라고 부르길 선호할 수도 있습니다. 말에 있어서의 차이는 가끔 너무 뚜렷해서 사람들은 서로를 이해하는 데 어려움을 가지고 사회에서 한 집단이나 다른 집단은 그들이 사용하지 않는 언어를 '그들의 언어'로 받아들이지 않을 것입니다. 또한 때때로 덜 우월한 집단은 그들 정체성의 표시로써 그들의 언어 다양성을 수용하는 반응을 보이고 그들이 다른 언어를 사용하는 것을 아주 자랑스럽게 주장할 수 있습니다.

그래서 어느 것이 언어이고 어느 것이 아닌지를 정의하는 것은 쉽지 않고 언어의 수를 헤아리는 것도 언어에 대한 정의에 따라 달라집니다. 몇 개의 언어가 존재하는가는 또한 당신이 언제 그것을 헤아리는가에 따라 달라집니다. 사람처럼 언어도 태어나고 변하고 성장하고 때때로 자손을 가지고 정착하고 죽습니다. 우리는 몇 개의 언어가 존재하는가라는 애매한 질문에 결코 정확한 답을 주지 못할 것입니다. 그러나 가장 헌신적인 계산자 중에는 2009년에 여섯 번째 판을 출간한 세계 언어 종합사전인 《에스놀로그(*Ethnologue*)》의 연구자들이 있습니다. 화자들이 서로의 말을 얼마나 잘 이해하느냐에 근거하여 나온 그들의 결론은, 오늘날 세계적으로 총 6,909개의 언어가 활발하게 사용된다는 것입니다.

이들 중의 몇몇은 단지 열 손가락으로 셀 만큼의 화자만 남은 거의 멸종 위기에 있습니다. 사실, 세계 언어의 약 1/4 정도는 천 명 이하의 화자만이 남아 있고 지구상에 거의 60%의 언어는 만 명도 안 되는 화자를 가지고 있습니다. 중간 인구 사이즈는 7,560명입니다. 이런 조그만 집단들의 많은 수는 그들의 언어를 아주 열심히 사용하고 있지만, 그 언어를 같이 사용할 사람들이 몇 안 될 때나 다른 언어가 들어 와서 외부 사람들과 의사소통에 사용될 때, 그 언어를 유지하는 일은 보다 힘들어집니다.

규모의 반대편 끝에는 아주 지배적인 언어 집단이 있습니다. 다음 세기를 지나면 마치 대형마트들이 소규모 상점들을 몰아내는 것처럼 이 언어들은 아마도 수백 아니 심지어는 수천 개의 조그만 언어들을 소멸시킬 것입니다. 현재로서 가장 큰 것은 중국 북경어로 거의 9억의 중국인이 모국어로 사용하고 있습니다. 힌디어, 영어, 스페인어가 각기 3억 이상의 모국어 사용자를 가지고 있습니다. 1, 2억 사이의 모국어 사용자를 가진 다른 선도적 언어들에는 벵골어, 포르투갈어, 러시아어, 인도네시아어, 아랍어, 일본어, 독일어, 그리고 프랑스어가 있습니다.

몇 개의 언어가 존재하는가에 대한 단순한 헤아림에 덧붙여, 이런 언어들이 어떻게 전 세계로 뻗어 나갔는지를 보는 것도 흥미롭습니다. 우리는 자주 유럽을 다국어가 존재하는 곳으로 생각합니다. 사실 유럽에는 234개의 다른 언어가 있습니다. 그러나 이것은 세계 언어의 거의 1/3인 2,322개를 가진 아시아나 2,110개를 가진 아프리카와는 비교도 안 됩니다.

지구상의 언어의 수는 계속적으로 변하고 있습니다. 그리고 세계 언어들의 다양성은 놀랍습니다. 어떤 사람들은 모든 사람들이 같은 언어를 사용했다고 말해지는 바벨 이전의 날들을 그리워하지만 이것은 근시안적 견해인 것 같습니다. 모든 언어는 그것이 말해지는 문화(그리고 환경적 조건)의 창이자 인간 마음의 창입니다. 그리고 더 중요하게는, 모든 개별 언어는 서로가 함께 소속되고 공유된 역사를 가졌다고 보는 집단의 정체성을 나타냅니다. 그래서 그것들을 공부해야 할뿐만 아니라 그것들 모두에 대해 우리가 할 수 있는 한 보존해야 할 충분한 이유가 있는 것입니다.

• 저자에 대해

M. 폴 루이스는 SIL 인터내셔널(신념에 기초한 언어발달 비영리단체)의 사회언어학 조언자이고 *Ethnologue: Languages of the World* 의 편집자이다. 미국에서 태어난 그는 영국, 웰스, 그리고 아르헨티나에서 태어난 부모와 조부모를 둔 다국어, 다문화 가족의 일원이다. 그는 거의 20년 동안 크이체(K'iche')언어를 공부하고 연구하면서 과테말라에서 살았다. 그는 조지타운대학에서 박사학위를 받았다. 현재 그의 아내와 말레이시아에서 살고 있다. 4명의 성인 자녀를 두고 있다.

• 추천도서

이 책에서

세계의 다양한 언어들이 52장(미국 원주민 언어), 53장(라틴어), 55장(스페인어와 포르투갈어), 56장(러시아어), 57장(아이슬란드어), 58장(히브리어와 이디시어), 59장(아랍어), 60장(아프리카 언어들), 61장(중국어), 62장(일본어), 63장(인도 언어들), 64장(에스페란토어), 65장(발명된 다른 언어들)에서 서술되고 있습니다. 또한 27장(언어멸종), 28장(언어구제), 38장(미국 언어들), 그리고 50장(언어박물관)도 관련이 있다.

다른 곳에서

- Comrie, Bernard, ed. *The Atlas of Languages: The Origin and Development of Languages Throughout the World* (New Burlington Books, 1996).
- Crystal, David. *Language Death* (Cambridge University Press, 2000). 언어의 유지와 죽음의 역동성 및 관련된 이슈들에 대한 좋은 개요서이다.
- Grenoble, L. A. and L. J. Whaley. *Endangered Languages: Language Loss and Community Response* (Cambridge University Press, 1998). 다양한 공동체가 그들 언어의 상실에 반응하는 방식을 보여준다.

- Lewis, M. Paul, ed. *Ethnologue: Languages of the World* (SIL International, 6th edition, 2009). 또한 www.ethnologue.com 사이트는 살아있는 세계 언어에 대한 아마도 가장 종합적 목록이 될 것이다.

04

사투리와 언어의 차이는 무엇일까요?

터커 차일드스

언어를 말하는 것이 나을까요, 사투리를 말하는 것이 나을까요? 당신은 어느 것을 말합니까?

이상하게 들릴 수 있겠지만 '언어'와 '사투리'를 구분하는 데 일반적으로 합의된 방식은 없습니다. 두 단어는 심지어 언어학자들 사이에서도 객관적이거나 과학적인 용어는 아닙니다. 일반인들도 동일한 어려움을 공유하고 있으며 사람들은 종종 다른 것을 의미하기 위해 이 용어를 사용하기도 합니다. 많은 사람들에 의해 사용되는 것처럼, 언어는 우리가 말하는 것이고, 사투리는 일반적으로 열등한 사람으로 생각되는 그들에 의해 말해지는 언어의 다른 버전입니다. 다른 상황에서 언어는 일반적으로 받아들여지는 표준어를 의미할 수 있고, 다른 버전은 정부나 미디어에 의해 제재 받습니다. 다른 한편으로 사투리는 지역마다 다양한 표준어의 보다 편안한 버전이고 라디오 아나운서의 말과는 다릅니다.

언어의 다른 버전들은 대개 정치 혹은 이데올로기와 같은 비언어학적 이유로, 언어라기보다는 사투리로 이름 붙여지는 경향이 있습니다. 사투리는 나라를 다스리지 않는 사람들에 의해 말해집니다. 사투리는 일반적으로 표준어보다는 좋지 않은 것으로 여겨지고 결과적으로 거의 권위를 가지지 못합니다. 심지어 많은 경우에 사투리는 기록되지도 않습니다. 간단히 말해서 구분은 주관적입니다. 그것은 당신이 누구이고 당신이 언어를 평가하는 관점에 달려 있습니다.

언어학적 시각에서 보면 어떤 사투리도 선천적으로 다른 사투리보다 나은 것은 없으며 따라서 어떤 사투리도 다른 사투리에 비해 '언어'라는 타이틀을 얻을 권리는 없습니다. 언어는 관련된 사투리의 집단으로 보일 수 있습니다. 예를 들어, 프랑스에서 파리 사투리의 지배적인 지위는 크게 보면 역사의 한 사고입니다. 10세기에 파리의 백작이 프랑스의 왕으로 선출되었을 때 그 백작의 사투리가 프랑스의 표준어가 되었습니다. 서로 관련이 없는 다른 사투리들과 마찬가지로 관련이 있는 사투리들도 무시됩니다(예를 들어, 남서부의 바스크어와 북부의 브르타뉴어). 만약 파리의 백작이 선출되지 않았더라면 마르세이유어나 디종어가 오늘날의 프랑스어가 되었을 수도 있습니다.

일라이자 두리틀과 관객들이 영화 〈마이 페어 레이디〉에서 배우는 것처럼 사투리는 사회적으로 결정될 수 있습니다. 기억하겠지만 이 연극과 영화에서 거만한 음성학 교수 헨리 히긴스는 평범한 꽃 파는 소녀를 데려와 그녀의 말을 바꾸어 그녀를 상류층에 내놓을 수 있다고 동료 음성학자 콜 피커링과 내기를 합니다. 대단히 유감스럽게도 그는 성공합니다. (히긴스는 누구나 인정할 매력적인 사람이었던 실제 음성학자 다니엘 존스에 근거합니다. 영화에서 히긴스 역을 맡은 렉스 해리슨은 이 책의 29

장을 쓴 음성학자 피터 래디포기드의 코치를 받았습니다.)

사투리는 또한 정치적으로 결정될 수 있습니다. 언어학자 맥스 와인라이크는 종종 "언어는 육군과 해군을 가진 사투리이다."라고 말했습니다. 그의 요지는 정치적 고려가 종종 '사투리'라고 불리게 될 것과 '언어'라고 불리게 될 것을 결정한다는 것입니다. 강력하고 역사적으로 중요한 집단은 '언어'를 가지고 그들보다 작고 약한 집단은 '사투리'를 가집니다.

때때로 어떤 것이 언어이고 어떤 것이 사투리인지는 한 사람이나 한 정부에 의해 임의로 결정될 수 있습니다. 20세기 초 아프리카의 남부에서는 한 선교사가 현재 '총가(Tsonga)'라고 알려진 하나의 언어를 만들었는데, 이 언어는 기존의 세 개의 독자적 언어들을 한 언어의 사투리인 것으로 선언하여 이루어졌습니다. 반대로 남아프리카정부는 임의적인 선언으로 두 언어 — 줄루(Zulu)와 호사(Xhosa) — 를 만들었는데 이 두 언어 사이에는 사실 어떤 분명한 언어학적인 차이도 없습니다. 이 두 언어는 현재 '사투리의 연속성'이라고 불리는 — 인접한 두 사투리 간에는 크게 다르지 않지만 양 끝에 있는 사투리 간에는 상호 이해할 수 없는 — 연속선의 양 극에 놓였습니다.

사투리 간의 차이는 가끔 발음의 차이(당신은 토메이토라 말하고 나는 토마토라 말한다.)나 조그만 어휘의 차이(미국인은 '엘리베이터'와 '쿠키'라고 말하고 영국인은 '리프트'와 '비스킷'이라고 말한다.)처럼 상대적으로 미미한 것입니다. 이런 차이는 조지 버나드 쇼의 미국과 영국은 '공통된 언어에 의해 분리된 두 나라'라는 유명한 대담을 이해하는 데 결정적입니다. 그러나 사투리는 또한 서로 너무 달라서 서로를 이해하지 못하기도 합니다. 쾰른 출신의 독일어 화자와 바이에른 시골 출신 독일어 화자는 서로의 말을 거의 이해하지 못합니다. 그리고 독일어는 스위스 국가 언어 중의 하나이기는 하지만 스위스어는 어느 독일인도 이해할 수 없는 독일어의 지역 사투리를 사용합니다.

사람들이 사투리로부터 '언어'를 구별하기 위해 사용하는 테스트 중 하나는 상호 이해 가능성입니다. 많은 사람들은 만약에 큰 어려움 없이 사람들이 서로를 이해하면 그들은 동일한 언어를 사용하고 그렇지 않으며 다른 언어를 사용한다고 말할 것입니다. 이것은 좋은 규칙처럼 보입니다. 그런데 왜 서로를 이해하지 못하는 쾰른 독일어와 바이에른 독일어는 독립된 언어라고 생각하지 않을까요? 혹은 스웨덴 사람들과 노르웨이 사람들은 서로를 이해하는 데 문제가 없는데 왜 스웨덴어와 노르웨이어는 독립된 언어라고 생각할까요?

이런 질문은 사투리A 화자가 사투리B 화자를, 또는 사투리B 화자가 사투리A 화자를 이해하길 원하지 않을 때 더 대답하기 곤란합니다. 한 집단 혹은 두 집단 모두는—상대적으로 객관적인 언어학적 기준으로 평가했을 때—서로 이해할 수 있는 동일한 언어의 사투리를 말하는데도 불구하고 그들은 다른 언어를 사용한다고 주장합니다.

이 모든 사실들로부터 '사투리'와 '언어'라는 용어는 정치적, 사회적으로 부여된 것이라고 결론지을 수 있습니다. 당신은 이제 당신이 언어를 사용하는지 사투리를 사용하는지 궁금할 것입니다. 물론 그것은 속임수 질문입니다. 왜냐하면 모든 언어가 사투리이기 때문입니다. 당신은 둘 다를 동시에 사용하고 있습니다.

• 저자에 대해

G. 터커 차일드스는 오리건 주 포틀랜드에 있는 포틀랜드 주립대학의 응용언어학과 교

수로 그곳에서 그는 음성학, 음운론, 언어다양성, 피진과 크레올, 흑인영어, 그리고 사회언어학을 가르친다. 그와 그의 학생들은 포틀랜드 사투리에 대해 연구했고 '포틀랜드사투리연구'(www.pds.pdx.edu)로 알려졌다. 차일드스 박사는 또한 아프리카 대륙에서 말해지는 피진과 도시의 새로운 언어 다양성을 포함하여 아프리카 언어에 관심이 있고 이 영역에서의 그의 가장 최근의 책은 *An Introduction to Africa Languages*(2003)가 있다. 좀 더 최근에 그는 기니(www.ling.pdx.edu/childs/MDP.html)와 시에라리온(www.pdx.edu/dkb)에서 사라져가는 언어를 기록하고 있다. 그는 미국, 캐나다, 유럽, 그리고 아프리카에서 가르쳤고 파리에 있는 프랑스국립과학연구회(CNRS), 포우라베이대학(시에라리온), 그리고 코나크리대학(기니)의 초빙연구자였다.

추천도서

이 책에서

사투리는 20장(영국, 미국, 그리고 다른 지역에서의 영어), 30장(미국 남부영어), 40장(새로운 세계 스페인어), 44장(미국 방언 변화), 55장(스페인과 포르투갈 언어), 59장(아랍어), 그리고 63장(인도 언어들)에서 논의되고 있다.

다른 곳에서

- Alvarez, Louis, and Kolker, Andrew. *American Tongues* (Center for New American Media,1987). Essential viewing - 미국 영어의 다양한 방언들을 세련되고 직접적인 (사회)언어학적 메시지를 가지고 보여주는 교양 비디오이다.
- Lewis, M. Paul, ed. *Ethnologue: Languages of the World* (SIL International, 6th edition, 2009). 또한 온라인으로 www.ethnologue.com. 방언들에 관한 정보를 포함하면서 알려진 세계의 언어들을 분류하고 정리하는 유용한 참고서이다.
- Joseph, John E. and Talbot J. Taylor, eds. *Ideologies of Language* (Routledge, 1990). 어떻게 권력과 이데올로기가 아프리칸스어와 프랑스어와 같은 언어의 지위를 통제하는지 보여주는 논문들의 모음이다.
- Trudgill, Peter. *An Introduction to Language and Society* (Penguin Books, Ltd., 2000). 언어학에 대한 지식이 거의 없는 사람들을 위해 쓰인, 언어와 사투리에 대한 정보들을 쉽게 얻을 수 있는 입문서이다.

05
최초의 언어는 무엇이었을까요?

배리 힐튼

언어는 언제 어떻게 시작되었을까요?
초기 인간이 사용한 언어는 어떤 언어였을까요?

이 같은 질문은 과거 초자연적 설명이 유행했을 때에는 답하기가 훨씬 쉬웠습니다. 당신은 그냥 언어는 인간이 이 지구상에 처음 나타났을 때 감각과 팔다리와 마찬가지로 인간에게 보장된 선물이었다고 말할 수 있을 것입니다. '언제'에 대한 대답은 '아담과 이브가 에덴동산에 살았을 때'입니다. 최초의 언어를 밝히는 것과 관련해서는 이 책의 7장에서 그 당시 지지되었던 몇몇 이론들을 다룹니다.

18, 19세기에 언어의 역사에 관한 다른 방식의 사유가 나타나기 시작했습니다(역사언어학의 과학). 6장에서 좀 더 자세하게 다루겠지만, 이 분야의 연구자들은 존재하는 언어들 사이의 관계를 밝혔고 기존에 존재했던 언어들로부터 수천 년에 걸쳐 변하고 분리되는 것을 나타내는 '족보

(family trees)'를 선보였습니다.

많은 경우에 있어서 이러한 언어 유전학은 더 이상 존재하지 않는 고대 언어를 지목합니다. 역사언어학자들은 그들의 후손에 살아있는 단서들로부터 오래 전에 죽은 언어를 복구하는 방법을 발전시켰고 이 학자들의 대부분은 이 방법이 후손들의 언어를 통해 최대 7천 년까지 거슬러 올라가는 것을 가능하게 한다고 믿습니다. 어떤 사람은 심지어 한층 더 먼 과거도 보는 것이 가능하다고 조심스럽게 생각합니다. 그렇지만 대부분은 만 년 혹은 더 이상 오랫동안 분리된 언어들은 이 방법을 적용하기에는 너무 많이 변했고 현대인은 5배 내지 10배 정도 더 오래 되었다고 믿습니다.

이것은 연결시키기에는 너무 큰 간격을 보입니다. 초기 말 없는 인간 혹은 거의 인간 같은 인간에서 말하는 인간이 되기까지 어떤 변화가 있었을까요? 그리고 그들의 말은 어떠했을까요? 19세기 후반에 시작된 이러한 질문들에 대한 탐구는 무궁무진합니다. 당시에는 아마도 초기 인간들은 동물들의 부르는 소리나 다른 자연적인 소리를 모방하고 시간이 지나면서 말에 의미를 부여했거나 아니면 감정이나 힘을 쏟을 때 나오는 자기 자신의 자연적 소리에 의미를 붙임으로써 말을 발명했을 것이라고 추측했습니다. 이런 가정들은 그것들이 입증될 수 있는 가설을 만들어내면 과학적인 조사를 위한 합법적인 단계로 들어갔지만 관련된 확실한 증거를 찾을 어떠한 방법도 없었던 것 같습니다. 심지어 유순한 비평가들조차도 '바우-와우(bow-wow)'이론, '딩동(ding-dong)'이론, '푸푸(pooh-pooh)'이론, 그리고 '요히요(yo-he-yo)'이론이라는 이름을 붙였습니다. 수십 년 동안 언어의 기원은 인기가 없는 연구 분야였습니다.

그렇지만 20세기의 마지막 분기부터 많은 수의 뛰어난 학자들이 이 질문에 몰입했고 관심은 증폭되고 있습니다.

화석과 고대유물을 연구하는 고생물학자는 언어가 언제 나타난 것 같은가에 대한 논쟁을 날카롭게 하면서 인간 역사의 초기에 대한 우리의 연대표를 발전시켰습니다. 약 2백만 년 전 호모계 중 최초로 도구를 사용하는 인류가 나타났을 때? 아니면 아마 약 5만 년 전 해부학적으로 근대적 인간의 출현과 대략적으로 일치하는 시기로 예술적 활동이 급성장했던 시기?

다른 연구자들은 최초의 인간 언어 기원에 대한 근대적 아날로그를 찾았습니다. 심리학자들은 어린아이가 어떻게 말 못하는 생물체에서 말하는 아이로의 전이를 만들어 내는지 심도 있게 연구했고 영장류학자는 원숭이가 얼마나 많이 혹은 적게 인간에 가까운 언어학적 행위를 배울 수 있는지를 결정하기 위해 기발한 실험을 했고 신경학자와 해부학자들은 인간언어가 우리의 육체와 뇌에 의해 얼마나 확장될 수 있고 제한될 수 있는지에 대해 우리에게 보다 분명한 지식을 제공하고 있습니다.

특히 해부학자들은 인간이 음성을 만들어내기 위한 정확한 종류의 성도(vocal tract)와 그것을 통제하기 위한 정확한 종류의 신경체계를 가지지 않았더라면 언어는 불가능했다고 주장합니다. 침팬지와 초기 인간까지 포함하여 다른 모든 동물들로부터 근대 인간을 구분시키는 결정적인 신체적 차이는 낮은 후두입니다. 당신의 개는 몇 번의 재빠른 벌컥거림으로 먹이를 먹을 수 있지만 말은 할 수 없습니다. 당신은 말할 수 있지만 당신의 후두에 있는 음식 때문에 또한 질식할 수도 있습니다. 말소리를 만드는 인간 능력은 숨쉬고, 씹고, 삼키기 위해 디자인된 신체구조에 의해 제공되는 보너스는 아닙니다. 오히려 반대입니다. 낮은 후두(그리고 연결된 인두와 입의 변화)는 일반적인 동물들의 입과 목의 사용에서 보면 핸디캡이지만, 이 핸디캡은 말이 생존하도록 한 가치 측면에서 보면 보상적인 측면이 훨씬 큽니다. 당신은 음식을 위해 짖을 수 없기 때문에—특히 문명사회에서—말할 수 있습니다.

이러한 다양한 분야의 학문적 노력이 선사시대의 조상들이 어떤 말을 했고 그들의 말이 어떤 소리였는가를 복원하도록 할 것 같지는 않습니다. 그러나 20세기 후반의 몇몇 흥미로운 연구는 우리가 초기언어의 문법—단어들이 문장을 형성하기 위해 어떻게 함께 묶였는지—에 대해서는 알 수 있을 것이라고 주장합니다. 지난 수 세기 동안 특별한 몇 종류의 새로운 언어가 탄생했습니다. 제3세계의 나라에 도착한 유럽 식민주의자들은 피진(pidgin)어(다른 언어들에서 온 단어들을 뒤죽박죽으로 사용하고 아주 초보적인 문법으로 서로 묶는 일종의 성인 베이비 토크)로 현지의 노동자들과 소통했습니다. 아이들이 그들의 모국어로서 피진을 사용하면서 성장했을 때, 그들은 이 피진을 더 많은 어휘와 더 정교한 문법을 가진 크레올(creole)이라고 불리는 완전히 성장한 언어로 바꿉니다. 바로 여기가 대단히 흥미로운 부분입니다. 아주 멀리로는 수리남, 아이티, 하와이, 그리고 파푸아 뉴기니와 같은 곳에서 크레올어들은 급격하게 다른 어휘들을 받아들입니다. 그러나 몇몇 연구자들은 그들의 문법이 아주 유사하다는 것을 발견하고 인간의 두뇌는 특정한 언어의 패턴을 만들도록 설계되었을 수 있다고 주장합니다. 이것이 최초의 언어가 어떻게 시작되었는가에 대한 단서가 될 수 있을까요?

• 저자에 대해

배리 힐튼은 이 책의 부편집자이면서 이 책의 근간인 라디오 시리즈의 편집위원회의 위원이었다. 그는 프리랜서 작가/편집자이고 메인에 살고 있는 독립 학자로 작은 출판사들을 위한 마케팅 전문가로 일하고 있다. 그는 하버드대학의 우수졸업생이고 코넬, 예일, 조지워싱턴대학과 국무부의 외국서비스연구소에서 대학원 공부 후 두루 여행을 했으며 유럽과 아시아에서 살았었다. 그는 미국정부의 다양한 일에 그의 베트남어, 중국어, 일본어, 프랑스어, 독일어 실력을 전문적으로 사용하였다. 그는 자신을 "정식적인 훈련을 받지 않은 언어학자이고 다국어를 알았지만 현재로서는 그렇지 않은 사람"이라고 묘사한다.

추천도서

이 책에서

언어의 기원과 역사는 또한 6장(언어 관련성), 7장(아담과 이브의 언어), 8장(언어변화), 10장(피진과 크레올), 51장(영어의 기원), 그리고 57장(아이슬란드어)에서 논의된다.

다른 곳에서

- Kenneally, Christine. *The First Word* (Viking, 2007). 언어가 시작된 방법에 대한 연구를 활성화시키고 있는 다양한 분야의 통합연구의 종합적이면서도 쉽게 읽을 수 있는 개요서이다.
- Bickerton, Derek. *Roots of Language* (Karoma, 1981). 선사시대 언어의 기원에 관련된 증거가 오늘날 관찰 가능한 크레올화 과정에서 발견될 수 있다는 비주류 이론의 이해하기 쉬운 진지한 프레젠테이션이다.

06
모든 언어는 동일한 근원에서 왔을까요?

앨랜 밤하드

두 언어가 관련이 있다는 것은 어떤 의미일까요?
모든 언어들이 관련이 있을까요?

독일어나 스페인어나 프랑스어를 배워본 적 있습니까? 만약 그렇다면, 당신은 아마 이들의 어원이 같은 것 — 영어단어처럼 들리고 영어단어 같아 보이는 외국어 단어를 의미와 연결시키는 것 — 에 대해 고마워할 것입니다. 독일어에서 당신의 부모는 당신의 무터(Mutter)이고 당신의 파터(Vater)입니다. 스페인어에서는 마드레(madre)와 파드레(padre)입니다. 프랑스어에서는 메흐(mère)와 페흐(père)입니다.

이러한 유사성은 언어를 배우는 것을 쉽게 해 줄 뿐만 아니라 그것들은 우리에게 언어 역사의 어떤 것을 말해줍니다. 영어와 독일어는 2천 년 훨씬 이전에 북유럽에 살았던 부족들에 의해 말해진 프로토-서-게르만계라 불린 언어의 후손들이기 때문에 몇몇 유사한 어휘들을 공유합니다. 오랜 시간에 걸쳐 이주민들은 그 언어를 지역어로 분리하고 몇몇의 부족은 북해를 지나 영국 섬으로 옮겨갔습니다. 15세기 동안의 분리된 발전은 영국 섬의 말을 다양한 영어로 변화시켰고 본토의 언어는 다양한 독일어로 변화되었습니다. 그래서 우리는 분명하게 다르지만 또한 분명하게 동일한 어족(language family)의 부분인 아주 유사한 두 언어를 가졌습니다.

사람의 가족처럼 어족도 계보 상에서 우리의 친척들이 하는 것처럼 영역에서 뻗쳐나가고 시간적으로 거슬러 올라가서 더 큰 집단으로 연결될 수 있습니다. 영어, 독일어, 그리고 몇몇 다른 언어들이 속하는 게르만어족은 프랑스어, 스페인어, 포르투갈어, 이탈리아어, 그리고 루마니아어뿐만 아니라 그들의 공통 조상으로 라틴어를 가지는 몇몇 다른 언어를 포함하는 로망스어족과 사촌이며 또 다른 사촌들도 있습니다.

이제 시간적으로 한 걸음 더 거슬러 올라가 봅시다. 게르만어족와 로망스어족은 프로토-인도-유럽어라고 불리는 공통의 조상을 가집니다. 인도-유럽어는 약 6천 년에서 7천 년 전 흑해의 북부와 동부의 스텝 지대에 살았던 부족들에 의해 말해진 것 같습니다. 여기서부터 부족들은 서쪽으로 유럽을 가로지르고 동쪽과 남쪽으로는 이란과 북인도로 번져 나갔습니다. 서로 분리되고 접촉이 끊어지면서 그들의 언어는 게르만어, 로망스어, 켈틱어, 그리스어, 아르메니아어, 알바니아어, 발틱어, 슬라브어, 인도어, 이란어, 그리고 현재는 멸종된 몇몇 다른 언어들로 변했습니다. 이 모두가 인도-유럽어족이고 이 어족이 오늘날 가장 널리 말해지는 언어집단입니다.

인도-유럽 언어들이 서로 다르긴 하지만 그들 모두는 약간의 고대의 어휘와 문법을 보존했습니다. 언어학자들은 이 약간을 그들의 관련성을 이해하는데, 실제로 보다 오래된 언어를 복구하는 데 활용했습니다. 윌리엄 존스 경이 18세기 말에 고대 인도어인 산스크리트어의 놀라운 분석을 통해 산스크리트어가 라틴어나 그리스어와 같은 유럽 언어와 관련이 있다는 것을 보임으로써 그 길을 열었습니다. 그리고 현재 우리는 누구도 수천 년 동안 인도-유럽언어의 원조였던 언어를 본 적도 없고 말한 적도 없을지라도 그것이 어떻게 발음되었을지에 대한 상당한 이해를 가집니다. 더욱이 인도-유럽어의 코드를 깸으로써 우리는 하나의 조상언어에서 시작된 거대한 가계 안에서 모든 언어가 어떻게 연결되는지 알 수 있는 큰 걸음을 떼었습니다.

언어학자들은 비인도-유럽언어들을 대상으로 그들이 어떤 어족에 속하는지, 그들의 가족이 얼마나 먼 과거까지 추적될 수 있는지 등을 알아내기 위해 많은 연구와 비교를 하였습니다. 명백히 비인도-유럽어들도 함께 묶여질 수 있습니다. 예를 들어, 유럽의 심장부에 있는 인도-유럽어에 의해 둘러싸인 핀란드어, 에스토니아어, 그리고 헝가리어는 인도-유럽 어족에 속하지 않습니다. 그러나 그들은 우랄어라 불리는 비인도-유럽 어족을 형성하는 몇몇의 다른 언어들과 함께 묶입니다. 유사하게, 중앙아시아에 있는 터키어, 아제르바이잔어, 우즈벡어, 위구르어, 카자흐어, 그리고 몇몇 다른 언어들을 가지는 투르크어족이라 불리는 가족이 있습니다. 동아시아에는 중국-티베트 가족이 250개 이상의 언어를 가지고 있으며 이 중 가장 큰 것은 중국 북경어입니다. 언어학자들은 최소한 200개의 어족이 존재한다고 생각합니다. 분명한 다음 질문은 이 가족들 중 어느 가족이 어디에 연결되었는가 하는 것입니다.

언어학자들 중에는 어느 곳에도 속하지 않는 것 같은, 심지어 바스크어 같은 외톨이 언어까지도 포함하여 지구상의 모든 언어를 노스트라틱, 딘(Dene)-백인, 아메리카원주민 등과 같은 '거대가족(macrofamilies)'으로

무리 지을 수 있다고 믿는 학자들도 있습니다.

그러나 우리는 아마도 그렇게까지는 멀리 가지 못할 수 있습니다. 음바바람어(Mbabaram)라 불리는 오스트레일리아 원주민 언어에서 '개'를 의미하는 단어가 'dog'이라는 사실이 음바바람어가 영어와 관련이 있다는 것을 의미하지는 않습니다. 중국 사람들이 커피를 '카페이(kāfēi)'라고 부른다는 사실이 중국어가 영어와 연결되었다는 것을 의미하지도 않습니다. 단어의 어원은 터키어이고 중국어와 영어가 모두 차용한 것입니다.

더욱이 우리는 언어가 지속적으로 변한다는 사실을 압니다. 새 단어가 어휘에 첨가되고 동일 어원을 포함한 오래된 단어는 사라집니다. 같은 일이 문법에도 일어납니다. 수십, 수천 년의 변화 이후에 우리가 수긍할 수 있는 공통의 조상을 찾을 수 있을까요? 모든 언어가 동일한 근원에서 나왔을까요? 동일한 근원에서 나왔을 수도 있고 아닐 수도 있습니다. 그것을 알기에는 아직 너무 이릅니다.

• 저자에 대해

앨랜 밤하드는 사우스캐롤라이나 찰스턴에 사는 언어학자이다. 그의 주 관심영역은 언어학적 거리 관련성과 인도-유럽어의 비교언어학이다. 그는 50편 이상의 논문과 7권의 책을 출간했다.

• 추천도서

이 책에서

언어의 역사와 기원에 대한 장들로 5장(초기언어), 7장(아담과 이브의 언어), 8장(언어변화), 10장(피진과 크레올), 51장(영어의 기원), 57장(아이슬란드어), 그리고 58장(히브리어와 이디시어)이 있다. 어족에 초점을 맞춘 장들로는 52장(미국 원주민어들),

60장(아프리카 언어들), 그리고 63장(인도 언어들)이 있다.

다른 곳에서

- Baldi, Philip. *An Introduction to the Indo-European Languages* (Southern Illinois University Press, 1983). 인도-유럽어족에 관한 훌륭한 개요서. 초보자든 관련 지식에 해박한 독자든 이 책에서 흥미로운 것들을 발견할 것이다.
- Bomhard, Allan R. *Reconstructing Proto-Nostratic: Comparative Phonology, Morphology, and Vocabulary* (E. J. Brill, 2008). 초보자에게는 꽤 기술적일지라도 이 책은 지금까지 출판된 책 중 주제를 가장 종합적으로 다루는 책이다.
- Comrie, Bernard, ed. *The World's Major Languages* (Oxford University Press, 1987). 오늘날 세계에서 사용되고 있는 언어들에 대한 종합적 조사서.
- Fortson, Benjamin W. IV. *Indo-European Language and Culture: An Introduction* (Wiley-Blackwell, 2nd edition, 2010). 인도-유럽 비교 역사 언어학에 대한 완전하고 최신 정보로 된 이해하기 쉬운 개요서. 초보자는 이 책을 읽기 전에 위에서 소개한 발디의 책을 먼저 시작할 것을 권한다.
- Pedersen, Holger. 존 웹스터 스파고에 의해 번역 됨. *The Discovery of Language: Linguistic Science in the Nineteenth Century* (Indiana University Press, 1931). 비록 오래됐고 최신 학문적 정보를 결여하고 있지만 이 책은 언어연구의 역사에 대한 가장 종합적인 입문서의 자리를 유지하고 있다.
- Ruhlen, Merritt. *A Guide to the World's Languages, vol. 1: Classification* (Stanford University Press, 1991). 비록 이 책은 알려진 거의 모든 언어들의 분류에의 종합적이고 신뢰할 만한 안내서이지만 대분류와 관련한 제안들은 여전히 논란이 되고 있다.

07

아담과 이브는 어떤 언어를 사용했을까요?

E. M. 릭커슨

아담의 언어는 아직 존재할까요? 에덴동산에서 하나님은 어떤 언어를 말했을까요? 아담과 이브는 인도-유럽어를 사용했을까요?

구약성서의 에덴동산 이야기를 보면 아담은 말하는 능력을 포함하여 호모 사피엔스의 모든 자질을 갖춘, 완전한 형상을 갖춘 근대적 존재로서 창조되었습니다. 우리는 그들의 초기 대화에서 아담이 이브에게 무엇을 말했는지 추측할 뿐이지만 그래도 둘 다 말할 수 있었다는 사실을 압니다. 이브는 끈질긴 뱀과 진지한 대화를 나누었고, 지상에서 아담의 처음 과제 중의 하나는 언어학적이었습니다. '…… 그리고 아담이 모든 가축과 공중의 새와 들판의 모든 짐승에게 이름을 주니라'(창세기 2장 19절). 그런데 아담은 어떤 언어를 사용했을까요? 짐작 하건대 그것은 사악한 뱀의 말이 표현되었던 것과 동일한 것이고 그들이 파라다이스로부터 추방당할 때 들었던 것과도 동일한 것이었습니다.

그것은 상대적으로 오래되지 않은 언어인 영어는 분명히 아니었고 중국어나 그리스어처럼 당신이 '오래된' 언어로 생각할 수 있는 지구상의 언어 또한 아니었습니다. 최초의 언어를 사용한 사람들이 어떻게 존재하게 되었는가 하는 질문은 밀쳐두고 빠르게는 5만 년 전 혹은 더 일찍 인간은 생리학적으로 — 발성기관이 우리와 동류인 포유동물들의 부르거나 울부짖는 것 이상을 생산할 준비가 되어 있어 — 말을 할 수 있었습니다. 우리는 언어를 초기 문자기록까지만 추적할 수 있기 때문에, 그리고 문자 자체가 단지 대략 5천 년 전에 나타났기 때문에, 수천 년의 공백을 가지고 있습니다. 그리고 이 수천 년을 통해 초기인류의 언어는 지속적이고 근본적인 변화를 겪었습니다. 따라서 우리가 초기언어에 대해 무엇을 말하든 현재 지구상에서 말해지는 어떤 언어도 전설적인 에덴동산에서 말해졌던 것과 어떤 유사성도 가질 수 없다는 것은 분명합니다.

이것이 끈질긴 언어학적 데이터의 수집에 종교적 설명이 길을 내 준 이래로 우리가 언어에 대해 배운 것에 근거한 근대적 견해입니다. 18세기 이전에는 — 초기 기독교시대로부터 중세와 재건의 시대에 이르기까지 — 아담이 최초의 언어를 말했고 그가 사용했던 언어인 아담언어(lingua adamica)가 여전히 존재한다는 것은 기정사실이었습니다. 그 당시 대부분의 시기 동안 선도적 명예의 후보언어는 구약성서가 그 언어로 쓰였다는 이유만으로 히브리어였습니다. 4세기에 성 제롬은 에베르의 가족만이 바벨탑을 짓는 것을 도울 만큼 바보는 아니었다고 주장했습니다. 그 결과 하나님이 탑을 무너뜨리고 세운 이들을 흩어지게 했을 때 에베르의 사람들 — 에베르가 혹은 히브리인 — 은 처벌받지 않았고 계속적으로 초기언어를 사용했습니다. 성 아우구스티누스와 다른 기독교 목사들은 히브리어가 아담언어라는 사실을 의심의 여지없이 받아들였고 이후 수천 년 동안 거의 모든 사람들이 동의했습니다. 그 당시에 유럽에는 보편언어에 가까운 라틴어가 있었는데 라틴어에 대한 학자적 논의가 없었다는 사실—어느 누구도 라틴어가 초기언어였을 수 있다는 주장을 하지 않은 것—이 나에게는 아이러니입니다. 학문적 언어로서 히브리어에 대한 생각은 르네상스와 심지어 그 이후에도 상상 속에 확고히 각인되었습니다.

아담언어의 본질은 16세기와 17세기에 특히 뜨거운 주제였는데, 당시 아담언어에서 단어는 그것이 지칭하는 사물과 너무 조화롭게 일치해서 사람들은 그것의 의미를 배울 필요도 없이 단어를 이해하는 그런 신성 내지는 '완벽한' 언어라고 생각했습니다. 그러나 이 완벽한 언어가 히브리어였다는 것을 모든 사람들이 받아들이지는 않았습니다.

르네상스가 유럽에서 독립국가 지위의 개념에 영향을 주면서 아담언어의 아이디어는 국가적 자부심을 세우는 방편으로 사용되었습니다. 독일에서는 루터의 성경언어에 매진했고 독일어가 아담언어에 가장 가까운 것이라고 주장했습니다. 심지어 히브리어는 독일어에서 나온 것이라고 주장하는 사람들도 있었습니다. 언어학적 국가주의는 플라망어(Flemish)에 대한 주장 또한 고무시켰습니다. 이론은 이러합니다. 앤트워프 시민은 노아의 대홍수 이후 그리고 바벨탑 이전 북유럽에 정착한 노아의 아들인 야벳의 후손들이기 때문에 네덜란드어가 아담언어의 순수성을 보존한다는 것입니다. 켈틱어, 바스크어, 헝가리어, 폴란드어, 그리고 많은 다른 언어들에 대해서도 그들의 신성한 지위에 대한 있음직하지 않은 논쟁이 만들어졌습니다. 이때는 스웨덴이 스스로 세계의 강대국으로 생각하는 시기였으므로 스웨덴 또한 야벳 이야기에 기초하여 스웨덴어를 초기언어로 주장한 것은 놀라운 사실이 아닐 것입니다. 그리고 이것은 내가 가장 좋아하는 이야기에로 우리를 안내합니다. "하나님은 스웨덴어를 말했고,

아담은 네덜란드어를 뱀은…… 프랑스어를 말했다."

철학적 사유로 인해 종교적 장악이 느슨해졌던 이성의 시대 이후로 신성한 언어의 기원에 대한 관심은 줄었습니다. 18, 19세기에 언어와 그것이 나타내는 사물은 마술적으로 연결되는 것이 아니고 언어는 신성하게 주어진 것이 아니라는 생각이 점진적으로 받아들여졌습니다. 언어는 하늘에서 부여된 것이 아니라 인간사회에 의해 만들어졌습니다. 언어는 한 사회가 특정 소리의 조합에 그들이 정한 의미를 부여하여 사용하는 데 동의한 그런 것이라는 사실이 분명해졌습니다. 신학적 논쟁 대신에 유럽 학자들은 알려진 언어들을 비교하고 그들이 어떻게 관련되고 오랜 시간에 걸쳐 어떻게 발전하는지를 알기 위해 과학적 잣내를 석용했습니다. 그들이 인도-유럽어를 발견했을 때 그들은 그것이 최초의 언어라고 주장하지 않았다고 말합니다. 그 발견은 단지 언어의 절대적 시초만으로는 언어학적 과거를 꿰뚫어 나갈 수 없다는 것을 깨닫도록 만들었습니다. 그 순간 아담언어에 대한 생각은 시적 소재가 되었습니다.

• 저자에 대해

E. M. (릭)릭커슨은 이 책의 총괄 편집장이다. 그는 독일어 명예교수, 찰스턴대학(사우스캐롤라이나)에서 수상한 언어 프로그램의 명예 책임자, 미국정부의 언어학습진보센터의 전 부국장직을 지냈으며, 국립언어박물관에 관여하고 있다. 2005년 그는 《언어학에 대한 65가지 궁금증》이 각색된 언어에 관한 라디오 시리즈 〈Talkin' About Talk〉를 만들었다. 현재 그는 은퇴하여 노스캐롤라이나에 있다.
이메일: rickerson@bellsouth.net.

추천도서

이 책에서

언어의 기원과 역사는 또한 5장(초기 언어들), 6장(언어 관련성), 8장(언어변화), 10장(피진과 크레올), 51장(영어의 기원), 57장(아이슬란드어), 그리고 58장(히브리어와 이디시어)에서 논의된다.

다른 곳에서

- Rickerson, Earl. *The Lingua Adamica and its Role in German Baroque Literature* (비출간 박사학위논문, 1969; UMI 박사논문서비스에서 볼 수 있음. www.umi.com/ products_umi/dissertations). *1*~3장은 이성의 시대 이전에 아담언어가 어떻게 보였는가에 대한 개괄적 견해를 제공한다.
- Eco, Umberto. *The Search for the Perfect Language* (Blackwell, 1995). 약 2,000년 동안 유럽 사상가들이 근원적 혹은 완벽한 언어에 대한 생각으로 꽉 찬 방식에 대한 종합적이면서 아주 쉽게 읽을 수 있는 역사서이다.
- Olender, Maurice. *The Languages of Paradise: Race, Religion and Philology in the Nineteenth Century* (Harvard University Press, 1992). 19세기 언어에 대한 종합적 연구를 강조하는 생각들에 대한 학자적 논의. 1장은 아담언어에 대해 간략하게 다루고 있다.

08
언어는 변해야만 할까요?

존 맥워터

우리의 영어는 왜 셰익스피어의 영어와 다를까요?
영어 스펠링은 언어변화에 대해 우리에게 무엇을 말해 줄 수 있을까요?
언어는 어떤 종류의 변화를 겪을까요?
우리는 영어가 변하는 것을 중지시킬 수 있을까요?

셰익스피어의 작품 공연을 보면서 등장인물들이 무엇을 말하려는지 이해하려다 지쳐 중간에 나와 버린 적이 있습니까? 그것은 셰익스피어 영어가 시적이라서가 아니라 셰익스피어가 사용한 영어가 우리의 영어와 많은 측면에서 달라서입니다. 줄리엣이 "Wherefore art thou Romeo?"라고 물었을 때, 그녀는 로미오가 어디에 있느냐고 물었습니다.—결국 그는 발코니 바로 아래에 있었습니다! 'Wherefore'는 'Why'를 의미했습니다. 그러나 언어는 단어들을 끝임 없이 버리기 때문에 우리는 더 이상 이 단어를 가지고 있지 않습니다. 그리고 언어는 '블로그'와 같은 새로운 단어를 가집니다.

언어는 항상 변합니다. 언어가 변하는 것은 하늘의 구름이 새로운 형태를 취하는 것처럼 불가피한 일입니다. 만약 우리가 오늘 구름에서 낙타를 보고 내일 밖에 나가서 동일한 낙타를 본다면 뭔가 대단히 잘못되었습니다. 언어도 마찬가지 입니다. 모든 언어는 새로운 것으로 변하는 과정에 있습니다.

당신은 영어에서 이 변화를 쉽게 볼 수 있습니다. 왜냐하면 스펠링은 영어가 7백 년 전에 발음되었던 방식을 그대로 보존하기 때문입니다. 예를 들어, 단어 name은 '나머(NAH-muh)'라 발음되었습니다. 그러나 우리는 마지막 /e/를 발음하는 것을 그만두었고 '아(AH)' 소리(나메: NAHme)는 '에이(AY)' 소리(네임: NAYm)로 바뀌었습니다.

발음만 변하는 것은 아닙니다. 문법도 변합니다. 영어는 동사가 문장의 끝에 오는 언어였습니다(English used to be a language where verbs at the end of the sentence came). 다시 말해서, 위 문장에서 '왔다(came)'가 문장 끝에 오는 형식이 약 천 년 전에 당신이 말한 형식일 것입니다. 또한 더 많은 대명사들을 가졌었습니다. You는 오직 복수형을 의미하기 위해 사용되었습니다. 개별적인 사람을 말하기 위해 사용된 단수형의 you는 thou였습니다. '사람은 단지 한 번 산다(You only live once)'와 같은 문장에서 '통칭적' you는 대명사 man이었습니다. 현재 우리는 이 모든 것을 의미하기 위해 you를 사용합니다.

이런 종류의 변화가 우리가 외국어를 배워야 하는 과제에 직면하는 이유입니다. 만약 언어가 변하지 않았다면 우리 모두는 아프리카에서 인간이 처음 말하기 시작했을 때 나타난 최초의 언어를 여전히 말할 것입니다. 그러나 초기 인간집단이 여러 독립집단으로 분리되었을 때 언어는 각각의 새로운 장소에서 새로운 형태 — 다른 소리, 다른 단어순서, 다른 끝

맺음 — 을 취하게 되었습니다. 그 결과 중국어는 성조를 가지고, 어떤 오스트레일리아 언어는 단지 세 개의 동사만을 가지고, 어떤 아프리카 언어는 클릭 소리를 가지고, 많은 미국 원주민 언어들은 한 단어에 엄청난 양의 정보를 담고, 영어는 한 사람을 지칭하든 두 사람을 지칭하든 혹은 더 많은 사람을 지칭하든 동일한 단어 you를 사용합니다.

마치 언어가 동일한 형태를 영원히 유지하는 것처럼 보이도록 만드는 유일한 것은 인쇄물입니다. 왜냐하면 인쇄물은 영원히 동일한 형태를 유지하기 때문입니다. 라틴어가 쓰여 있고, 그것을 페이지에서 볼 수 있고, 그 페이지에 포착된 그 특정한 언어는 누구에 의해서도 더 이상 말해지지 않는다는 것을 우리가 알기 때문에 우리는 라틴어를 죽은 언어로 생각합니다. 그러나 엄밀히 따지면 우리가 교실에서 씨름하고 있는 라틴어는 결코 죽은 적이 없는 언어이며, 언어변화에 있어 한 단계에 놓여있을 뿐입니다. 라틴어는 그 자체 프랑스어, 스페인어, 그리고 이탈리아어와 같은 단지 몇몇의 새로운 버전으로 바뀌었을 뿐입니다. 우리는 오페라 「돈 조반니」의 언어를 '거리의 라틴어'로 생각하지 않습니다. 그것은 하나의 새로운 언어입니다. 이탈리아에서 사람들이 깨어나 '우리는 어제 저녁에 라틴어를 말했지만 오늘은 이탈리아어를 말한다!'고 주장한 적은 하루도 없습니다. 구름이 하루는 낙타처럼 보였다가 다음에는 너구리처럼 보이듯이 라틴어는 단지 변했을 뿐입니다.

그러나 우리가 사는 동안 우리 언어 내에서 일어나는 변화를 실수라고 생각하지 않는 것은 어렵습니다. 1500년, 2000년 전 라틴어가 현재 우리가 프랑스라고 부르는 지역의 공식 언어였던 적이 있습니다. 그곳에 살았고 그 말을 사용한 관료나 학자는 그들 주변에서 프랑스어의 시작을 들었지만 그들에게 그것은 새로운 언어가 아니라 마치 라틴어 반에서 라틴어를 잘못 배운 학생의 소리처럼 들렸습니다. 회색 지대는 평가하기가 항상 까다롭습니다. 그래서 젊은이들이 "She's all 'don't talk to me like that' and I was like 'you shoulda known anyway.'"(그녀는 "나한테 그런 식으로 말하지 마." 나는 "어쨌든 네가 알았어야 했어."라고 했다)'라고 말할 때, 그들은 언어를 그 자체로 새로운 경계에로 밀어 붙이고 있습니다. 영어가 《베오울프》로부터 톰 울프에 이르기까지 이루어낸 변화는 정확히 동일한 종류의 변화를 통해서였습니다.

• 저자에 대해

*The New Republic*의 편집기자이고 콜롬비아에서 가르치는 존 맥워터는 1993년 스탠포드대학 언어학과에서 박사학위를 받았고 코넬대학에서 가르친 후에 버클리 캘리포니아대학 언어학과 부교수가 되었다. 그의 학문적 전문분야는 언어변화와 언어접촉이다. 그는 *Our Magnificent Bastard Tongue: The Untold Story of English* (2008), *The Power of Babel: A Natural History of Language* (2003), 그리고 *Doing Our Own Thing: The Degradation of Language and Music in America and Why We Should, Like, Care* (2003)의 저자이다. 그는 또한 사투리와 흑인영어에 대한 책 *The Word on the Street*(1998)와 크레올 언어에 대한 두 권의 책, *The Missing Spanish Creoles*(2000)와 *Defining Creole*(2005)를 썼다. 맥워터 박사는 종종 〈Dateline NBC〉, 〈Good Morning, America〉, 〈The Jim Lehrer NewsHour〉, 그리고 〈Fresh Air〉 같은 라디오와 TV 프로그램에 나오고 〈All Things Considered〉라는 전국 라디오 프로그램에 정기적 논평을 한다. 이메일: jhmcw5@yahoo.com.

추천도서

이 책에서

언어의 기원과 역사는 또한 5장(초기 언어들), 6장(언어관련성), 7장(아담과 이브의 언어), 10장(피진과 크레올), 51장(영어의 기원), 57장(아이슬란드언어), 그리고 58장

(히브리어와 이디시어)에서 논의된다. 언어변화에 구체적으로 초점을 맞춘 장으로는 10장(피진과 크레올), 13장(문법), 19장(규범주의), 44장(미국 방언 변화), 51장(영어의 기원). 53장(라틴어), 그리고 54장(이탈리아어)가 있다.

다른 곳에서

- McWhorter, John. *The Power of Babel* (Perennial, 2003). 사투리와 크레올이 무엇이고 어떻게 문자가 언어변화를 늦추는지에 대한 논의와 더불어 하나의 근원적 언어가 어떻게 5,000개의 언어가 되었는지에 대한 책 분량의 조사서이다.
- Bryson, Bill. *Mother Tongue* (Morrow, 1990). 영어는 독일어(현재 영어화자에게는 외국어)의 가까운 친척으로 시작한 이후 어떻게 현재의 모습이 되었는가를 다루는 훌륭한 책. 재치 있고 쉽게 읽힌다.
- Ostler, Nicholas. *Empires of the Word* (HarperColllins, 2005). 영어, 아랍어, 그리고 산스크리트어 같은 황제언어의 탄생, 전파, 그리고 퇴색의 일대기이다. 언어변화가 얼마나 자연적이고 영구적인가에 대한 좋은 이해를 전달한다.

09
국제어로는 어떤 언어들이 있을까요?

니콜라스 오슬러

왜 국제어가 필요할까요? 어떤 예들이 있을까요?
한 언어는 어떻게 해서 국제어가 될까요? 어떻게 더 이상 국제어가 아니게 될까요?

우리 모두는 우리 자신의 언어공동체에서 말하는 모국어를 가지고 있습니다. 그러나 다른 언어를 사용하는 두 집단이 접촉하게 되고 대화할 필요가 생길 때는 어떻게 될까요? 가끔은 그럭저럭 이끌어 갈 정도로 서로의 언어를 충분히 배울 수 있겠지만 가끔은 그것이 전혀 불가능합니다. 예를 들어, 세 개 혹은 다섯 개 혹은 더 많은 언어집단이 있을 경우는 어떻게 될까요? 많은 경우에 있어서 그들은 각 집단의 모국어와는 거리가 먼 일종의 '가교(bridge)'언어인 국제어에 의존합니다. 최근의 역사에서 하나의 예는 17세기부터 1차 세계대전 이후까지 유럽에서 외교에 사용된 프랑스어가 있습니다. 중국 고문자는 심지어 더 오랜 기간 동안 중국과 국경을 접한 나라들의 외교적 국제어로 사용되었습니다. 오늘날 국제어로서 최고의 예는 항공에서부터 비즈니스, 록음악에 이르기까지 다양한 분야에서 국제적인 의사소통을 지원하는 영어입니다.

그러면 국제어는 어떻게 정해질까요?

농업과 목축이 점점 사냥과 채집을 대체하던 때였던 대략 만 년 전, 인간집단은 더 커졌고 더 위계적으로 되었으며 다른 언어를 사용하는 이웃과 더 자주 상호작용하게 되었습니다. 이 집단들은 때로는 아마도 지역의 강자나 초기 제국과 같은 지배적인 힘에 의해 접촉하게 되었을 수 있습니다. 때로는 시장 네트워크가 이루어지게 되면서 자연스럽게 접촉이 발생했을 수도 있습니다. 이후에—대략 5천 년 전 이래로—다른 종류의 접촉이 나타나게 되는데, 열성적인 종교인들이 종교적인 삶의 가치를 이방인들에게 전파하는 것이 자신들의 의무라고 생각하게 된 것과 같은 경우입니다. 결국 제국주의자들, 상인들, 그리고 전도사들은 그들의 모국어 집단을 넘어서 의사소통하도록 동기부여 되었습니다. 국제어는 집단이 너무 커서 혹은 너무 최근에 연합되어 공통어를 가질 수 없는 집단들 사이에 언어장벽을 극복하는 것을 돕는 기술적 해결책입니다. 이 해결책을 수행하는 것이 이 시대에 나타나기 시작한 새로운 종류의 전문가가 하는 일이 되었습니다. 이 전문가는 자신의 모국어뿐만 아니라 지역적 국제어를 배우고 다른 집단의 통역가와 그 언어를 사용하여 의사소통하는 통역가입니다.

가끔 국제어는 그것이 다리를 놓는 모국어를 대체합니다. 예를 들어, 라틴어는 로마제국 내에서 군인들의 정착을 통해 광범위하게 전파되었습니다. 그것은 점진적으로 서유럽 전역의 모국어가 되었습니다(이탈리아의 에트루리아어와 오스칸어, 프랑스의 골어와 리구리아어, 그리고 스페인의 타에스어와 켈트이베리아어를 대체하면서). 너무나 넓은 지역의 공통어로 라틴어를 유지시키기 위해서 그것을 모국어로 사용하는 집단들은 서로 접촉을 유지해야 했습니다. 그러나 그렇게 되지는 않았습니다. 5세기 이후에 게르만 정복자들이 로마제국을 거의 관계가 없는 다른 지역들로 분열시켰고 라틴어는 결국 프랑스어, 프로방스어, 토스카나어, 코르시카어, 스페인어, 카탈로니아어, 그리고 갈리시아어와 같은 서로 다른 방언과 언어로 나누어졌습니다.

국제어는 라틴어나 산스크리트어처럼 엄격한 규칙에 따라 가르쳐지고 거의 변화 없이 수세기 동안 생존할 수 있는 그런 언어가 될 수 있습니다. 그렇지만 한편으로 그것은 완전히 성장한 언어가 될 필요는 없습니다. 국제어의 중요한 한 하위범주는 공용어를 결여한 사람들이 그들이 이미 알고 있는 언어의 부분들로 새롭게 만들 때 나오는 피진입니다. 분명하게 '국제어'로 알려진 최초의 언어는 이런 종류의 중간 매체였습니다. 그것은 1000년경에 지중해 동쪽 연안에서 무역상과 다른 사람들에 의해 사용된 일종의 단순화되고 다양한 언어들이 많이 섞인 이탈리아어였습니다. 이런 느슨하게 구성된 언어는 예측 불가능하게 변할 수 있습니다. 의사소통은 공유하는 명백한 문법이나 어휘보다는 상호 협력적 상상과 호의에 더 의존합니다.

호의는 보장될 수는 없습니다. 국제어가 비록 잠재적으로 경쟁적인 집단들 사이의 중립적 '가교'로 보일지라도 그것은 인간현상이고 그것이 중재하는 싸움에로 끌려들어가는 대상입니다. 국제어는 일반적으로 불공평하게 특혜 받은, 자신의 고유한 관심을 위해 나온 엘리트라고 보고 다른 집단에서는 분개하는, 그런 능력 있는 소수자들에 의해 사용됩니다. 이것은 기원전 첫 번째 밀레니엄의 끝 시기에 동지중해와 서아시아에서 그리스어를 사용한 사람들의 경우 사실이고 중세 유럽에서 교육받은 엘리트로서 라틴어를 사용한 화자들의 경우에 있어서도 사실입니다. 오늘날 영어 사용자들의 경우에도 여전히 적용됩니다. 최근 스리랑카에서 신할라어 사용 다수자와 태밀어 사용 소수자 사이의 피비린내 나는 시민전쟁은 태밀 언어와 문화를 억압한 법에서 비롯되었습니다. 그 법은 또한 영어를 나라의 공식어인 신할라로 대체했습니다. 왜냐하면 태밀 사람들이 영어에 더 뛰어나고 그 결과로 너무 많은 이익을 받는 것처럼 보였기 때문입니다.

국제어의 정의에 의하면 국제어는 그것을 사용하는 사람들 대부분의 모국어가 아닙니다. 사람들은 특정 목적을 달성하기 위해 그것을 의도적으로 배웁니다. 이러한 사실은 길게 봤을 때 국제어의 운명은 부와 힘의 조화 안에서 변하기 쉽다는 것을 의미합니다. 국제어는 그것을 애초에 말한 민족의 모국어로 사용될 수 있습니다. 그러나 국제어로서 그것을 배우기를 원했던 사람들이 세운 목표는 사라질 수 있습니다. 제국은 다른 제국에 의해 용해되거나 정복될 수 있습니다. 거의 천 년 동안 중세 인도에서 공식적인 국제어였던 페르시아어는 영어를 말하는 영국인이 그 영토를 취했을 때 사라졌습니다. 무역 네트워크는 정치와 경제적 이유로 가동을 그만둘 수 있고 그들의 의사소통 도구는 잊힐 수 있습니다. 예를 들어, 수 세기 동안 이란과 중국 사이의 무역을 위한 국제어였던 소그드어는 실크로드의 침체 이후에 사용이 중단되었습니다. 종교도 도태되는 것으로 알려져 있고 그것과 함께 공용언어도 도태됩니다. 예를 들어, 아시아에서 아람어의 사용은 네스토리우스 교파의 침체와 더불어 크게 소실되었습니다. 이러한 사실은 우리에게 다음의 질문을 던집니다. 만약 라틴어, 페르시아어, 소그드어, 그리고 아람어와 같은 전설적 언어들이 수백, 수천 년 이후에 국제어가 아니게 되었다면 영어는 얼마나 오랫동안 그 역할을 존속할까? 현대의 서로 연결된 세계에서 등장과 소멸의 영향 패턴을 보면 변화는 아주 빠르게 옵니다.

• 저자에 대해

니콜라스 오슬러는 옥스퍼드의 발리올대학에서 그리스어, 라틴어, 철학, 그리고 경제학 학위를 받았으며 MIT의 노암 촘스키에게 배우고 언어학과 산스크리트어로 박사학위를 받았다. 그는 *Empires of the Word: A Language History of the Word* (2005), *Ad Infinitum: A Biography of Latin* (2007), 그리고 *The Last Lingua Franca: English until the Return of Babel* (2010)의 저자이다. 이 세 책 이외에도 그는 저자 혹은 편집자로서 학문적 논문, 책의 장들, 책 리뷰, 그리고 언어역사로부터 언어 테크놀로지, 언어 일반에 이르기까지 광범위한 토픽과 관련하여 일반 잡지에 글을 기고했다. 그는 최근에 멸종위기의 언어를 위한 재단의 재단장이고 영국 바스에 살고 있다.

추천도서

이 책에서

인간사회의 간격에 다리 놓은 언어에 대한 논의를 하고 있는 장은 10장(피진과 크레올), 20장(영국, 미국, 그리고 다른 곳에서의 영어), 21장(언어충돌), 53장(라틴어), 58장(히브리어와 이디시어), 63장(인도 언어들), 그리고 64장(에스페란토어)이 있다.

다른 곳에서

- Ostler, Nicholas. *The Last Lingua Franca: English until the Return of Babel* (Penguin, 2010). 전례 없는 강력한 영어의 현재의 지위에 특히 초점을 맞추면서 국제어들과 역사에서 그들의 역할에 대한 광범위한 영역에 있어서 설명서이다.
- Crystal, David. *English as a Global Language* (Cambridge University Press, 2003). 영어의 영향력을 전 세계적으로 확장하는 데 집중되었던 과정에 대한 역사적 탐구를 담고 있다.
- Collitz, Hermann. 'World Languages', *Language 2.1* (1926), pp. 1-13. 독일에서 출생하여 미국언어학회의 초대회장이 된 학자에 의해 쓰인 역사에서 국제어들에 관한 고전적 논문이다.

10
피진 영어는 단지 잘못된 영어일까요?

존 립스키

피진어(Pidgin)란 무엇일까요? 크레올은 먹는 것보다 단지 조금 나은 것일까요? 피진과 크레올은 같은 것일까요?

하우 우나 데?(How una de?), 우스카인 니우스?(Uskain nius?)는 둘 다 인사말입니다. 첫 번째는 나이지리아, 두 번째는 카메론 인사말로 둘 다 '안녕, 무슨 일 있니?'와 유사한 의미를 가지는 표현입니다. 둘 다 영어에서 온 단어들을 사용하지만 새로운 방식으로 단어들을 결합했습니다. 이러한 표현들은 우리가 누군가에게 '오랜만이구나.'라고 인사할 때 사용하는 그런 종류의 말로, 친구를 오라고 초대할 때 'look-see'라고 하거나, 어떤 것이 가능하지 않을 때, 'no can do'라고 말하는 것과 같은 것입니다. 우리가 이런 말을 사용할 때 우리가 하는 말은 더 이상 영어가 아닙니다. 영어에 기초는 하지만 보다 단순한 문법과 어휘를 가진 새로운 말입니다. 'Look-see'나 'no can do'는 한때 '중국 해안 피진 영어'라고 불린 말로,

태평양에서 선원들이나 상인들에 의해 사용된 말에서 왔습니다. 그런데 '피진'이란 대체 어떤 종류의 새일까요?

이 글을 읽고 있는 독자들이 모두 다른 모국어를 사용한다고 가정해봅시다. 그리고 우리들이 아는 유일한 영어는 우리가 어렸을 때 일이 년 정도의 짧은 기간에 배운 것이라고 가정해 봅시다. 만약 우리 모두가 무인도에 발이 묶였다면 우리가 상호간에 의사소통할 수 있는 유일한 수단은 조금밖에 모르는 영어일 것입니다. 잘못된 말을 바로 잡아 주거나 새로운 단어를 가르쳐 줄 문법책도, 영어 모국어 화자도 없이 시간은 흘러가고 우리는 우리가 말하는 방식으로 생존 기술을 발전시키고 결국 실제 영어 모국어 화자가 거의 알아들을 수 없는 조합법을 만들어 낼 것입니다.

이런 식으로 ― 모국어를 공유하지 않고 어느 누구도 정확히 알지 못하는 특정한 한 언어를 사용하면서 대화하도록 강요받는 사람들 사이에서 ― 형성된 언어가 언어학자들이 말하는 피진입니다. 피진이라는 단어는 남해(South Sea)의 무역상들이 '비즈니스'를 발음하면서 나온 것으로 추정됩니다. 대부분의 피진어들은 무인도에서 형성된 것이 아니라 다른 언어를 사용하는 사람들, 예를 들어 노예, 노역자, 떠돌이 행상인들이 그들에게 주어진 작은 분량의 언어를 사용해서 소통해야만 하는 그런 상황에서 형성되었습니다. 피진어는 아메리카의 노예농장에서, 광범위하게 분포된 섬들로부터 노동자들을 유입한 남태평양 섬들에서, 그리고 다양한 언어를 사용하는 사람들을 한 자리에 불러 모으는 도시의 시장을 가진 아프리카와 태평양지역에서 사용되었습니다.

피진어들은 처음에는 단순화된 언어로 시작하지만 피진어를 사용하는 부모들에서 아이들이 태어나면 달라집니다. 다른 곳의 아이들처럼 이 아이들도 자라면서 이들 주변에서 듣는 말을 흡수하고 자신의 것으로 만듭니다. 그렇지만 다른 아이들과는 달리 이들은 부모의 말을 배우면서 이 말을 확장시키고 임시변통어(makeshift jargon)로부터 완전히 성장한 새로운 언어로 전환시킵니다. 가족 내에서 다음 세대에 의해 모국어로 사용되는 이 새로운 언어가 언어학자들에 의해 크레올어라고 불리는 것입니다(비록 비전문가들 사이에서 종종 여전히 '피진'이라고 말해지기도 합니다). 지구상에는 영어, 프랑스어, 포르투갈어와 같은 유럽 언어들에서 유래했거나 아랍어, 스와힐리어 등 비유럽 언어에서 유래한 수많은 크레올어들이 산재하고 있습니다.

크레올과 피진은 종종 영어나 프랑스어와 같은 언어 사용자들이 알아들을 수 있는 단어나 표현을 포함하지만 아주 다른 의미를 가집니다. 예를 들어, 아프리카 서부의 피진 영어인 비프(beef: 소고기)는 어떤 동물이든 그 고기를 먹을 수 있는 동물을 의미합니다. 따라서 돼지도 'beef'가 될 수 있습니다. 파푸아 뉴기니에서 메리(meri: 영어 이름 Marry에서 왔음)라는 단어는 어떤 여자든 여자를 나타내는 단어입니다. 크레올 언어의 문법구조는 일반적으로 기원 언어에서 그것에 대응하는 패턴보다도 더 간단하지만 크레올은 또한 기원 언어에서 발견되지 않는 뉘앙스를 표현할 수 있습니다. 크레올은 어떤 의미에서도 '실제'언어의 단순한, 가벼운 혹은 잘못된 버전은 아닙니다. 크레올은 그 자체적으로 합법적 언어로서의 자격을 얻었습니다.

크레올 언어들은 수백만 명의 화자를 가지고 있습니다. 그것들은 문법책, 사전, 그리고 문학을 가지고 있습니다. 그것들은 학교에서 가르쳐지고, 라디오, 텔레비전, 그리고 신문에서 사용됩니다. 그것들은 파푸아 뉴기니에 있는 토크 피진과 바누아투에 있는 비슬라마와 같은 자체의 이름을 가지고, 필리핀, 캐리비안, 남아메리카 그리고 다른 지역에서 공식 혹은 준공식 언어로 점점 더 많이 사용되고 있습니다. 이 장의 서두에 사용된 언어는 아프리카 서부에서 사용되는 것입니다. 이 언어는 아프리카의 대중음악과 노벨 수상자 울레 소잉카의 소설을 포함하여 문학에서 사용됩니다.

가끔 오랜 문자의 전통을 가진 언어의 화자들은 크레올 언어 ― 그리고 그것의 화자 ― 를 열등하게 생각하고 비웃기도 합니다. 그러나 이러한 견해는 옳지 않습니다. 크레올 언어들은 가장 오래된 것이 2~3백 년 정도인 새로운 언어이지만 그것들은 세계의 많은 새로운 나라들이 탄생할 때 겪은 고통과 유사한 아픔을 겪으며 탄생했고 따라서 그것들은 동일한 존경을 받아 마땅합니다.

나이지리아 피진 영어로 번역된 유엔의 세계인권선언의 1조는 이렇게 시작됩니다. 'everi human being, naim dem born free and dem de equal for dignity and di rights wey we get, as human being(모든 인간은 자유롭게 태어났고 존엄성과 권리에서 동등하다).' 자부심과 긍지를 가지고 크레올 언어를 사용하는 것은 인간의 기본권 중의 하나입니다.

• 저자에 대해

존 립스키는 펜실베이니아 주립대학의 스페인어, 이탈리아어, 포르투갈어 학과의 스페인어 교수이다. 텍사스 라이스대학에서 학사학위를 받았고 캐나다 앨버타대학에서 석사와 박사학위를 받았다. 그는 뉴저지, 미시간, 텍사스, 플로리다, 뉴멕시코 등의 대학에서 스페인어, 루마니아어, 일반언어학, 번역, 언어습득론과 방법론, 라틴아메리카 문학, 이외에 다양한 언어교과목을 가르쳤다. 그의 주 관심 분야는 스페인어 음운론, 스페인어와 포르투갈어 방언, 언어 다양성, 이중언어의 언어학적 측면, 아프리카의 스페인어와 포르투갈어의 기여 등이다. 그는 언어학에 관련된 일곱 권의 책과 수백 편의 논문을 썼다. 그는 또한 저널 *Hispanic Linguistics*의 편집장이자 이론적 언어학을 다루는 *Hispania*의 부편집장이다. 그는 스페인(카나리 섬 포함), 아프리카, 중앙아메리카와 남아메리카, 필리핀, 그리고 미국 내의 다양한 스페인어 공동체에서 현장연구를 했다.

추천도서

이 책에서

이 책의 4장(초기 언어들), 5장(언어 관련성), 7장(언어변화), 11장(문법), 41장(사투리 변천), 43장(사전), 48장(영어의 기원), 50장(라틴어) 그리고 51장(이탈리아어)이 언어가 시작되고 발전하는 방식에 대해 논의한다. 26장(수화)은 하나의 발명된 언어가 자연어로 전환될 때 어린이의 중요성에 대해 다룬다.

다른 곳에서

- Todd, Loreto. *Pidgins and Creoles* (Routledge and Kegan Paul, 1974). 아주 기초적인 책이지만 일반적 개념의 측면에서는 괜찮은 책이다.
- Holm, John. *An Introduction to Pidgins and Creoles* (Cambridge University Press, 2000). / Romaine, Suzanne. *Pidgin and Creoles Languages* (Longman, 1988). 독자가 이 장의 주제를 좀 더 심도 있게 공부하는 데 이 둘 다 모두 좋은 책이 될 것이다. Holm의 책은 보다 쉽게 볼 수 있고 Romaine의 책은 좀 더 종합적이다.
- Mufwene, Salikoko. *The Ecology of Language Evolution* (Cambridge, 2001). 이 책은 사회에서 좀 더 넓은 언어적 상황에 크레올 언어 형성을 위치시킨다.

11
지구상에 문자 체계는 몇 개나 있을까요?

피터 다니엘스

문자 체계들은 어떻게 다를까요? 어느 것이 가장 많이 사용될까요?
영어를 쓰기 위해 알파벳 이외의 다른 시스템을 사용할 수 있을까요?

오늘날 지구상에는(로마 알파벳의 모든 다른 종류들, 예를 들어 영어, 프랑스어, 그리고 심지어 베트남어, 또한 동일하게 키릴어와 아랍어의 모든 다른 버전들 모두를 헤아려서) 약 30개 이상의 다른 문자 체계가 공식적으로 널리 사용되고 있습니다. 지금은 사라졌지만 과거에 언어를 기록하기 위해 사용되었던 문자 체계를 포함하여 과거 5천년 이상에 걸쳐 발명된 문자 체계는 약 여섯 종류의 체계로 분류됩니다.

가장 친숙하고 가장 널리 퍼진 것은 알파벳입니다. 알파벳에서 각각의 문자는 하나의 자음이나 하나의 모음으로 나타나고 (이론적으로) 한 단어에서 모든 자음과 모음은 하나씩 왼쪽에서 오른쪽으로 쓰입니다. 그러나 영어를 읽고 쓸 수 있는 우리는 영어가 이 이상적인 것에서 아주 멀리 있다는 것을 압니다! 왜 though, through, tough, 그리고 cough는 모두 o-u-g-h로 표기됩니까? 답은 수세기에 걸쳐 영어발음은 점진적으로 변했지만 철자법은 1475년에 영국에서 인쇄술이 나타난 이래로 거의 변함없고 우리는 거의 동일한 방식으로 철자법을 사용하기 때문입니다. 스페인어, 핀란드어, 그리고 체코어는 철자를 발음과 일치하도록 하는 것을 그나마 잘 지켜왔습니다. 알파벳으로 쓰인 최초의 언어는 그리스어이고 오늘날까지 그리스어는 그리스 알파벳으로 쓰이고 있습니다. 지구상에 있는 다른 모든 알파벳은 그리스어로부터 나왔습니다. 러시아어와 구소련의 많은 언어들은 키릴 알파벳을 사용하고 서유럽의 언어들은 로마 알파벳을 사용합니다.

또한 아주 최근에서야 쓰이기 시작한 언어들도 많이 있습니다. 메사추세츠족어와 마오리족어, 줄루와 좀미 등 수백 개의 언어들은 그 언어 자체를 위해 만든 알파벳을 가지는데, 대개 기독교 선교사들이 성경을 번역하면서 나온 것으로 로마 알파벳에 몇 개의 문자를 첨가하거나 몇몇 강세표시를 넣은 형태입니다. 이러한 알파벳은 일반적으로 성경이나 관련된 자료 이외에는 많이 사용되지 않습니다. 그러나 가끔 그것들은 또한 개인적 서신이나 신문, 그리고 심지어 책이나 인터넷에서 사용되기도 합니다. 이런 경우를 통해 하나의 문자문화가 창조됩니다.

알파벳이 있기 이전에 내가 아브자드(abjads)라고 부르는 종류의 문자가 있었습니다. 이 훨씬 단순해 보이는 종류의 문자는 중동의 뉴스사진에서 볼 수 있습니다. 만약 당신이 히브리어 성경이나 코란을 펼치면 점과 선과 물결 모양에 의해 둘러싸인 문자들을 볼 것입니다. 그러나 간판이나 현수막을 보면 히브리어는 모두 한 줄에 독립적으로 세워져 있고 아랍어는 펜을 떼지 않고 모든 단어들이 하나로 함께 우아하게 결합되어 있는 것을 볼 것입니다. (이 두 글들은 오른쪽에서 왼쪽으로 쓰인 것입니다.) 히브리어와 아랍어에서 성경과 일상적인 글의 차이는 자음과 모음이 다 표기되어 있는가, 없는가 하는 것입니다. 만약 당신이 이 언어들 중의 하나를 안다면 당신은 일상적인 글에서는 당신 스스로 읽어가면서 모음을 채워 넣을 수 있습니다. 그러나 성경은 정확한 발음을 내는 것이 아주 중요하여 중세 초기에 헌신적인 학자들이 독자들을 돕기 위해 모음을 첨가하길 원했습니다. 그들은 물러 받은 철자법은 변화시키지 않고 문자 주변에 점이나 선을 사용하여 모음을 첨가했습니다.

그리스 알파벳은 페니키아 아브자드에서 발전했습니다. 인도의 문자는 아주 밀접하게 관련된 아람어 아브자드로부터 — 한 가지 차이를 가지고 — 발전했습니다. 기원전 3세기까지 인도의 언어학자는 아주 세련되게 모음을 쓰는 방식을 발견하여 아브자드를 발전시켰습니다. (나는 이 문자 체계를 아부지다(abugida)라고 부릅니다.) 인도 언어들, 산스크리트어와 힌디어, 그리고 인도 남부의 이웃 언어, 벵골어, 그리고 태밀어와 태국어와 같은 동남아시아 언어들의 경우, 단순 자음을 쓰고 그것을 읽을 때는 자음 + '아(ah)'로 읽습니다. 만약 당신이 자음에 다른 모음을 더한 소리로 그것을 읽으려면 그것에 표기 하나를 더하면 되고, 차크라(chakra)나 마하트마(Mahatma)처럼 사이에 모음 없이 두 자음으로 이루어진 것을 읽으려면 두 번째 자음을 위해 전체 문자 앞에 첫 번째 자음을 위한 낱자 하나를 덧붙이면 됩니다. 점점 더 복잡해질 수 있죠!

만약 우리가 문자의 아주 초기 단계인 페니키아 아브자드로 돌아가면 초기 문자 체계에서 항상 어표(logographic)라는 것을 발견하게 될 것입니다. (자음과 모음의) 개별적인 소리가 아니라 전체 단어, 혹은 '형태소'라고 불리는 단어 요소들이 하나의 음절 — 싸인 — 에 의해 나타납니다.

오늘날 어표의 원리에 기초해서 여전히 사용되는 문자 체계의 하나가 중국어입니다. 중국어로 된 메뉴판의 글자를 자세히 보십시오. 만약 당신이 음식에 대한 영어 이름을 중국어 이름과 비교하면 어느 것이 '쿵파오(kung pao)'에 해당되고 어느 것이 '치킨' 이나 '새우'에 해당하는지를 알 수 있을 것입니다. 어표 체계에서는 단어의 철자를 쓰지 않습니다. 왜냐하면 각각의 글자가 전체 단어나 부분적 단어에 해당되기 때문입니다. 이 체계는 아주 잘 가동되기는 하지만 중국어에서는 거의 모든 단어가 하나 혹은 두 개의 글자를 필요로 하기 때문에 아주 많은 글자를 가집니다. 물론 모든 언어는 수천 개의 단어를 가집니다. 중국어의 경우, 만약 당신이 약 3천에서 4천 단어를 안다면 오늘날 그 언어로 출판되는 거의 모든 것을 읽을 수 있습니다.

이제 일본어 메뉴판을 봅시다. 중국어 글자처럼 보이는 복잡한 글자와 함께(사실, 이것은 중국 글자입니다. 그러나 하나하나는 일본어의 전체 단어를 나타냅니다.) 보다 단순한 글자를 보게 될 것입니다. 이것들은 단어에서 끝을 나타내고 이 각각의 보다 단순한 글자는 음절 전체(하나의 자음과 하나의 모음)를 나타냅니다. 일본어 음절은 이렇게 단순하기 때문에 (하나의 자음 더하기 하나의 모음: 수-시, 사-시-미, 키-모-노) 단지 50개의 문자만 있습니다.

미국 인디언 언어인 체로키(Cherokee)와 라이베리아 바이어(Vai)와 같은 언어가 이런 종류의 음절-글자로 쓰입니다. 영어는 'strengths'나 'splint'와 같이 정말 복잡한 음절을 만들 수 있기 때문에 영어를 음절-글자로 사용하는 것은 힘들 것입니다. 그것들 모두를 쓰기 위해서는 다른 많은 글자가 필요할 것입니다.

지금까지 만들어진 것 중 최고의 문자 체계는 중국으로부터 배운 음절 접근법을 인도로부터 배운 자음-모음 접근법과 결합한 한국어, 한글(Hangul)입니다. 한국어 메뉴판에서 당신은 간단한 중국 글자처럼 보이는 정사각형 모양들을 볼 것입니다. 그러나 그것들을 보다 자세히 보면 블록(음절)으로 결합된 단지 40개의 간단한 문자를 볼 것입니다. 조그만 공간에 엄청난 정보를 넣은 것입니다.

각각의 다른 문자 체계가 각각의 다른 언어에서 대충 잘 작동합니다. 그러나 시간이 지나면서 언어는 변하지만 문자 체계는 변하지 않는 경향이 있어서 시간이 지나면서 점점 더 제대로 작동하지 못하게 됩니다. 다음 장에서 문자의 역사에 대해 볼 수 있습니다.

• 저자에 대해

피터 다니엘스는 문자 체계의 연구에 전문적인 세계에 몇 안 되는 학자 중의 한 사람이다. 그는 다양한 저널과 책들에 논문을 발표했고 몇 권의 백과사전에 기여했다. 그는 *The World's Writing Systems*(1996)를 윌리엄 브라이트와 공동 편집했고 *Encyclopedia of Language and Linguistics*(2006)의 문자 체계 부분의 편집자였다.

• 추천도서

이 책에서

문자에 대해 다루는 다른 장으로는 8장(언어변화), 12장(문자의 기원), 58장(히브리어와 이디시어), 59장(아랍어), 61장(중국어), 그리고 62장(일본어)가 있다.

다른 곳에서

- Diringer, David. *The Alphabet* (Funk & Wagnalls, 3rd edition, 1968)

  Jensen, Hans. Sing, *Symbol and Script* (George Allen & Unwin, 1969).

  이 두 책은 찾는 데 수고가 좀 필요할지 모르나 둘 다 문자에 대한 아주 온전한 역사를 제공한다. Diringer의 책은 좀 더 쉽게 읽을 수 있고 Jensen의 책은 더욱 신뢰할 수 있고 학문적이다.

- DeFrancis, John. *Visible Speech: The Diverse Oneness of Writing Systems* (University of Hawai'i Press, 1989). 모든 문자가 언어의 소리에 기초한다는 것을 강조한다.
- Daniels, Peter T., and William Bright, eds. *The World's Writing Systems* (Oxford University Press, 1996). 문자 체계의 과거와 현재에 관한 표준 참고서이다.
- Gnanadesikan, Amalia. *The Writing Revolution: From Cuneiform to the Internet* (Wiley-Blackwell, 2009). 주요한 세계의 문자 체계에 관한 아주 잘 쓰인 요약서이다.
- Rogers, Henry. *Writing Systems: A Linguistic Approach* (Blackwell, 2005). 문자에 대한 얼마 안 되는 교재 중 선호되는 책이다.

12
문자는 어디에서 왔을까요?

피터 다니엘스

언제 문자가 시작되었을까요? 어떻게 시작되었을까요?
한 번 이상 발명되었을까요?

전 세계적으로 수많은 문자 체계가 갈피를 못 잡을 정도의 다양성을 가지고 수년 동안 사용되었습니다. 그것들은 왼쪽에서 오른쪽으로 혹은 오른쪽에서 왼쪽으로, 위에서 아래로, 심지어는 아래에서 위로 쓰였습니다. 그것들의 심벌은 다양한 형태와 크기로 나타났습니다. 문자가 나타나기 전 수십, 수천 년 전에 나타난 말의 기원은 불분명하지만 문자가 언제, 어떻게 시작되었는지에 대해서는 좀 더 분명합니다. 초기 문자의 부분적인 파편이 아직도 바위에 남아있어서 시간의 경과에 따른 문자의 진화를 추적할 수 있습니다.

사회가 복잡해질수록 문자의 출현은 불가피했습니다. 사람들이 조그만 집단에 있을 때는 누가, 무엇을, 누구를 위해 했는지 모두가 압니다. 그러나 더 많은 사람들이 마을에 정착했고 상업은 더 복잡해졌습니다. 옹기장이는 옹기를 만들고, 방직공은 옷을 만들고 행정관은 세금을 거둡니다. 어느 시점에 이르면 모든 사람들의 기여도를 기록할 필요가 생깁니다. 기록은 아마 줄에 매듭을 묶거나 막대기에 표시를 했을 것입니다. 그리고 사람들은 어디에든 물건들의 그림을 그렸습니다. 석기시대에는 동물먹이의 그림을 그렸습니다. 현대의 우리는 사람들이 사기 원하는 것의 그림을 그립니다.

문자출현을 위한 두 번째 조건은 특정 종류의 언어인데 이 언어에서 단어들은 오직 한 음절만으로 구성됩니다. 이유는 만약 당신이 알파벳을 가지고 어떻게 읽는지를 모른다면 음절을 개별적 자음과 모음으로 구분할 수 없음을 뜻합니다. 그리고 만약 당신이 사용하는 언어의 단어들(혹은 형태소들)이 대부분 단지 일음절 단어들이라면 당신이 그것들 중 하나를 나타내기 위해 그린 그림은 그것의 의미이자 소리의 기록입니다. 이 그림은 당신이 소리는 비슷하나 그림을 그리기가 그렇게 쉽지 않은, 그런 단어를 쓸 필요가 있을 때 유용합니다.

이러한 상황들은 우리가 아는 것만으로도 최소한 3배 그리고 흔적을 남기지 않은 것들을 더하면 아마 훨씬 더 많은 문자를 출현하게 했습니다. 5천 년 전, 고대 메소포타미아(현재 남부 이라크) 지역에서 지금은 사라진 수메르어의 문자가 출현했습니다. 중국에서는 4천 년 전에 수메르어와는 완전히 다른 문자 체계가 만들어졌습니다. 그리고 중앙아메리카에서는 서기 4세기경에 또 다른 체계가 마야 언어를 기록하기 위해 발전했습니다. 이 체계는 몇 세기 후에 마야제국과 함께 사라졌습니다. 그래서 현재 지구상의 모든 문자 체계는 오직 중국과 고대 이라크에서만 추적 가능합니다.

문자는 아주 유용한 것이었습니다. 그리고 한 집단이 그것을 발명하면 주변 사람들은 그것을 받아들이는 경향이 있습니다. 일본은 중국 문자를 받아들여 자신들의 언어를 표기했습니다. 지구 반대편에서는 기원전 2500년에서 1000년 사이, 많은 언어들이 추상적인 그림에서 보다 쉽게 표기하기 위해 수메르 문자를 받아 들였습니다. 수메르어는 우리가 사찰이나 무덤에서 보는 이집트 상형문자에 영향을 미쳤습니다. 그리고 상형문자는 알파벳과 아부지다를 탄생시킨 페니키아 아브자드의 모태가 되었습니다. (이 부분에 대한 설명은 11장을 보십시오.)

오늘날 수백 개의 문자가 사용되고 있습니다(현재 다양한 로마 알파벳을 개별적으로 다 헤아렸을 때). 그것들은 유럽과 서반구 이외에도 남아시아와 동남아시아를 가로질러 오세아니아에도 사용됩니다. 그것들의 대부분은 20개에서 30개의 심벌을 사용합니다. 그러나 그것들은 솔로몬 섬에서 사용된 11개의 자모를 가진 언어에서부터 74개의 자모를 가진 캄보디아의 크메르 아부지다에 이르기까지 그 숫자에 있어 다양합니다. 그것들은 영어나 러시아어나 히브리어만큼 달라 보이지만 모든 아브자드, 알파벳, 그리고 아부지다가 공통된 기원(지중해 동쪽 해안의 고대 페니키아)을 가진다는 것을 보여주는 것은 상당히 쉽습니다.

페니키아는 그리스에 그들의 아브자드를 전했고 그리스는 (우연히!) 그것을 알파벳으로 바꾸었고 에트루리아어를 통해 그것을 로마에 전했고 로마는 오늘날까지 우리가 사용하고 있는 우리의 문자 형태를 만들었습니다. 그리스어는 또한 러시아의 키릴문자의 알파벳을 비롯하여 동유럽 알파벳들의 모델이 되었습니다. 페니키아어의 또 다른 후손은 아람 아브자드인데, 이 아람 아브자드로부터 히브리어와 아랍어 — 그리고 모든 인도의 문자들과 그 이상 — 만큼이나 다른 모양의 문자가 나왔습니다.

문자는 인간존재와 인간사회 몇몇의 아주 기본적인 특성에서 나왔습니다. 그렇지만 그것은 모든 곳에서 발견되지는 않습니다. 명백한 문자사용의 필요에도 불구하고 문자 체계를 가진 언어는 지구상에 존재하는 언어의 절반도 안 됩니다. 대부분의 언어는 단지 말뿐 입니다. 그러나 이것은 선교사와 언어학자들이 지구상의 나라들을 발전시키기 위해 문자 — 대부분 로마 알파벳 — 를 전파하면서 변하고 있습니다.

문자가 없다면 우리는 어떻게 될까요? 문자는 언어와 인간역사의 놀라운 부분입니다. 당신은 심지어 '역사가 존재할까?'라는 질문을 문자 없이 물을 수 있을까요?

• 저자에 대해

피터 다니엘스는 문자 체계의 연구에 전문적인 세계에 몇 안 되는 학자 중의 한 사람이다. 그는 다양한 저널과 편저 책에 논문을 발표했고 몇 권의 백과사전에 기여했다. 그는 *The World's Writing Systems* (1996)를 윌리엄브라이트와 공동 편집했고 *Encyclopedia of Language and Linguistics* (2006)의 문자 체계 부분의 편집자였다.

• 추천도서

이 책에서

문자에 대해 다루는 다른 장으로는 8장(언어변화), 11장(글자), 58장(히브리어와 이디시어), 59장(아랍어), 61장(중국어), 그리고 62장(일본어)가 있다.

다른 곳에서

- Diringer, David. *The Alphabet* (Funk & Wagnalls, 3판, 1968)

  Jensen, Hans. Sing, *Symbol and Script* (George Allen & Unwin, 1969).

  이 두 책은 찾는 데 수고가 좀 필요할지 모르나 둘 다 문자에 대한 아주 온전한 역사를 제공한다. Diringer의 책은 좀 더 쉽게 읽을 수 있고 Jensen의 책은 더욱 신뢰할 수 있고 학문적이다.

- DeFrancis, John. *Visible Speech: The Diverse Oneness of Writing Systems* (University of Hawai'i Press, 1989). 모든 문자가 언어의 소리에 기초한다는 것을 강조한다.
- Daniels, Peter T., and William Bright, eds. *The World's Writing Systems* (Oxford University Press, 1996). 문자 체계의 과거와 현재에 관한 표준 참고서이다.
- Gnanadesikan, Amalia. *The Writing Revolution: From Cuneiform to the Internet* (Wiley-Blackwell, 2009). 주요한 세계의 문자 체계에 관한 아주 잘 쓰인 요약서이다.
- Rogers, Henry. *Writing Systems: A Linguistic Approach* (Blackwell, 2005). 문자에 관한 얼마 안 되는 교재 중 선호되는 책이다.

13
문법은 어디서 나올까요?

존 바이비

**문법은 변할까요? 도대체 문법은 무엇입니까?
모든 언어가 문법을 가지고 있을까요?**

모든 언어는 문법을 가집니다. 여기서 문법이란 조그마한 기능어들(the, a, will, some)이나 접두어나 과거, 현재, 미래의 의미를 나타내는 어미(ending) 등을 말합니다. 문법은 또한 우리가 우리의 모국어를 가지고 힘들이지 않고 일관되게 단어들을 배열하는 방식을 포함합니다. 예를 들어, 우리가 '있다 개가 자고 있는 소파 위에서(is dog ingsleep cough the on)'라고 말하기 보다는 '개가 소파 위에서 자고 있다(The dog is sleeping on the cough.)'라고 말하는 사실 등을 포함합니다. 비록 우리들 대부분은 단어가 변하는 것을 알고 있지만 문법은 보다 안정된 것으로 생각하는 경향이 있습니다. 그러나 문법 또한 지속적으로 변합니다.

항상 문법의 상실 — 예를 들어, 우리는 더 이상 언제 whom을 써야 할지 모른다는 것 — 은 슬퍼하면서도 언어가 새로운 문법을 발전시킨다는 사실은 거의 알아차리지 못합니다. 사실 언어는 새로운 문법을 늘 발전시킵니다!

영어는 will과 shall을 사용하여 미래시제를 나타내는 것처럼 몇몇 오래된 방식을 가지고 있습니다. 그러나 오늘날, 미국 사람들과 젊은 영국 사람들 중에 shall을 사용하는 사람은 거의 없습니다. 미래를 나타내기 위한 새로운 방식이 be going to + 동사의 표현 형태로 지난 수세기 동안 진화했습니다. 그래서 우리가 '비가 올 것 같다(It's going to rain.)'라고 말할 때 우리는 그것이 순수하게 미래사건에 대한 예측으로 말하는 것이지 무엇인가가 혹은 누군가가 어디에서 오고 있다는 것을 말하는 것은 전혀 아닙니다. 그러나 셰익스피어 시대에 만약 당신이 going to를 사용했다면 그것은 항상 글자 그대로 누군가가 어떤 목적을 가지고 한 장소에서 다른 장소로 가고 있다는 것을 의미했을 것입니다.

어떻게 이런 변화가 일어났을까요? 이것은 언어학자들이 '문법화(grammaticalization)'라고 부르는 과정입니다. 문법화를 통해 단어나 be going to와 같은 단어의 연속이 변화된 의미를 획득할 수 있고 문법적인 기능을 가지게 됩니다. 이러한 변화는 아주 오랜 기간에 걸쳐 점진적으로 일어나고 대개 여러 가지가 함께 일어납니다.

의미의 변화는 종종 추론이 특정 구와 결합할 때 시작됩니다. 예를 들어, 만약 내가 '내 누이를 방문할 것이다(I'm going to visit my sister).'라고 말할 때 나는 당신에게 내가 어디에 가고 내 의도가 무엇인지를 말하고 있습니다. 한참 지나면 의도된 의미가 움직임 의미보다 더 중요하게 됩니다. 의도된 의미로부터 당신은 미래에 무엇이 일어날지에 관해 추론할 수 있습니다. 그래서 결국 우리는 be going to를 미래를 나타내는 데 사용할 수 있습니다.

인간은 다른 사람들의 의도에 아주 관심이 많습니다. 그래서 의도의 표현이 공간에서의 움직임에 관한 표현보다도 더 중요한 정보가 됩니다. 결국 be going to가 의도의 표현으로 사용되기 시작했을 때 그것은 더 흔하게 사용되었습니다. 하나의 구가 다른 의미로 자주 사용되면 그것이 원래 가지고 있었던 몇 개의 영향력을 상실하고 원래의 의미는 퇴색됩니다. 그것은 또한 보다 빠르게 말해지는 경향이 있고 발음이 변합니다. 그래서 going to가 미래를 나타내기 위한 주요 수단으로 자주 사용되게 되자—약간의 문법 변화—'gonna'로 변하기 시작했습니다. 모든 사람들이 'gonna'를 미래시제표시로 인식하지는 않지만 특히 구어에서 미래를 나타내는 기능을 한다는 것을 인지하고 있습니다. 백 년 후에도 그것이 영어 문법책에 확고하게 자리 잡을 것이라는 사실은 더 발전된 다른 표현이 나오기 전까지 의심의 여지가 없습니다.

문법화는 모든 언어에서 지속적으로 일어납니다. 사실 많은 언어들은 미래를 나타내기 위해 '가다(go)'와 같은 동사를 가지는 구를 사용합니다. 스페인어, 프랑스어, 아프리카어인 마기, 크롱고, 마노, 그리고 바리에서, 미국 원주민어인 코카마와 주니에서, 태평양언어 앳친 그리고 더 많은 언어에서 그것을 볼 수 있습니다. 언어들이 유사한 이유 중의 하나는 그것들이 오랜 시간에 걸쳐 아주 유사한 방식으로 발전하기 때문입니다.

이러한 방식으로 발전하는 것은 단지 미래시제표시만은 아닙니다. 모든 종류의 문법적 표시들이 그렇습니다. 예를 들어, 부정관사 'a/an'('a dog'의 경우에서처럼)은 '하나(one)'를 나타내는 단어에서 발전한 경우가 일반적입니다. 당신은 영어에서 'an apple'의 'an'의 경우에서 여전히 'one'의 'n'을 들을 수 있습니다. 또한 스페인어, 프랑스어, 독일어, 그리고 다른 유럽언어들에서는 '하나(one)'를 의미하는 단어와 부정관사 'a'나 'an'의 관계가 아주 분명합니다. 스페인어 un/una, 프랑스어 un/une, 그리고 독일어 ein/eine는 모두 둘 다 'one'과 'a/an'을 의미합니다.

혹은 언제, 어디서, 어떻게, 어떤 일('10시에,' '다리 위에서,' '놀라운 속도로')이 일어났는지에 대해 말하기 위해 명사와 결합되는 at, over, with, above, through 등과 같은 전치사들을 생각해 봅시다. 이것들 또한 우리가 '문법'의 한 부분으로 생각하는 것이며 의미와 쓰임에 있어서 변화를 겪어 왔습니다. 예를 들어, 'before'와 'behind'는 오래된 전치사인 be-와 '앞(front)'을 의미하는 명사 fore와 '몸의 뒷부분'을 의미하는 hind로 구성되었습니다. 이런 전치사들은 공간과 관련되는 의미를 가지는 것('성 앞에,' '성벽 뒤에')으로 시작되었지만 현재는 시간을 나타내는 데 ('정오 전에(before noon)', '나는 계획보다 뒤쳐졌다.(I'm running behind schedule)'에 사용됩니다.

언어에는 그 기원을 모르는 문법의 특성들이 많이 있습니다. 그러나 문법화의 과정이 아주 일반적이기 때문에 문법적 기능을 가지는 모든 단어와 단어의 부분들은 다른 단어에서 왔다는 것을 안전하게 추론할 수 있습니다.

그리고 이것은 우리가 최초의 언어가 어떻게 문법을 가지게 되었는지 설명하는 것을 돕습니다. 최초의 언어는 의미를 전달하기 위해 몸짓과 더불어 개별적 단어의 집합으로, 본성상 '원거리 그래픽(telegraphic)'이었다는 것은 의심의 여지가 없습니다. 그러나 상징으로써 단어를 사용하고 두 단어를 함께 결합할 수 있게 되자마자 사람들은 몇몇의 결합을 아주 자주 사용했습니다. 추론을 하고 발음에 있어서의 불가피한 변화를 겪으면서 문법의 발전이 나타나게 되었습니다. 그리고 그것은 훌륭한 일이었습니다. 왜냐하면—학교에서 그것을 가지고 씨름해야 하는 학생들 사이에서는 나쁜 명성을 얻기는 했지만 — 문법이 유창하게 연결된 말을 가능하게 만들기 때문입니다.

• 저자에 대해

존 바이비(UCLA 박사)는 뉴멕시코대학 언어학 명예교수이다. 그녀는 뉴멕시코대학에서 부학장과 학과장을 역임했다. 2004년 그녀는 미국언어학회의 회장직을 역임했다. 바이비 교수는 언어사용이 언어구조에 미치는 영향에 대한 연구에서 선두자로 고려된다. 그녀는 음운론, 형태론, 언어분류학, 그리고 언어변화에 관한 많은 책과 논문들을 저술했다. 그녀의 책 *The Evolution of Grammar* (1994)는 76개의 언어 데이터베이스를 사용하여 언어가 새로운 문법구조를 동시에 발전시키는 방식을 연구한다.

• 추천도서

이 책에서

문법을 논의하는 다른 장으로는 14장(보편문법), 16장(동물의 의사소통), 25장(언어상실), 그리고 52장(미국 원주민 언어들)이 있다. 8장(언어변화)와 10장(피진과 크레올)은 문법이 오랜 시간에 걸쳐 어떻게 변하는지를 논의한다.

다른 곳에서

- Deutscher, Guy. *The Unfolding of Language* (Henry Holt Company, 2005). 언어학을 언어변화의 관점에서 본 살아 있는 대중적 입문서이다.
- Hopper, Paul, and Elizabeth Traugott. *Grammaticalization* (Cambridge University Press, 2003). 언어학 전공 학생들을 위한 문법화에 관한 교재이다.

14
모든 언어들이 동일한 문법을 가지고 있을까요?

마크 베이커

모든 언어에 기저를 이루는 보편 문법이 있을까요?
영어, 일본어, 그리고 모학어가 가지는 공통점은 무엇일까요?

모든 언어가 동일한 문법을 가지고 있다고 주장하는 사람은 아마 아무도 없을 것입니다. 그러나 많은 언어학자들은 일정한 기본적인 디자인 특성에 있어서 모든 언어는 공통점이 있고 종종 '보편문법'이라고 부르는 개념을 진지하게 살펴볼 가치가 있다고 믿습니다.

모든 언어가 근간으로 하는 몇몇 규칙이 있었다고 해 봅시다. 이것이 언어가 인간이 획득하는 지식 중에서 가장 복잡한 체계 중의 하나임에도 불구하고 어떻게 아이들이 ― 대학원 수업이나 정부의 지원 없이도 ― 너무나 쉽게 자신의 모국어(그것이 어떤 언어이든 간에)를 배우는지를 설명할 수 있을까요?

그러나 모든 언어가 공통으로 가지는 것을 살펴보는 것은 쉽지 않을 것입니다. 특히 우리가 같은 역사를 가지기 때문에 많은 유사점을 가지는 서유럽 언어들을 살펴볼 때는 더 쉽지 않습니다. 각각의 언어는 분명히 다른 단어를 사용하고 단어들을 구나 절로 배열하기 위한 규칙이나 패턴이 언어들 마다 아주 다르다는 것도 분명합니다. 한두 개의 비유럽권 언어들을 살펴봅시다.

영어에서는 '존이 책을 메리에게 주었다(John gave a book to Mary.)' 라고 말하고 일본어식 표현은 John-ga Mary-ni hon-o yatta가 됩니다. '책(book)'(hon-o)과 '주었다(gave)'(yatta)를 나타내는 단어들이 다를 뿐만 아니라 문장에서 그들의 위치 또한 다릅니다. 영어에서 동사 '주었다(gave)'는 문장에서 두 번째 단어이고 일본어에서 그것은 마지막 단어입니다. 영어에서 '책'은 동사 뒤에 왔고 일본어에서 그것은 동사 앞에 왔습니다. 영어에서 선물을 받은 '메리'는 전치사 'to'뒤에 왔고 일본어에서는 ni ('to'에 상응하는) 앞에 왔습니다. 당신이 일본어를 말하기 위해서는 새로운 단어뿐만 아니라 단어들을 결합시키는 방법을 위한 새로운 규칙 — 새로운 문법 — 을 배울 필요가 있습니다.

모학족의 언어는 다른 방식에서 영어와 다릅니다. 모학어에서는 '그 사람은 아이에게 이불을 주었다(The man gave a blanket to the baby.)'가 'Owira'a wa-sh-ako-hsir-u ne rukwe.'로 표현될 수 있습니다. 모학어에서는 단어의 순서는 문법적으로 중요하지 않습니다. 당신은 owira'a ('baby(아이)'), wa-sh-ako-hsir-u('he-her-blanket-gave(그 혹은 그녀에게 이불을 주었다)'), 그리고 rukwe('man(사람)')를 당신이 원하는 어느 자리에든 둘 수 있고 그래도 여전히 동일한 의미를 가지게 됩니다. 모학어에서 중요한 것은 동사의 형태입니다. 만약 당신이 wa-sh-ako-hsir-u를 wa-h-uwa-hsir-u로 대체한다면 단어의 순서를 어떻게 하든 문장의 의미는 '아이가 그 사람에게 이불을 주었다'가 됩니다. 또 다른 것은 직접목적어 '이불'은 이 문장에서 독자적 단어가 아닙니다. 그것은 복합동사('blanket-gave')를 만들기 위해 동사의 원형 u와 결합된 hsir에 의해 드러납니다. 이것은 영어나 일본어에서는 대개 가능하지 않은 현상입니다. 사실 모학어에서 washakohsiru('그는 이불을 그녀에게 주었다.(He gave a blanket to her.)')와 같은 복잡한 동사는 하나의 문장으로 독자적으로 쓰일 수 있습니다.

이와 같은 차이에도 불구하고 언어학적 연구들은 다른 언어들의 문법이 처음 보기와는 다르게 아주 많이 유사하다는 것을 발견하고 있습니다.

일본어에서 주어는 영어에서처럼 문장의 처음에 옵니다. 이것을 제외하고도 일본어에서 단어의 순서는 정확히 영어단어 순서의 거울 이미지이라는 사실을 알고 있었습니까? 받는 사람인 '메리'는 두 언어에서 모두 'to'를 의미하는 단어 옆에 옵니다. 직접목적어 '책'은 두 언어 모두에서 '주었다'를 의미하는 단어 옆에 옵니다. 전체적으로 영어와 일본어에서 동일한 종류의 구를 만들기 위해 동일한 종류의 단어들이 서로서로 결합됩니다. 유일한 차이는 순서상의 체계적인 차이입니다. 즉, 동사와 전치사가 그들이 형성하는 (영어에서처럼) 구의 앞에 놓이느냐 아니면 (일본어에서처럼) 구의 뒤에 놓이느냐 하는 것입니다. 이 사실이 왜 문법은 거의 동일하다고 말하는 것이 옳은지를 증명합니다. 결국 사진과 그것의 거울 이미지는 어떤 화소도 일치하는 것이 없다 할지라도 완전히 다르지는 않습니다. 오히려 그들은 거의 동일한 이미지입니다.

그럼 단어의 순서가 문제가 되는 것 같지 않은 모학어는 어떨까요? 이런 유연성은 만약 당신이 스페인어나 이탈리아어처럼 동사가 주어와 격일치를 위해 형태를 바꾸고 주어가 문장의 어디에서든 나타날 수 있지만 여전히 당신이 주어를 알 수 있는 그런 언어를 공부했다면 그렇게 생소하지는 않을 것입니다. 그렇지만 모학어에서 직접목적어가 동사에 결합되는 방식은 어떻습니까? 심지어 이것 또한 완전히 색다른 특성은 아닙니다. 직접목적어는 모학어에서처럼 영어와 일본어에서도 동사 다음에 나타납니다. 유일한 차이는 동사와 목적어가 동사구에 느슨하게 결합되었느냐(영어와 일본어) 아니면 동사에 단단히 결합되었느냐(모학어) 하는 것입니다.

사실 영어에서도 때때로 동사와 그것의 목적어가 하나의 단어를 만들기 위해 결합될 수 있습니다. '식기세척기(dish-washer),' '식인종(man-eater)'과 같이 일반명사(식기, 사람)가 동사(씻다(wash), 먹다(eat))로부터 만들어진 명사와 결합된 복합명사들을 생각해 보십시오. '식인종'은 어떤 것을 먹는 사람을 언급하는 것이 아니라 (상어나 호랑이처럼) 사람을 먹는 어떤 것을 언급한다는 사실에 주목하십시오. 다시 말해서 명사 '사람'은 항상 그것의 주어가 아니라 먹는 것의 목적어입니다. 이러한 영어의 단어형성의 특성은 우리가 모학어의 복합동사에서 보는 것과 연립하고 영어와 일본어의 동사구에서 보는 것과도 같습니다.

동사가 항상 주어와 결합되는 것보다 직접목적어와 더 밀접하게 결합된다는 사실은 모든 인간언어에 적용되는 것 같아 보이는 일반적인 문법 법칙의 좋은 예입니다. 이와 같은 많은 보편법칙들이 있습니다. 사실 지난 수십 년 동안 언어학자들은 여러 개의 보편법칙들을 발견했습니다. 이 법칙들은 기본적인 언어의 골격을 제공하고 개별적인 언어들은 다양한 방식으로 그 위에 살을 붙입니다.

우리가 표면 아래를 파고들면 언어들은 그들의 구조에서 차이만큼이나 많은 유사성을 가진다는 사실을 발견합니다. 결국 모든 언어가 동일한 문법을 가진다는 것은 완전한 사실은 아니지만 당신이 생각하는 것보다는 훨씬 사실에 가깝습니다.

• 저자에 대해

마크 베이커는 MIT의 노암 촘스키에게서 배웠다. 그는 현재 러트거스대학 언어학과 인지과학과의 교수이고 특히 아프리카나 아메리카에서 연구가 적게 된 언어들의 단어구조와 문장의 전문가이다.

추천도서

이 책에서

문법을 다루는 다른 장으로는 13장(문법 일반), 16장(동물의 의사소통), 25장(언어상실), 그리고 52장(미국 원주민 언어들)이 있다.

다른 곳에서

- Baker, Mark. *The Atoms of Language* (Basic Books, 2002). 언어들 간의 유사점과 차이점을 다루는 비전문적인 책으로, 어떻게 달라 보이는 언어들이 거의 동일한 문법 규칙에서 유래될 수 있는지에 대해 이 장보다 더 상세하게 논의하고 있다.
- Pinker, Steven. *The Language Instinct* (Harper Collins, 1994). 8장은 언어는 인간 두뇌에 내장, 배선된 본능이라는 일반적 견해의 맥락에서 언어들이 어떻게 다른가에 대한 질문을 논의한다.
- Whaley, Lindsey. *Introduction to Typology* (SAGE Publications, 1996). 역사적으로 관련된 다양한 언어들의 역사와 그들을 비교해서 나오는 주요 결과를 보여 주는 입문서이다.

15
아이들은 모국어를 어떻게 배울까요?

로버타 미치닉 골린코프·캐서린 허쉬-파섹

아이들은 언제 말하는 것을 배우기 시작할까요? 어떻게 배울까요?
아이들은 그들이 노출되는 어떤 언어도 다 배울 수 있을까요?

'베이비 토크'에 대한 많은 사람들의 생각과는 다르게 아이들의 언어학습은 그들이 첫 단어를 내뱉거나 옹알이를 하기 훨씬 이전에 시작됩니다. 엄마의 뱃속에 있는 아이는 들을 수 있는 순간부터 소리에 반응합니다. 그들은 폭죽과 같은 소음에 반응하여 점프하고 심지어 태어나기 전에 엄마가 하는 모든 대화의 내용을 도청합니다. 아이가 태어났을 때 우리는 아이가 엄마 목소리를 알아차릴 뿐만 아니라 뱃속에 있었을 때 들은 이야기나 노래를 인식한다는 것을 우리에게 보여주도록 유도합니다. (아이는 다른 소리보다는 뱃속에서 들었던 이 소리들을 계속적으로 듣기를 선호합니다.) 처음에 아이들에게 언어는 단지 멜로디와 같지만 그들은 세계의 7천 개에 가까운 언어 중의 하나를 배울 준비를 하고 세상에 나옵니다.

각인된 멜로디를 가지고 아이가 직면하는 첫 번째 문제는 그들에게 쏟아지는 말의 흐름에서 구성단위(unit)를 발견하는 것입니다. 어디에서 한 단어가 끝나고 다음 단어가 시작되는 걸까? 아이들은 그들의 이름을 인식하기 시작하는 때인 4개월 반 정도의 나이가 되면 단위의 경계를 발견하기 시작합니다. 첫 번째 단서는 스트레스 패턴('어빙(IRVing)'은 '애넷(AnnETTE)'과는 분명하게 다릅니다)이지만 꼬마 어빙은 이내 ('윌슨' 같이) 같은 스트레스 패턴을 가지는 다른 이름으로부터 자신의 이름을 구별합니다. 다음, 아이는 말의 흐름에서 부가적 표시가 될 수 있는—'엄마'와 같은—자주 듣는 다른 단어를 인식하기 시작합니다. 6개월이 되면 아이는 자신의 이름 다음에 오는 단어를 인식할 수 있습니다.

그들 주변에서 일어나는 말의 흐름에서 단위를 발견하는 것을 배운 아이는 이러한 단위들이 무엇을 의미하는지를 이해할 필요가 있습니다. 아주 자연스럽게 아이가 이해하는 몇몇 초기 단어는 '엄마,' '아빠'와 같은 단어입니다. 연구자들에 의하면 6개월이 되면 아이는 아직 말은 할 수 없지만 아무 여자에게가 아니라 자신의 엄마에게 '엄마'라는 단어를 연결합니다. '아빠'도 마찬가지입니다. 그러나 그들의 내적 어휘가 확장되면서 단어가 의미하는 것을 배우는 것은 복잡해질 수 있습니다. 당신이 언어를 거의 모르는 외국에 있다고 상상해 보십시오. 토끼가 깡충깡충 뛰어 가는데 모국어 화자가 '작설(zoxil)'이라고 말합니다. '작설'이 무슨 의미일까요? '토끼'가 아주 그럴싸한 추측이겠지만 아닐 수도 있습니다. 그 사람은 '저 봐' 혹은 '뛰어' 혹은 '귀'라고 말했을 수 있습니다. 이런 방식으로 새로운 언어를 배우면서 당신은 가능성을 정리하고 '작설'을 당신의 어휘목록에 첨가하는 데 시간이 걸릴 것입니다. 아이들도 같은 상황에 있습니다. 그러나 12개월이 되면 아이들은 사물들을—일반적으로 사물들의 부분

('귀'와 같은)이나 동작('뛰다' 같은)이 아니라 전체 대상('토끼' 같은)을― 위한 지칭어로서 단어들을 해석하는 것 같습니다.

아이가 단어들을 발견하고 그 의미를 알게 되면 아이는 진정한 언어습득의 단계에 들어옵니다. 아이는 문장을 만들기 위해서 단어들이 어떻게 함께 결합하는지 배우기 시작합니다. 아이는 그가 말할 수 있는 것보다도 언어에 대해 더 많이 알고 있습니다. 마치 당신이 외국어로 말할 수 있는 것보다는 더 많이 이해할 수 있는 것과 비슷하지요. 따라서 그들의 첫 번째 단어가 약 12개월경에 나타나기는 하지만 그들은 이미 수백 개의 단어를 이해하고 있을 것입니다. 18개월이 되면 아이는 한 번에 하나 혹은 두 단어만을 말할지라도 다섯 혹은 여섯 단어 문장을 이해할 수 있습니다.

큰 TV 화면에 왼쪽에는 쿠키괴물이 큰 새를 매달고 있고 오른쪽에는 큰 새가 쿠키괴물을 매달고 있는 두 개의 이미지를 상상해 봅시다. 아이는 넋을 잃고 화면을 봅니다. 아이에게 '쿠키괴물을 매달고 있는 큰 새가 어디에 있지?'라고 물으면 아이는 왼쪽 화면을 보기보다는 오른쪽 화면을 더 봅니다. 이 말은 아이들은 많이 말하지는 못하지만 놀랍게도 누가 누구에게 무엇을 하고 있는지를 이해하기 위해 벌써 문법―영어에서 단어의 순서―을 사용하고 있다는 사실입니다.

여기에 패러독스가 있습니다. 아이는 자기의 신발을 묶지 못하고, 30초 이상 혼자 내버려 둘 수 없지만 언어를 배우는 것에 있어서는 그들은 스펀지 같습니다. 다음번에 당신이 신생아를 채소로 생각하게 된다면 다시 생각하십시오! 그들은 지켜보고 있습니다. 그리고 그들은 그들의 나이 들고 현명한 부모들보다도 언어를 더 잘 배웁니다.

• 저자에 대해

로버타 미치닉 골린코프는 델라웨어의 교육대학에서 로드니 숍 회장직을 맡고 있고 심리학과 언어학과에 소속되어 있다. 그녀는 아이들이 어떻게 언어학습의 놀라운 재주를 가지는지를 이해하는 것을 목표로 하는 유아언어프로젝트를 지휘한다. 코넬대학에서 박사학위를 받은 그녀는 백 편 이상의 논문과 책들을 썼으며 전 세계적으로 강연을 다닌다. 권위 있는 '존 시몬 구겐하임 펠로우십'과 '제임스 맥킨 캐텔 연구년상'을 수상한 그녀는 신문과 잡지에 자주 인용되고 있고 〈Good Morning America〉와 많은 지역 아침 TV 방송에 출현했다. 그녀는 또한 *Child Development*의 편집자로 일하고 있다. 그녀는 K. 허쉬-파섹과 함께 공로상을 받았고 발달심리학에서 일생의 공로에 대한 'Urie Bronfenbrenner' 상을 받았다.

캐서린 허쉬-파섹은 펜실베이니아 템플대학의 심리학과 스탠리와 데브라 레프코위즈 교수이다. 그곳에서 그녀는 어린이언어연구소의 책임자로 일하고 있으며 로버타 골린코프와 함께 CiRCLE(어린이 학습과 교육의 재고센터)의 공동설립자이다. 초기언어발달과 유아인지영역에서의 그녀의 연구프로젝트는 국립과학재단과 건강과 인간발달국립연구소에 의해 지원되고 있고 그 결과 12권의 책과 수많은 논문들을 출판했다. 그녀는 〈Today〉, 〈20/20〉뿐만 아니라 다른 전국 TV 프로그램에 출현했고 신문과 잡지에 자주 인용된다. 그녀는 미국심리학회의 회원이다.

추천도서

이 책에서

어린이들의 언어습득을 논의하는 다른 장으로는 10장(피진과 크레올), 17장(언어와 뇌), 25장(언어상실), 26장(수화), 그리고 36장(어린이와 제2언어)이 있다.

다른 곳에서

- Golinkoff, R. M. and K. Hirsh-Pasek. *How Babies Talk: The Magic and Mystery of Language in the First Three Years of Life* (Dutton/Penguin, 1999). 이 책은 언어습득에 관한 최근의 연구를 보여주고 부모들에게 팁을 제공하는 재미있는 책이다.

• Hirsh-Pasek, K. and R. M. Golinkoff. *Einstein Never Used Flash Cards: How Our Children Really Learn and Why They Need to Play More and Memorize Less* (Rodale, 2003). 수상한 이 책은 읽고, 감정을 표현하고, 학교에서 성공하는 데 언어가 얼마나 중요한가를 보여준다.

16
동물도 언어를 사용할까요?

다나 조 나폴리

동물들도 서로 의사소통을 할까요? 만약 그렇다면 어떻게 할까요? 그들도 인간의 언어와 유사한 것을 가지고 있을까요?

앵무새들은 말을 합니다. 그래서 답은 '그렇다. 동물들도 언어를 사용한다.'입니다. 그렇죠? 글쎄요. 너무 빠르게 결론짓지 마십시오. 언어학자의 관점에서 봤을 때 흥미로운 두 가지 문제가 있습니다. 하나는 동물들도 그들 사이에 언어를 사용하는가 하는 것이고 다른 하나는 동물들이 인간언어를 배울 수 있는가 하는 것입니다. 이 문제를 다루기 전에 먼저 언어를 어떻게 정의할 것인가가 정해져야 합니다.

인간언어는 아주 잘 정의된 특성들을 가지고 있습니다. 첫째, '체계적(systematic)'이라는 사실입니다. 다시 말해서, 인간언어는 우리가 문법이라고 부르는 규칙들을 가지고 있습니다.('Chased dog the nasty a cat'은 영어단어들로 이루어졌지만 영어문장은 아닙니다. 단어들이 영어 구문

규칙에 따라서라기보다는 그냥 무작위로 함께 주어져 있을 뿐입니다.)

둘째, 인간언어는 '선천적(innate)'입니다. 어린아이들은 언어습득을 위한 능력을 가지고 태어납니다. 그들을 가르칠 필요가 없습니다. 언어습득 능력은 아기 두뇌의 가소성에 의존합니다. 아이가 다섯 살이 될 때까지 언어에 노출되지 않으면 언어를 완전하게 습득하지 못할 수도 있습니다.

세 번째 놀라운 특성은 언어학자들이 '대신(displacement)'이라고 부르는 것으로 인간은 현재 여기에 있지 않은 것에 대해 이야기 할 수 있다는 사실입니다. 예를 들어, '지난주 너를 따라왔던 그 이상한(weird) 남자가 나에게 자신이 존재론(existentialism)의 노출(expose)에 대해 글을 쓸려고 한다고 말했어.'라는 문장에서 '그 남자'와 같은 경우입니다.

인간언어의 또 다른 특징은 '이상함(weirdness)', '노출(expose)', '존재론(existentialism)'과 같은 추상적 개념에 대해 이야기할 수 있다는 사실입니다. 마지막으로, 위의 예시 문장은 내가 지금 막 이 문장을 쓰기 전까지는 사용해 본적이 없었던 것입니다. 아마 여러분도 전에는 들어본 적이 없었을 것입니다. 모든 인간언어는 새로운 표현을 창조하는 능력을 가지고 있습니다.

동물들도 위에서 언급한 다섯 가지 모두는 아닐지라도 몇 가지 특징을 가지는 방식에서 서로 의사소통을 합니다. 대부분의 언어 연구자들은 이러한 사실이 동물들이 언어를 사용한다는 것을 의미하는 것은 아니라는데 동의합니다.

벌들은 먹이의 위치와 품질을 다른 벌들에게 알리기 위한 정교한 춤을 가지고 있습니다. 춤의 방향과 속도는 확실하게 규칙을 따릅니다. 춤추는 벌의 머리의 방향과 흔듦의 열정으로 충분히 보입니다. 이 움직임은 현존하는 먹이에 관한 것이고(그래서 대신(displacement)을 가졌고), 그 먹이가 얼마나 좋은 것인지에 관한 것입니다(그래서 추상(abstraction)을 가졌습니다). 그리고 춤추는 것은 연구자들에게는 선천적인(innate) 것으로 보입니다. 그러나 창조성은 부족합니다. 벌들이 전달할 수 있는 정보의 양은 아주 빈약합니다. 예들 들어, 새로운 먹이가 이전에 잘 알려진 것 가까이에 있다거나 다른 벌들이 이미 오고 있으니 만약 꿀벌들이 조금이라도 먹이를 원한다면 서두르는 것이 좋을 것이라는 내용은 소통할 수 없습니다.

새의 지저귐 또한 규칙을 가지고 있습니다. 예를 들어, 울새는 일정한 순서로 나타나야 하는(일종의 문법) 패턴을 사용하는데 만약 그 패턴을 무시하면 다른 울새가 그것을 이해하지 못합니다. 지저귀는 능력은 선천적이고 새들은 초기 몇 개월 이내에 지저귐에 노출되지 않으면 일반적인 교미나 영역을 위한 지저귐을 발달시키지 못합니다. 새의 지저귐은 감정을 전달하기 때문에 이러한 측면에서 추상적이라고 말합니다. 그러나 새의 지저귐이 대신을 수행한다는 증거는 없습니다(예를 들어, 새들은 곳간의 다른 편에서 어떤 끔직한 일이 있었는지 서로에게 전혀 전달하지 못하는 것 같습니다). 그들은 새로운 지저귐을 만들지도 못합니다. 물론 수많은 다른 종류의 새들이 있고 그들에 대해서는 거의 연구가 되지 않고 있습니다.

고래와 돌고래도 노래하고 휘파람을 붑니다. 그들의 노래도 규칙을 따르고(어떤 고래들의 복잡한 노래는 하루 종일 이어질 수 있습니다.), 제한된 의미(위험이나 경고 알림)를 전달할 수 있지만 인간언어의 특성인 참신함이나 창조성의 증거는 없습니다.

침팬지는 먹이의 위치를 다른 침팬지에게 알리기 위해, 성공적으로 죽인 것을 알리기 위해, 위험을 알리기 위해, 자신들을 알리기 위해, 만족감을 표현하기 위해 투덜거리는 소리, 짖는 소리, 헐떡이는 소리, 울부짖는 소리, 웃는 소리, 끽끽거리는 소리, 비웃는 소리, 그리고 부르는 소리를 냅니다. 그들의 자세나 얼굴표정이나 손동작은 의사소통에서 보다 더 중요한 역할을 담당합니다. 그러나 지금까지는 이러한 것들 중의 어떤 것도 문법과 같은 규칙을 따른다는 사실을 보여주는 것은 없습니다.

두 번째 질문으로 돌아와서, 새나 바다 포유동물이나 영장류에게 언어를 가르치기 위한 많은 시도들이 있었습니다. 애리조나대학의 아이린 페퍼버그박사는 아프리카산 회색 앵무새인 알렉스를 2007년에 새가 죽기까지 약 30년 동안 연구했는데 알렉스는 많은 어휘를 소유했습니다. 알렉스는 사물들의 재료, 색깔, 형태, 수 등을 통해 영어 단어를 사용해서 사물들을 알아 맞혔습니다. 알렉스는 그 자리에 없는 음식을 요청할 수 있었고 실수했을 때 사과했습니다. 언어에 능숙했고 특정 단어의 의미를 정확하게 이해했습니다. 그러나 구어 능력은 어린아이의 능력에도 못 미칠 정도로 아주 불규칙 했습니다.

돌고래는 손동작에 반응하도록 훈련되고 새로운 발화를 정확하게 이해할 수 있습니다. 예를 들어, PERSON SURFBOARD FETCH의 연속적 동작이 '그 사람에게 서핑보드를 가져와라'는 의미라는 것을 배운 돌고래는 SURFBOARD PERSON FETCH는 '그 사람을 서핑보드로 데려가라'는 의미라는 것을 쉽게 이해합니다. 그들은 체계를 이해하고 사용합니다.

침팬지, 고릴라, 난쟁이 침팬지(bonobo)에게 수화를 사용하고 반응하도록 가르쳤습니다. 훈련원에게서 간단한 수화를 배운 유명한 침팬지 와슈는 룰리스라는 아이를 입양했고 그에게 수화를 가르쳤습니다. 코코라고 불린 고릴라는 천 개 이상의 수화 단어를 알았다는 보고도 있습니다. 칸지라고 불린 난쟁이 침팬지는 단어와 행동을 나타내는 약 2백 개 정도의 문자를 가지고 키보드를 사용해서 의사소통 하도록 배웠습니다. 그는 5백 개 이상의 영어 단어를 이해했다는 보고가 있습니다.

아주 최근에는 보더콜리가 언어에 적절하게 반응하는 것이 보도되었습니다. 어떤 보더콜리는 1,000개 이상의 단어를 인식하는 것을 보였습니다.

이러한 실험들은 어떤 동물들은 실험실에서든 철저한 훈련에 의해서든 간에 어느 정도까지는 언어 같은 행동을 배울 수 있다는 것을 보여줍니다. 그러나 이들이 실제 세계의 의사소통에서 이 능력을 얼마나 사용하는지는 알 수 없습니다.

우리가 무언가를 빼먹고 있습니까? 지진의 강타나 후각적 분무나 전기 신호와 같은 이색적 수단을 사용하여 다섯 가지로 특징되는 언어와 유사한 의사소통을 습득한 동물이 있을 수 있을까요? 불가능할 것은 없습니다. 수십 년 동안의 연구는 체계성이나 창조성의 측면에서 인간언어와 비교될 수 있는 어떤 것도 동물들 사이에서는 발견하지 못했습니다. 언어는 인간을 동물과 구별시키는 가장 근원적인 것입니다.

• 저자에 대해

하버드와 MIT에서 공부한 다나 조 나폴리는 스워스모어대학의 언어학 교수이다. 그녀는 이론언어학 분야에서 광범위하게 책을 냈는데 특히 이탈리아어와 아메리카 수화의 구조에 관한 책들이다. 그녀의 책 중에는 *Humour in Sign Language: The Linguistic Underpinnings* (Donna Jo Napoli and Rachel Sutton-Space, 2009), *Language Matters* (2003년), 그리고 *Linguistic: An Introduction* (1996) 등이 있다. 그녀는 또한 어린이를 위한 글을 쓴다. www.donnajonapoli.com.

추천도서

이 책에서

13장(문법일반), 14장(보편문법), 25장(언어결핍) 등 인간언어의 차별적 특성으로서 문법을 다루는 장들.

다른 곳에서

- Anderson, Steve. *Dr. Doolittle's Delusion: Animals and the Uniqueness of Human Language* (Yale University Press, 2004). 커뮤니케이션과 언어 간의 구별을 분명히 하고 동물은 전자를 가졌지만 후자는 가지지 않았다는 사실을 논의한다.
- Bradbury, Jack and Sandra Vehrencamp. *Principles of Animal Communication* (Sinauer Press, 1998). 다양한 감각기관을 통한 동물들 간의 의사소통의 범위를 논의한다.
- Hauser, Marc and Mark Konishi, eds. *The Design of Animal Communication* (MIT, 1999). 어떻게 동물적 신호와 그 신호에 대한 반응이 발달하는지에 대한 연구로 의사소통의 수단과 개체발생론을 포함한다.

17
뇌는 어떻게 다양한 언어를 처리할까요?

헹크 하먼

언어학습에서 너무 과한 학습이라는 것이 있을까요?
뇌는 어떻게 다양한 언어를 다룰까요?

거북할 정도로 많은 양의 새롭고 복잡한 정보를 가지고 '내 머리가 터질 것 같다'고 말해 본적 있습니까? 사실, 어느 누구의 머리도 날려버리고 싶지 않지만 이 책의 많은 장들의 목표 중 하나는 당신과 당신의 아이들이 새로운 언어를 배우도록 독려하는 것입니다. 만약 당신 뇌의 압박이 가중되는 것을 감지한다면 인간 뇌의 놀라운 유연성과 관련해 안심할 수 있는 뉴스를 전할까 합니다.

오늘날 연구자들은 갓 태어난 뇌를 일종의 조립할 준비가 된 컴퓨터 세트와 비교합니다. 조립세트는 조립해야 하는 부품들로 이루어져 있습니다. 당신이 제대로 기능하는 컴퓨터를 가지려면 그것들을 조립해야 합니다. 이 관점에서 보면 뇌는 언어 일반에 대해 준비되어(readiness)있지만 실제 소리, 단어, 그리고 특정 언어의 문법을 획득하는 것은 신경들—개별적인 뇌세포—간의 새로운 연결을 성장시키는 것을 의미합니다. 이 연결 짓기는 걸음마를 배우는 아이가 네 개의 다리를 가진 동물에 '개(dog)'라는 단어를 연결시키고 그의 컵에 있는 것에 '우유'라는 단어를 연결시키는 것을 배울 때, 혹은 다른 아이가 같은 동물에 '페로(perro)'라는 단어를, 같은 액체에 '레체(leche)'라는 단어를 배울 때 일어나는 것입니다.

그러나 아마 당신은 아이가 두 언어를 모두 듣고 있다면 아이의 뇌는 그것들을 혼동하여 말을 못하게 되지 않을까 하는 궁금증을 가질 수 있을 것입니다. 여기 안심할 수 있는 사실이 있습니다. 뇌—특히 아주 어린아이의 경우—는 그런 연결을 만드는 데 엄청난, 거의 소진되지 않는 능력을 가지고 있습니다. 아이가 인생의 초기 3년 동안 말에 더 많이 노출될수록 그 아이의 언어 능력은 나중에 더 좋습니다. 사실 하나 이상의 언어에 노출된 아이는 각각의 언어에서 어휘를 쌓는 관련성을 기를 뿐만 아니라 다른 상황에서 어떤 언어를 사용해야할지 정리하는 데 그들을 돕는 관련성을 배양합니다.

아이들은 예를 들어 영어를 말하는 엄마에게는 '밀크'를 말하고 스페인어를 말하는 할머니에게는 '레체'를 말하는 것을 배웁니다.

지난 몇 년 동안 우리는 몇 가지 비극적인 경우들을 경험했는데 동유럽의 고아원에서 입양한 아이들이 아동기가 되었을 때 자신들의 미국인 엄마에게 말할 때 장애를 보였습니다. 이 경우는 새로운 언어를 들음으로 인해 혼란스러워진 것이 아닙니다. 그것은 고아원의 부족한 보모로 인해 발생한 것입니다. 보모들은 아이들에게 최소한의 손길만 주고 그들과 이야기할 시간은 거의 혹은 전혀 없었습니다. 아이들은 언어적으로 굶주렸으며 일상적인 언어사용으로 이끌어 줄 언어적 자극을 받지 못했었습니다. 유아기와 그 이후에 많은 말을 듣는 것은 인간 뇌를 위한 건강한 활동이고 얼마나 많은 종류의 언어를 사용하는가는 큰 문제가 되지 않습니다.

더 좋은 소식도 있습니다. 사람들이 둘 혹은 그 이상의 언어를 분리하도록 스스로를 훈련시키면 인지적인 장점을 가지게 됩니다. 최근의 한 연구는 유창한 말을 위한 주요한 뇌의 영역은 하나의 언어만 말하는 사람보다 이중언어를 말하는 사람의 경우, 특히 일찍이 두 언어를 배운 사람의 경우에 더 발달된 것을 발견했습니다.

그 이유는 이렇습니다. 두 언어를 사용하는 아이가 한 언어로 어떤 단어를 표현하려고 할 때 뇌는 그 단어에 대응하는 다른 언어에서의 단어를 또한 작동시킵니다. 의도하지 않게 다른 언어에서의 단어를 소리 내어 말하는 것을 막기 위해 뇌는 그것을 억눌러야만 합니다. 이런 종류의 통제를 수행함으로써 발달하는 이중언어자의 뇌는 단일언어자의 뇌가 하지 않는 활동을 하게 됩니다.

거듭 말하면 아이일 때 두 개의 언어를 배우는 것은 뇌에 좋습니다. 캐나다에 있는 요크대학의 연구는 어린 이중언어 사용자는 특정 종류의 비언어적 과제에 있어서 더 나은 인지적 통제를 발휘한다고 주장합니다. 그리고 이것은 단지 어린아이뿐만 아니라 중간나이 그리고 나이든 어른의 경우에도 사실입니다. 이중언어는 나이든 건강한 성인들을 뇌가 노화되는 현상으로부터 보호하는 것 같습니다. 이 사실 자체가 이중언어 가족에서 태어나는 것이 ― 혹은 당신이 여전히 기저귀를 차고 있을 때 제2언어를 배우기 시작하는 것이 ― 중요한 이유입니다.

• 저자에 대해

헹크 하먼은 메릴랜드대학 첨단언어연구소(CASL)의 연구과학자이다. 그는 컴퓨터모델링과 뇌 활동의 측정을 통해 언어기억을 연구하는 인지심리학자이다. 그는 네덜란드에서 태어났다. 그는 네덜란드 맥 플랭크 심리언어학연구소와 나이메헨대학에서 박사과정을 밟았고 카네기멜론대학에서 박사 후 과정을 밟았다.

이메일: hhaarmann@casl.umd.edu

• 추천도서

이 책에서

인간 뇌는 몇 개의 언어를 받아들일 수 있는가 하는 질문은 또한 22장(이중언어 사용)과 23장(다중언어 사용자)에서 다루어지고 있다. 성인 언어학습을 논의하고 있는 다른 장으로는 31장(외국어 악센트), 33장(언어를 공부하는 방법), 34장(언어교수 방법의 역사), 35장(해외어학연수) 그리고 37장(언어교수 기술)이 있다. 어린이 언어학습을 논의하고 있는 장은 10장(피진과 크레올), 15장(아이와 언어), 25장(언어상실), 26장(수화), 그리고 36장(초등학교에서의 제2언어 학습)이 있다.

다른 곳에서

• Bialystok, E., F. I. M. Craik, C. Grady, W. Chau, R. Ishii, A. Gunji, and C. Pantev. 'Effect of bilingualism on cognitive control in the Simon task: Evidence from MEG' *NeuroImage* 24 (2005, pp. 40-49).

18
언어는 우리가 생각하는 방식에 영향을 줄까요?

제프리 폴럼

언어와 사고는 어떻게 관계할까요?
당신이 행동하는 방식은 당신이 사용하는 언어 때문에 그렇다고 생각합니까?
에스키모어에서 '눈(snow)'에 대한 진짜 이야기는 무엇일까요?

사람들이 하는 논평 중에는 언어에 관한 것처럼 보이지만 생각해보면 생각에 관한 코멘트로 의도된 것들이 있습니다. 당신은 같이 일을 할 수 없는 사람에 대해 말할 때 '우리는 같은 언어를 사용하지 않는다'고 말할지 모르지만 그것은 거의 항상 상대편의 생각이 자신과 다르다는 것을 의미합니다. '나는 할 말을 잃었다(I was speechless)'는 말은 내 성대가 닫혔다는 것을 의미하는 것이 아니라 대부분의 경우 내가 놀랐다는 것을 의미합니다. 이외에도 유사한 표현들이 많습니다.

물론 언어와 사고는 아주 밀접하게 관련되어 있습니다. 언어는 우리가 우리 마음속에 가지고 있는 생각을 확실하게 표현하는 것을 돕습니다. 언어는 우리가 설명하고 계획하고 기억하고 소통하는 것을 돕습니다. 사람들이 언어에 대해 말할 때 대중매체를 통해 주로 말해진 것은 다른 사람들과의 커뮤니케이션에 관한 것입니다. 그런데 우리가 사용하는 언어가 실제로 우리를 특정한 방식으로 생각하도록 야기할 수 있을까요? 우리가 사용하는 언어가 우리 생각의 내적 표현을 다른 언어를 사용하는 사람들의 생각의 내적 표현과 다르게 만들 수 있을까요?

다른 언어가 사물들을 다르게 표현하는 것은 사실입니다. 그러나 이 사실이 다른 언어로 번역될 수 없는 특정 언어에서의 생각이 가능하다는 것을 의미할까요? 불행하게도 이 질문에 '예'라고 대답하는 대부분의 사람들은 단어에 대한 하나의 기본적인 의미 이외에는 다른 것을 가지지 않는 사람들입니다.

서로 다른 언어들 사이에서 정확하게 대응되는 단어를 찾는 일은 쉽지 않습니다. 독일어에서의 '남의 불행을 즐김(Schadenfreude)'이라는 단어는 한 유명한 예입니다. 이 단어는 어떤 사람들은 다른 사람의 불행에서 일종의 악의적인 쾌감을 찾는다는 의미입니다. 그러나 그에 정확하게 상응하는 한 단어로 된 영어단어가 없다고 해서 영어화자는 그들 스스로 그런 느낌을 경험할 수 없다거나 다른 사람에게서 그것을 발견할 수 없다는 것을 의미할까요? 그렇지는 않습니다. 한 단어로 설명하기는 힘들어도 충분히 그 뜻을 표현할 수 있습니다.

또 다른 예는 색깔과 관련됩니다. 어떤 언어들은 꽤 기본적인 색깔을 나타내는 데 영어보다 훨씬 적은 단어를 가집니다. 몇몇 언어들(그리스어와 러시아어 같은 언어)은 푸른색의 음영에 대해 한 가지 이상의 기본적인 단어를 가지는데 반해 다른 언어들은 '녹색'과 '푸른색' 둘 다를 위해 동일한 단어를 사용하기도 합니다. 색깔을 나타내는 어떤 단어도 가지지 않는 언어들도 있습니다. 이것이 이 언어 사용자들은 다양한 색깔들을 물리적으로 식별할 수 없다는 것을 의미할까요? 분명히 아닙니다. 1960년대의 한 실험에서 단지 두 가지 색깔 단어만을 가진 언어를 사용하는 뉴기니의 한 부족(다니)은 영어 화자와 마찬가지로 완전한 색깔 칩의 스펙트럼을 매칭 하는 데 뛰어나다는 사실을 발견했습니다.

그리고 잊기 전에 오래된 맥 빠진 주장에 대해 언급하는 것이 좋을 것 같습니다. 에스키모인(북극 시베리아, 알라스카, 캐나다, 그리고 그린란드의 이뉴잇족과 유피크족)은 눈의 구별되는 다양성을 위해 엄청난 수의 단어를 가지기 때문에 그들은 세상을 다르게 본다는 주장입니다. 그러나 이러한 언어학적 주장에 거의 어떤 진실도 없다는 것을 알게 되면 아마 실망하게 될 것입니다. 에스키모인 집단의 8개의 언어는 단지 소박한 정도의 눈 단어를 가지고 있습니다. 훌륭한 인류학자 프란츠 보아스는 1911년 캐나다 에스키모어 중 하나에서 네 개를 언급했습니다. 땅 위에 있는 눈에 대한 일반적인 단어와 대충 '눈송이(snowflake),' '눈보라(blizzard),' 그리고 '날려 쌓인 눈((snow)drift)'에 상응하는 단어입니다. 이것이 전부입니다.

보아스는 단어의 가지 수와 사유와는 아무런 관계가 없다는 주장을 합니다. 그것은 다른 언어들이 사물의 이름을 명명할 때 약간 다른 식별법을 사용한다는 것을 보여줍니다. 그러나 수년 동안의 과장과 윤색으로 에스키모어에 대한 지식이 전혀 없는 사람들이 잡지와 신문에서 계속 매혹적인 신화로 사람들을 이끌었습니다. 그들은 에스키모인들은 눈을 나타내는 놀라울 정도의 많은 단어를 가지고 있다고 경이로움을 가지고 보도했습니다. 그 수는 보도자에 따라 달랐는데 어떤 이는 수십 개, 어떤 이는 수백, 수천 개라고 말했습니다. 그들은 증거는 제공하지 않으며 영어 또한 눈을 나타내는 많은 단어 — '진창이 된 눈(slush),' '진눈깨비(sleet),'

'눈사태(avalanche),' '눈보라(blizzard),' 그리고 '함박눈(flurry)'과 같은— 를 가진다는 사실은 일반적으로 무시합니다.

에스키모어의 어휘들은 그 언어 사용자들에게 영어 화자들과는 공유하지 않는 그들 고유의 지각 방식을 제공할까요? 그 가능성은 총체적으로 과장된 것 같습니다. 어떤 작가는 심지어 당신의 언어가 당신을 위한 세계를 창조한다고까지 주장합니다. 이러한 주장은 지나친 극단주의로 나간 관념적 상대주의입니다.

우리의 언어가 우리가 생각하는 방식을 변경할 수 없게 마음대로 형성하고 결정한다는 생각은 순전한 추측이며 무엇이 이런 추측을 이론적으로 지지할 수 있을지 상상하는 것은 더 어렵습니다. 한 가지 사실, 언어의 도움 없이 이루어진 생각들(예를 들어 동물들 사이에서)이 확실히 있습니다. 그러나 힌디어 사용자는 이해할 수 있지만 영어를 사용하는 당신은 이해할 수 없는 사유가 있다는 것을 당신이 알도록 하기 위해서는 당신은 당신에게 설명된 그 힌디어 사유를 가져야 한다는 사실에 주목해 봅시다. 만약에 그렇게 할 수 없으면 당신이 이해할 수 없는 사유가 실제로 존재한다는 것에 대해 어떤 힌디어 사용자도 당신을 설득시킬 수 없을 것입니다.

현실적으로 그런 방식은 전혀 아닌 것 같습니다. 힌디어 'kal'이라는 단어를 예로 들어 봅시다. 그것은 시간의 특정한 지점을 나타냅니다. 놀랍게도 'kal'은 어제와 내일 둘 다를 의미합니다. 당신은 이 단어를 상황 안에서 적절한 의미로 이해해야 합니다. 이 사실이 힌디어 사용자들에게 당신은 결코 가질 수 없는 그들만의 고유하고 특별한 시간 개념을 줄까요? 그것은 분명히 아닙니다. 내가 당신에게 조금 전 이 단어를 완벽하게 잘 설명했기 때문에 이 단어를 이해할 수 있습니다.

물론 세계에 대한 관점을 형성할 때 당신의 모국어가 그 일에 영향을 줄 수 있다는 것은 맞는 말입니다. 그러나 이 사실이 당신의 언어가 당신의 생각을 그 안에 갇히게 하는 껍질을 규정한다거나 특정 다른 언어의 사용자만이 가질 수 있는 번역할 수 없는 사유가 있다는 것을 의미하지는 않습니다. 스스로 다른 사유를 이해하려고 노력하되, 포기하거나 당신의 언어를 원망하지 마십시오. 단지 조금 더 열심히 생각하면 됩니다.

• 저자에 대해

제프리 폴럼은 언어에 대한 광범위한 관심을 가진 언어학자이다. 그는 스코틀랜드에서 태어났고 5년 동안 록 음악가로 활동한 이후에 요크대학 언어 학사학위를 받고 런던대학에서 일반언어학으로 박사학위를 받았다. 1981년 그는 산타크루즈 캘리포니아대학 언어학과에 들어갔고 그곳에서 언어학교수로 나중에는 학장으로 일했다. 그는 2003년 미국 예술과 과학 아카데미의 구성원으로 선출되었다. 2007년에 에든버러대학으로 옮겨 간 후에 그는 언어학과 영어학과 학과장이 되었고 2009년 영국 아카데미 구성원으로 선출되었다. 그는 2004년 1월 미국 언어학회 레너드 블룸필드 도서상을 수상한 주요 영어문법 참고서 *The Cambridge Grammar of the English Language* (2002, 로드니 후들스톤과 공저)를 포함하여 언어학에서 다양한 주제로 약 250편의 논문과 책을 출판했다.

추천도서

이 책에서

언어와 심적 진행의 관계에 대한 질문을 제안하는 다른 장으로는 15장(아이와 언어), 16장(동물들의 의사소통), 17장(언어와 뇌), 24장(주술어), 25장(언어상실), 그리고 48장(기계번역)이 포함된다. 힌디어에 대한 더 많은 정보는 63장(인도 언어들)에서 제공된다.

다른 곳에서

- Whorf, Benjamin Lee., ed. by John B. Carroll. *Language, Thought and Reality: Selected Writings* (MIT, 1964). 언어가 사고를 만든다는 생각을 대중화시키는 데 아마 가장 중요한 인물인 워프의 글들을 편집한 모음집이다.
- Martin, Laura. '"Eskimo words for snow": A case study in the genesis and decay of an anthropological example'. *American Anthropologist*. vol. 88, no. 2 (1986), pp. 419-23. 에스키모인들의 눈에 관한 용어에 관심을 불러일으킨 말도 안 되게 과장된 이야기들에 대한 비평이 실려 있다.
- Preston, John, ed. *Thought and Language* (Royal Institute of Philosophy Supplement 42, Cambridge University Press, 1997). 언어/사고 관련성에 대한 몇몇 근대 주요한 철학자들의 시리즈 논문들의 모음집이다.
- Lucy, John Arthur. *Language Diversity and Thought: A Reformulation of the Linguistic Relativity Hypothesis* (Cambridge University Press, 1992). 우리의 모국어 문법이 우리가 현실에 관해 생각하는 방식에 영향을 미친다는 '언어 관련성' 이론에 대한 핵심적인 책이다.

19
단어들을 정확하게 조합하는 방법은 무엇일까요?

데니스 프레스턴

**언어를 사용하는 데 '정확한' 방법이라는 것이 있나요?
누가 그것을 결정하나요?**

미국은 언어 지킴이가 부족하지 않습니다. 언어 전문가들이 신문에서 방송에서 심지어는 성냥갑 안쪽에 만약 우리가 말을 순화하지 않으면 기회의 문이 닫힐 것이라고 경고합니다. '정확한' 방식으로 말하지 못할지도 모른다는 두려움은 'between you and me'라고 말해야 할지 'between you and I'라고 말해야 할지 선택해야 하는 순간에 우리들 중의 몇몇을 진땀나게 합니다. 규범문법학자들은 'between you and I'는 틀렸다고 말합니다. 그들은 그것이 전치사 between의 목적어이기 때문에 'I'가 아니라 'me'여야 한다고 지적합니다. 그들은 그런 구조들이 태고의 찬란한 역사를 가진다는 사실을 우리에게 말하는 것을 잊습니다. "그것은 전부 당신과 나 사이의 모든 부채는 깨끗해졌습니다(All debts are cleared between you and I).”라고 말한 셰익스피어 이후 입니다.

우리를 언어학적으로 불안하게 만드는 것은 무엇일까요? 언어가 오직 하나의 정확한 형태를 가진다는 생각과 우리가 그것과 보조를 맞춰 걷지 못한다는 두려움입니다. 그러나 말의 ‘최고의’ 혹은 ‘정확한’ 방식의 선택은 역사의 흐름에 따른 문제입니다. 코트와 넥타이에는 스니커즈를 신지 않는 것처럼 ‘between you and me’라고 말하는 것은 신성한 법칙이 아니라 하나의 관습입니다. 권력, 돈, 명예가 언어의 다양성 중의 하나를 선호하도록 만듭니다. 영국의 경우 런던에서의 부와 상업과 정부가 영국 남부영어가 최고인 것으로 생각하도록 만들었습니다. 중심이라는 것이 없는 미국의 경우는 잘 교육받은 상류층의 언어가 선호언어가 되었습니다. 역사적으로 사람들은 바로 이 선호언어를 자신을 표현하는 언어로 받아들였습니다.

우리가 말해야 하는 형태를 규정하는 사람들이 항상 있고 다른 사람들의 말에서 그들이 보기에 흠이라고 생각되는 것을 지적하는 사람들이 있을 것입니다. 규범주의자들은 선호되는 언어를 받아들일 수 있는 유일한 언어라고 생각하기 때문에 그들은 언어의 다른 다양성은 결함이 있는 것임을 증명하기 위해 노력합니다.

예를 들어, 만약 당신이 ‘I don’t have no money’라고 말하면 그들 중의 한 사람이 ‘이중부정은 긍정이다’라고 당신에게 말하겠지만 심지어 간단한 산수에서도 $-2+-2=-4$입니다. 게다가 ‘I don’t have no money.’라고 말하는 사람이 돈을 가지고 있다는 것을 의미한다고 생각하는 사람이 있습니까? 아닐 것입니다. 언어의 효과성의 시험은 임의적인 잡음이나 낙서가 표준에 맞는지 맞지 않는지가 아니라 그것이 의사소통되느냐 하는 것입니다. 완벽한 영어 사용자도 어리석고 비논리적인 것을 말할 수 있습니다. 전형적인 시골 언어 사용자가 논리적이고 명확할 수도 있습니다.

언제 'who' 대신에 'whom'을 써야 할지를 우리에게 일러주려는 문법을 고수하는 감시자들이 안쓰럽게 여겨집니다. 이런 시도는 어떻게 언어가 사용될 것인가 하는 것은 입법화될 수 없기 때문에 승산 없는 싸움입니다. 단어와 단어의 조합은 '실제' 의미를 가지지 않습니다. 그것들은 단지 우리가 그것들이 의미할 것을 합의한 것을 나타냅니다. 더욱이 언어는 고정된 시스템이 아닙니다. 언어는 진화합니다. 어제의 조잡하게 생각된 언어가 오늘의 선호언어가 될 수 있습니다. 만약 당신이 어제의 선호언어의 사용자였다면 이 변화를 개탄할 것입니다. 그러나 언어가 진화할 때 언어는 보다 자주 하류층 화자가 그것을 사용하는 방식의 방향으로 맞추어집니다. 이 방식은 언어가 잘못되었다거나 결함이 있다는 의미는 아닙니다. 그것은 단지 언어가 흘러가는 방향입니다.

언어의 또 하나의 측면은 언어는 사회 안에서 일어나고 사회는 항상 평가를 한다는 사실입니다. 영어권 나라에서 이중부정을 사용하는 사람은 우리가 인생에서 희망하는 것에 대해 힘을 가지는 특정 사람들로부터 반감을 살 것입니다. 만약 당신이 선호언어의 원어민이 아니라면 비록 그 언어가 당신이 이미 말하는 방식보다 더 논리적이지도 아름답지도 않은 단지 역사적 관행일지라도 그 언어를 배우면 사회적, 경제적 이점이 있습니다.

규범주의자는 심지어 우리의 모국어의 다양성을 버리기를 원합니다. 그러나 우리는 우리가 따돌림을 당하도록 내버려 두어서는 안 됩니다. 규범주의는 행동에서, 언어에서, 통일성에 대한 욕구에서 나옵니다. 이것은 엘리트주의나 인종주의 같은 어리석은 태도로 이끌 수 있습니다. 전치사로 문장을 끝내지 말라고 했을 때 윈스턴 처칠은 다음과 같이 말했다고 합니다. '이것은 내가 받아들일 수 없는 완전한 현학이다(This is arrant pedantry, up with which I shall not put).' 우리 모두도 마찬가지 입니다.

• 저자에 대해

데니스 프레스턴은 오클라호마 주립대학 섭정교수이고 미시간 주립대학 명예교수이다. 그는 미국 몇 개 대학의 초빙교수이고 폴란드와 브라질 풀브라이트 선임연구자이다. 그는 미국방언협회 회장직을 맡았었고 이 협회와 미국언어학협회의 이사직을 맡았으며 언어, 응용언어학 국제저널, 사회언어학 저널, 그리고 몇몇 다른 저널의 편집위원이다. 그의 연구는 사회언어학, 지역언어학, 민족지학, 그리고 소수민 언어와 다양성 교육에 초점 맞추어져 있다. 그는 민속언어학의 활성화로 가장 잘 알려져 있고 제2언어습득에 대한 다양성자의 입장을 제공하려고 시도한다. 그의 가장 최근의 출판물로는 낸시 니드지엘스키와 함께 *Folk Linguistics* (2000), 다니엘 롱과 함께 *A Handbook of Perceptual Dialectology, Volume Ⅱ* (2002), *Needed Research in American Dialects* (2003), 브라이언 조셉, 캐럴 프레스턴과 공동으로 *Linguistic Diversity in Michigan and Ohio* (2005), 제임스 스탠포드와 함께 *Variation in Indigenous Minority Languages* (2009), 그리고 낸시 니드지엘스키와 함께 *A Reader in Sociophonetics* (2010)가 있다. 그는 일본과학진흥협회의 회원이고 2004년 Officer's Cross of the Order of Merit of the Polish Republic 상을 수상했다.

추천도서

이 책에서

언어 표준을 다루는 다른 장으로는 8장(언어변화), 13장(문법변화), 20장(영국영어와 미국영어), 그리고 46장(사전)이 있다.

다른 곳에서

비언어학자들 사이에 언어를 사용하는 데는 옳고 그른 방법이 있다는 믿음은 아주 강하게 뿌리 내려진 개념이다. 이러한 규범주의의 역사와 그것의 현재의 지위를 다루는 아주 훌륭한 책들이 많이 있다. 여기서 추천하는 책들은 언어학에 대한 특별한 지식을 요구하지 않는다.

- Battistella, Edwin L. *Bad Language* (Oxford, 2005). 언어에 대한 대중적 태도의 미디어 반영에 중점을 두면서 어떻게 '나쁜 언어'가 사용자를 '나쁜 시민'으로 꼬리표 달게 하는지에 대한 자료집이다.
- Bauer, Laurie, and Peter Trudgill, eds. *Language Myths* (Penguin Books, 1998). 언어와 관련된 21개의 일반적 믿음 - 모두가 잘못된 믿음으로 밝혀짐 - 에 대한 전문적 코멘트가 실려 있다.
- Bolinger, Dwight. *Language: The Loaded Weapon* (Longman, 1980). 언어와 언어의 사용에 관한 문제에 대해 미국에서 가장 통찰력 있는 언어학자 중의 한 사람에 의해 쓰인 책. 진짜로 나쁜 언어가 어떤 것인지를 저자가 당신에게 알려준다.
- Cameron, Deborah. *Verbal Hygiene* (Routledge, 1995). 언어사용에 대한 멍청한 코멘트의 확실한 폭로를 한다.
- Finegan, Edward. *Attitudes toward English Usage* (Teachers College Press, 1980). 1960년대 초, 직업적인 사전편찬자들이 실제로 언어가 어떻게 사용되고 있는지를 일반인들에게 알렸을 때 뒤따른 비참함에 대한 철저한 조사집이다.
- Lippi-Green, Rosina. *English with an Accent* (Routledge, 1997). 나쁜 언어를 사용하면 바로 잡혀간다(직업을 잃는다. 줄 뒤로 간다. 등).
- Milroy, James, and Lesley Milroy. *Authority in Language* (Routledge, 1985). 누가 무엇이 옳고 그르다고 말하는가? 왜?
- Niedzielski, Nancy, and Dennis, R. Preston. *Folk Linguistics* (Mouton de Gruyter, 2000). 저물어 가는 20세기 미국에서 실제 사람들(언어학자가 아닌)은 언어에 관해 무엇을 말해야 하는가에 대한 조사와 분석을 볼 수 있다.

20
영국영어가 최고의 영어일까요?

오린 하그레이브스

영국영어가 영어의 다른 버전에 비해 우월한가요?
한 언어의 다른 버전을 우리는 어떻게 평가해야 할까요?
그런데 영어의 주인은 누구입니까?

당신이 외계인에게 들려주기 위해 인간언어의 샘플을 녹음할 기회가 있었다고 가정해 봅시다. 당신은 어떤 언어를 선택했을까요? 당신은 그 선택을 할 필요가 없습니다. 왜냐하면 이미 누군가가 했기 때문입니다. 1977년 보이저 우주탐사선이 발사되었을 때 외계인을 위해 55개 국어로 ― 영어를 포함하여 ― 짧은 인사말을 녹음해 탑재했습니다. 그런데 어떤 영어를 녹음했을까요?

당신은 오늘날 영어는 확실하게 한 개라고 생각할 수 있을 것입니다. 우리 모두는 영어로 쓰인 글을 이해하고 우리 자신의 영어 이외에도 다양한 형태의 영어 구어들에 대해서도 적절히 잘 이해합니다. 영어는 단일한 알파벳으로 쓰이고 기본적인 문법과 핵심적인 어휘들은 일반적으로 이해됩니다. 그러나 다른 언어처럼 영어도 많은 맛을 가지는데 두어 개의 맛—미국영어와 영국영어—이 나머지 맛을 지배합니다. 이 두 거대한 영어가 아주 정제되고 문명화된 방식으로 세계지배를 다투고 있고, 앞으로 수십 년은 어떤 영어가 정상으로 등장할지 결정하는 데 중요한 시기가 될 것입니다.

미국영어는 어떤 의미에서 이미 우위를 점하고 있습니다. 어떻게—영국영어의 많은 자손 중 하나인—미국영어가 모국어(영국영어)와 경쟁할 정도로 성장하는 것이 가능했을까요? 미국영어는 공정성에 의해서가 아니라 힘에 의해 우위를 차지하게 되었습니다. 대영제국은 제국의 번영기 동안 영어를 전 세계에 성공적으로 전파한 공로를 가집니다. 그러나 미국의 문화적, 경제적 제국주의는 미국 지역어를 가장 중요한 위치로 올렸습니다. 우리는 찰스 디킨즈의 연작 소설에서 최신작을 읽기 위해 19세기 사람들이 뉴욕 부두선창에 줄을 섰다는 것을 알고 있습니다. 오늘날 상황은 역전되었습니다. 대서양의 반대편에 있는 미국인들은 런던의 리세스터 광장에서 열리는 할리우드의 최신 흥행 영화의 개봉을 기다리는 사람들의 줄을 볼 것입니다.

미국영어는 숫자 게임에서 거의 이겼습니다. 그러나 영국인은 그들 언어의 혈통이 보다 순수한 혈통이라고 생각하고 싶어 합니다. 다르게 말하면 뉴 월드(New World)는 양적으로 이겼을 수 있겠지만 올드 컨트리(Old Country)는 여전히 질적으로 모든 에이스를 쥐고 있습니다. 이 주장에 이견이 있습니까? 영국은 미국 독립선언문의 잉크가 마르기 전부터 그들 지역어의 우월성에 대해서 주장해 왔지만 미국인들은 단지 그들 언어도 세계 영어의 지도자가 되기에 어떤 다른 지역어에 빠지지 않을 만큼 가치가 있다는 주장에만 맹렬합니다.

주요 문헌 목록을 한번 봅시다. 영국은 미국인들이 결코 빼앗아 갈 수 없는 것들—킹 제임스 성경, 셰익스피어, 낭만적이고 형이상학적 시인들, 19세기 작가들의 위대한 전통—을 가집니다. 그러나 영국영어의 감동적인 자격에도 불구하고 미국인들은 그것에 대한 어떤 굴복의 표시도 결코 보이지 않았습니다. 미국영어는 처음부터 스스로의 길을 걸었습니다. 20세기 한 미국 작가는, "왜 우리는 마치 계속 문질러 닦지만 한 푼도 돌아오는 것 없는 구리 주전자처럼, 우리의 언어가 영국으로부터 차용되었다는 신기한 생각을 허용해야 합니까?"라는 글을 썼습니다.

물론 영국인들은 미국언어의 독립성과 혁신에 대해 다른 견해를 가집니다. 영국인 중 한 사람이 말하는 것처럼, "미국인들은 그들의 조상들이 서쪽으로 이동하면서 그들의 길을 만들기 위해 산림을 불태웠고 그 불로 인해 희생될 수 있는 가치 있는 생명체들은 아랑곳하지 않은 것처럼 언어를 통해 그들의 길을 만들어가는 데 단호합니다."

질과 양의 문제를 접어두더라도 여전히 질문은 지역어로서 이 두 영어의 미래는 무엇인가 하는 것입니다. 영국도 미국도 미래를 결정함에 있어 마지막 발언권을 가지지 않는다는 사실입니다. 게임에서 전 세계적으로 영어를 제2언어로 혹은 외국어로 사용하는 사람들이 가지고 있는 와일드카드가 있을 것입니다. 몇 년 후에 이 제3그룹의 수는 영어모국어 화자의 수를 추월할 것입니다. 이 사람들은 아마 어떤 종류의 '혼합된' 영어의 다양성을 원하지 않을 수 있습니다. 그들은 오직 그들이 사용할 수 있는 것을 원할 것입니다. 다음의 사실을 생각해 봅시다. 2000년에 철강엔지니어들을 위한 중국의 한 연수프로그램은 엔지니어들에게 영어를 가르치는 교사로 미국인도 아니고 영국인도 아닌 벨기에인을 선택했습니다. 중국인들은 자신들처럼 벨기에인이 영어 모국어 화자가 아닌 것을 장점으로 보았습니다. 그들은 벨기에인이 성인이 되어 언어를 배우는 것의 어려움을 알고 영어를 다른 비모국어 화자와 사용하는 것에 대한 느낌을 알 것이라고 생각했습니다.

벨기에 영어선생과 중국 엔지니어 간의 대화를 상상해 보십시오. 만약 대명사의 활용형을 잘못 사용했는데 그곳에 그것을 들을 영어 모국어 화자가 없다면 뭐가 문제가 되겠습니까? 어느 나라 영어인가를 따지는, 유명 브랜드 영어의 전성기는 지난 것 같습니다. 이 시대가 영어에 요구하는 것은 영어를 제2언어로 사용하는 수백만 사용자들의 요구에 부합하는 능력일 것입니다.

그리고 외계의 생명체를 위해 녹음한 것은 어떻습니까? 글쎄요, 아마 그것을 운 좋게 해독할 수 있는 외계인은 플로리다 케이프커내버럴 가까이에 살다가 런던 슬론 광장 가까이에 사는 것같이 우리 귀에 들리는 여학생의 '지구의 어린이로부터 전하는 인사'라는 말을 들을 것입니다.

• 저자에 대해

오린 하그레이브스는 거의 순수 영국 섬 혈통의 10세대 미국인이고 상당 기간 동안 런던에 살았다. 그는 미국영어와 영국영어의 차이를 탐구하는 *Mighty Fine Words and Smashing Expressions* (2003)의 저자이고 미국 슬랭에 대한 ESL레슨 책인 *Slang Rules!* (2009)의 저자이다. 그는 벌리츠, 케임브리지대학출판부, 체임버스-하랩, 하퍼콜린스, 랑엔샤이트, 롱맨, 메리엄-웹스터, 옥스퍼드대학출판부, 그리고 스콜라스틱과 같은 출판사의 사전류와 다른 언어 관련 참고문헌에 중요한 기여를 했다. 그는 현재 메릴랜드 캐럴카운티에 살고 있다.

추천도서

이 책에서

언어의 지역적으로 다른 버전들 사이의 비교는 4장(사투리와 언어), 30장(미국 남부 영어), 그리고 44장(미국 지역어 변화)에서 다루고 있다. 언어의 표준은 8장(언어변화), 19장(규범주의), 그리고 46장(사전)에서 다루고 있다.

다른 곳에서

위에서 언급한 저자의 책 *Mighty Fine Words and Smashing Expressions* 는 영국영어와 미국영어 사이의 미세하지만 만연해 있는 차이를 알아보는 좋은 출발서이다.

- Fiske, Robert Hartwell, ed. *Vocabula Bound* (Marion Street Press, 2004). 이 장에 대한 영감을 준 책 중의 하나로 영어에 관한 에세이들의 책(이 저자가 쓴 좀 더 긴 글의 제목은 '누가 영어의 주인인가?')이다.
- Bragg, Melvyn. *The Adventure of English* (Hodder & Stoughton, 2003). 주제에 대한 흥미로운 개관서이다.
- McArthur, Tom, ed. *The Oxford Companion to the English Language* (Oxford, 1992). 이 책은 영어에 관한 모든 것을 한 곳에서 볼 수 있는 책이다.

21
왜 사람들은 언어를 두고 싸울까요?

폴 개렛

언어는 그것을 두고 싸울 만큼 중요한가요?
언어를 두고 싸우는 것은 어떻게 시작되었을까요? 주요 원인은 무엇일까요?

언어를 두고 싸운다는 말이 이상하게 들릴 수도 있겠지만 아주 흔하게 있는 일입니다. 왜 사람들은 가끔 자신의 언어에 대한 강한 애착으로 인해 다른 언어를 사용하는 사람들에게 총을 겨냥할까요? 어떻게 언어문제가 여러 세대를 통해 계속되는 긴장을 만들어 낼까요? 이러한 질문에 대한 대답은 언어와 정체성, 특히 문화·민족정체성 사이의 밀접한 관계에 놓여 있습니다.

우리들 중에서 영어만을 아는 사람은 단일어주의를 규범으로 생각할 수도 있습니다. 프랑스에서는 프랑스어를 사용하고 일본에서는 일본어를 사용하는 것처럼 말입니다. 그러나 전 세계적으로 약 200개 정도의 국가가 있는데 언어는 7,000개 정도가 있습니다. 이 사실은 다언어 국가가 많다는 의미입니다! 그리고 언어는 민족 집단과 일치하는 경향이 있기 때문에 다민족 국가 또한 많다는 의미이기도 합니다. 물론 어떤 나라는 다른 나라에 비해 더 다언어·다민족 국가이기도 합니다. 한 극단적 경우로 일본과 같이 국민의 대다수가 민족적으로 일본인이고 일본어를 사용하는 나라가 있고 다른 극단의 경우로 인도나 나이지리아처럼 나라 안에 수백 개의 언어와 민족 집단을 가지는 나라가 있습니다.

지구의 많은 지역에서 다른 언어를 사용하는 사람들이 매일 상호작용합니다. 대부분의 경우 일들은 충분히 순조롭게 진행됩니다. 그러나 가끔 긴장이 발생하고 이러한 긴장은 가끔 싸움으로 나타납니다. 이런 경우는 특히 하나의 언어를 사용하는 사람들이 다른 언어를 사용하는 사람들에 의해 위협이나 압박을 느낄 때 나타납니다. 그러한 경우에 언어차이는 강력한 사회·문화·정치적 차이의 표식이 됩니다. 그리고 당신이 언어가 충돌하는 것을 볼 때마다 당신은 영토, 종교, 정치적 권력, 그리고 다른 문제들을 가지고 싸우는 것을 확실하게 볼 수 있을 것입니다.

이러한 싸움에서 사용되는 무기는 가혹한 말 그 이상일 수도 있습니다. 언어충돌은 폭동이나 반란, 전쟁, 심지어는 집단학살로 악화될 수 있습니다. 1971년 방글라데시가 파키스탄으로부터 독립하는 데 언어충돌은 중요한 부분을 담당했습니다. 방글라데시 언어운동으로 시작된 것이 결국 3백만 명 이상이 죽고 10만 명이 추방되는 9개월간의 독립 전쟁으로 악화되었습니다.

약 10년 후에 스리랑카에서는 태밀어를 사용하는 독립단체인 태밀 타이거가 신하라를 사용하는 다수집단에 의해 지배된 정부에 대항하여 무기를 들었습니다. 1956년 상당히 강력하게 정부가 '순신하라법(Sinhala-Only Act)'을 통과시키고 태밀어 책, 영화, 그리고 다른 미디어를 금지시켰습니다. 이러한 탄압과 또한 다른 형태의 배제와 탄압에 대항하여 태밀 타이거는 스리랑카의 북부와 동부에 독자적인 태밀정부를 설립하게 됩니다. 그들의 무장한 반항은 스리랑카 시민전쟁으로 발전했고 이 시민전쟁은 스리랑카 군대가 마침내 태밀 타이거를 물리치는 2009년까지 지속되었습니다. 그때까지 25년 이상의 싸움은 10만 명 이상이 죽고 수십 만 명의 태밀인이 난민이 되는 결과를 초래했습니다.

지구의 다른 곳에서도 언어는 계속되는 싸움의 심장부에 놓여 있습니다. 스페인에서 독립단체 ETA는 그들의 목표인 바스크어가 국가어인 독립 바스크국을 실현하기 위해 폭파, 유괴, 그리고 다른 폭력적 전술들을 사용했습니다. 벨기에는 플라망어를 사용하는 북부와 프랑스어를 사용하는 남부로 분명하게 나누어져 있습니다. 아무런 폭력도 없었고 기대도 하지 않지만 벨기에에 사는 많은 사람들은 나라가 궁극적으로는 둘로 나누어질 것이라고 자신 있게 기대합니다. 한편 미국에서는 다양한 배경에서 온 스페인어 사용자들이(이들 중의 많은 사람들은 영어도 사용합니다.) 점점 더 전체 인구의 영향력 있는 부분을 차지하게 되면서 영어와 스페인어 사이의 관계가 많은 논쟁과 정치적 행동의 초점이 되고 있습니다.

언어싸움이 항상 폭력으로 연결되는 것은 아니지만 수백만 명의 일상생활에 영향을 미치고 여러 해 동안 지속되는 긴장을 만들어 낼 수 있습니다. 일반적으로는 평화로운 곳이지만 언어충돌의 문제를 가지고 있는 캐나다의 경우를 보십시오. 전 캐나다는 공식적으로 이중언어 사용국이지만 대부분의 프랑스어 사용 캐나다인은 퀘벡 주에 삽니다. 영어를 사용하는 주들에 둘러싸인 그들은 종종 그들의 언어와 문화가 포위당한 느낌을 가지고 그들은 특히 퀘벡 주 내에 영어사용자의 출현에 위협을 느낍니다.

1977년 퀘벡에서 프랑스어 사용자들은 영어사용을 많은 형태로 제한하는 법을 통과시킴으로써 그들의 언어를 지키려고 했습니다. 예를 들어, 공공장소에서 모든 표기는 프랑스어로 하고 프랑스어만을 사용하도록 요구했습니다. 이 조치는 앨랜 싱거 같은 조그마한 비즈니스 사장을 포함하여 영어사용자들 사이에 분노의 표적이 되었습니다. 싱거 씨는 'Allan Singer's Limited–Printers and Stationers'라고 손으로 쓴 단순한 간판 밑에서 여러 해 동안 그의 소박한 상점을 운영했습니다. 새로운 법으로 인해 싱거 씨의 간판은 불법적인 것이 되었습니다. 그는 간판을 프랑스어로 대체해야 했습니다.

물론 싱거 씨는 거부했고 그의 사건은 캐나다 대법원까지 가게 되었습니다. 법원의 결정은 일종의 타협안이었지만 그것은 대부분의 캐나다인들이 공정하고 정의롭다고 생각하는 그런 방식에서 캐나다 사회의 실체를 반영했습니다. 싱거 씨는 영어로만 쓰인 간판을 유지할 권리가 없었습니다. 그러나 새로운 법 또한 영어를—혹은 그가 프랑스어 이외에도 사용하기를 원하는 어떤 언어든, 스페인어든, 중국어든, 혹은 다른 언어든—없애고 프랑스어만으로 된 간판으로 대체하도록 그에게 요구할 수 없었습니다. 결국 비즈니스 경영자는 그들의 간판에 프랑스어를 사용하도록 요구될 수 있지만 법은 두 개의 언어나 혹은 여러 개의 언어로 쓰인 간판을—퀘벡 그리고 캐나다 전역의 언어 다양성을 반영하는 간판을—내거는 비즈니스인의 자유를 침해할 수 없었습니다.

궁극적으로 간판을 두고 일어난 이 난리법석은 언어에 대한 모든 시민의 권리를 지키는 데 대한 캐나다의 약속을 확실히 하는 기회를 제공했습니다. 그러나 긴장은 가시지 않았습니다. 1980년과 1995년 두 차례에 걸쳐 퀘벡 시민들은 그들의 주가 캐나다로부터 분리 독립하여 프랑스어 사용 독립국으로 되는 것에 대한 투표를 실시했습니다. 그렇게 되지는 않았습니다. 그러나 1995년의 투표는 1% 이하의 격차를 보일 정도로 아주 가까웠습니다.

이 같은 싸움과 또한 다른 싸움들에서 언어 이상의 많은 것들이 위험에 놓입니다. 우리의 언어는 우리의 한 부분입니다. 그것은 우리에게 우리와 같은 언어를 사용하는 사람들과는 강력한 연대감을 가지도록 하고 같은 언어를 사용하지 않는 사람들과는 동일한 정도의 강력한 이질감을 가지도록 합니다. 그래서 누군가가 우리의 언어 — 혹은 심지어 우리의 악센트 — 를 공격할 때 우리는 우리가 공격받고 있다고 느끼는 것은 거의 의심의 여지가 없습니다. 그리고 우리는 그것에 대응해 반응합니다. 한 언어를 차별하게 되면 당신은 그 사용자들을 차별하는 것이고 나의 언어를 경시하면 당신은 나를 경시하는 것입니다.

• 저자에 대해

폴 개렛은 템플대학 인류학과 교수이고 캐리비안 — 특히 그가 오랜 기간 동안 민족지학적 현장작업을 한 세인트 루시아 섬 — 의 크레올 언어와 문화에 초점을 맞춘 연구를 하는 언어학적 인류학자이다. 그는 언어접촉, 언어 이데올로기, 그리고 언어의 정치 경제에도 관심이 있다. www.temple.edu/anthro/garrett.

추천도서

이 책에서

다언어 환경에서의 마찰과 적대행위의 주제는 9장(국제어), 10장(피진과 크레올), 31장(악센트), 40장(새로운 세계 스페인어), 41장(케이전), 42장(미국에서의 독일어), 43장(걸러어), 그리고 63장(인도 언어들)에서 다룬다.

다른 곳에서

- Harris, Roxy and Ben Rampton, eds. *The Language, Ethnicity and Race Reader* (Routledge, 2003). 정체성, 민족적 다양성, 국수주의, 식민주의, 이민과 같은 이슈들과 언어의 관련성을 실험하는 고전적 글들과 현대의 글들의 모음집이다.
- Joseph, Brian D., et al., eds. *When Language Collide: Perspectives on Language Conflict, Language Competition, and Language Coexistence* (Ohio State University Press, 2003). 15개의 에세이가 평화적 결과와 갈등적 결과를 나오게 하는 요인들에 초점을 맞추어 전 세계적으로 언어접촉(무역, 이민 등)의 경우들을 실험한다.
- Schmid, Carol L. *The Politics of Language: Conflict, Identity, and Cultural Pluralism in Comparative Perspective* (Oxford University Press, 2001). 이 책은 미국 내에서 사용되는 다양한 언어에 초점을 맞추면서 역사적 충돌과 모순 그리고 현재의 충돌과 모순을 다룬다.

22
이중언어 사용자가 된다는 것은 무엇을 말할까요?

도라 존슨

두 개의 언어를 아는 사람은 모두 이중언어 사용자인가요?
평생 이중언어 사용자가 될 수 있을까요?

만약 당신이 한 언어만을 말한다면 당신은 아마 당신이 아주 정상적이고 한 언어 이상을 말하는 사람은 예외적인 사람이거나 소수자라고 생각할 것입니다. 그러나 그것은 오히려 반대입니다. 미국과 영국의 많은 사람들을 포함하여 전 세계적으로 3/4이 이중 혹은 다중언어 사용자입니다. 단일언어 사용자가 소수그룹입니다.

물론 이중언어 사용은 다른 것을 의미할 수 있습니다. 그리고 모든 이중언어 사용자들이 두 가지 언어를 동일한 레벨에서 말하지는 않습니다. 예를 들어, 2001년 9월 11일 이후 미국 정부가 필요로 한 이중언어 사용자는 영어와 아랍어 둘 다 다룰 수 있는 사람들이었습니다. 그러나 어떤 사람들은 요구를 충족시킬 정도로 뛰어난 기술을 가지지 못했습니다. 그리고 몇몇은 두 언어를 모두 유창하게 말하지만 둘 중의 하나를 유창하게 읽거나 쓸 수 없고 어떤 사람들은 한 언어에서는 완벽한 능력을 가졌지만 그것을 다른 언어로 혹은 다른 언어를 그 언어로 번역하는 데 한계를 보였습니다.

그러면 당신이 어떻게 이중언어 사용자가 될까요? 많은 경우 이중언어 사용자는 어린 시절 두 언어를 사용하는 가정에서 나옵니다. 부모가 종종 아이에게 두 언어를 사용하거나 가끔은 한 부모가 한 언어를 사용하고 다른 부모가 다른 언어를 사용하기도 합니다. 또한 당신이 나중에 새로운 언어를 당신의 레퍼토리에 첨가하는, 언어학자들이 '첨가' 이중언어 사용이라고 부르는 것도 있습니다. 당신은 학교에서 언어를 배움으로써 그렇게 할 수 있습니다. 혹은 당신의 부모가 당신이 어릴 때 미국으로 이민을 와서 집에서 영어실력을 계속적으로 발전시키면서 미국어를 배울 수도 있을 것입니다.

그리고 예를 들어, 만약 당신이 새로운 나라로 이민을 갔는데 그곳 대다수의 사람들이 사용하는 언어가 당신의 모국어를 다시 사용하도록 하는 언어라면 이중언어능력은 소실될 것입니다. 우리는 이것을 '삭감' 이중언어 사용이라고 부르는데 이민자 가정에서 그것을 자주 봅니다. 예를 들어, 부모가 아이에게 '출신국'의 언어로 말하고 아이는 영어로 응대하는 것을 듣는 경우가 있을 것입니다. 그 아이는 그의 레퍼토리로부터 그의 제1언어를 덜어내고 있습니다. 이것은 아주 일찍이 시작됩니다. 이중언어를 사용하는 어린이는 약 2년 6개월 정도가 되면 언어사용에서 선택을 하기 시작하고 대개는 더 자주 접하는 언어를 선택합니다. 베트남에서 미국으로 이사 온 쿠앙을 예를 들어봅시다. 그는 그의 할머니가 베트남어로 말한 것을 모두 알아듣고 아마 심지어는 그녀에게 베트남어로 말할지도 모르지만 그의 친구들과 대화할 때는 베트남어로 말하지 않습니다! 그는 대부분의 경우 그가 사용할 언어로 영어를 결정하고 그의 베트남어 실력은 줄어들기 시작합니다. 베트남어는 다시 살아날 수 있고 그는 베트남어를 처음 배우는 사람보다 훨씬 빠르게 다시 배우겠지만 힘든 노력이 필요할 것입니다.

부모들은 가끔 그들의 아이가 다른 언어들에 노출될 때 혼란스러워할 것을 염려합니다. 하지만 걱정할 필요는 없습니다. 아이의 언어발달이 부모나 다른 어른들을 걱정스럽게 만드는 때가 있지만 가정에서 하나의 언어를 사용하는 것보다 두 개의 언어를 사용했을 때 장점이 단점보다 훨씬 많습니다. 아이들은 두 언어 시스템 사이를 왔다 갔다 하는 능력이 놀랍도록 뛰어납니다. 그들은 가끔 둘을 혼동하기도 하지만 각각의 언어를 재빠르고 정확하게 사용하는 것을 배웁니다.

아이들이 영어뿐만 아니라 자신의 유산(heritage)언어를 유지하기를 원하는 이민자 가정은 의식적으로 노력해야 합니다. 아이들은 학교에서 그들의 유산언어(특히 그 언어가 프랑스어나 스페인어가 아니고 스웨덴어나 타갈로그어 같이 흔하게 가르치는 언어가 아니라면)를 계속적으로 배울 기회를 거의 가지지 못합니다. 그래서 어떤 학교들은 방과 후나 일요일에 그 언어가 계속적으로 남아있는 것을 돕기 위해 특별 언어프로그램을 시작했습니다. 어린 아이일 때 이중언어 사용자라고 평생 자동적으로 이중언어 사용자가 되지는 않습니다.

이중언어주의는 영어 이외의 언어를 말하는 어린이를 교육시키는 접근법인 이중언어 교육과 같은 것은 아닙니다. 이중언어 교육의 힘은 학생들이 그들의 모국어로 학교 교과목을 배우고 동시에 영어를 배우는 것을 돕는 것입니다. 하지만 다양한 이유로 이 프로그램은 아주 논란이 많습니다.

최근에는 두(dual) 언어 교육이 인기 있고 희망이 있어 보입니다. 두 언어 프로그램은 단일언어 사용 학생에게 두 개의 언어(둘 중의 하나는 항상 다수자의 언어)로 말하고 학교 과제를 하도록 하여 결과적으로 첨가 이중언어 사용자로 발달하도록 기회를 제공하는 것입니다. 언어 소수자 아이와 언어 다수자 아이 두 쪽 모두가 그들이 함께 배우고 서로를 돕는 교실 안에서 이중언어 사용자가 될 수 있습니다.

물론 어른이든 아이든 영어 사용국의 새로운 시민은 영어를 배워야 하는 중요한 이유가 있습니다. 그러나 또한 엄마의 무릎 위에서 배운 언어를 유지하고 육성하고 강화시켜야 하는 이유도 있습니다. 미국에서 그리고 아마 다른 나라에서도 마찬가지로 새로유 시민은 가끔 너무나 강력하게 동화되도록 부추겨져서 그들의 본래 언어를 유지하는 것으로부터 저지당하기도 합니다. 그것은 언제 어디서나 일어나던 국가적 손실입니다. 진짜 이중언어 사용자는—여기서 의미하는 것은 두 언어 모두에 뛰어난 사람—사회적으로 크나큰 이익입니다. 그들은 그들의 사회에서 그리고 글로벌화 세계에서 의사소통을 위한 다리가 될 수 있습니다. 우리는 더 많은 이중언어 사용자를 양산할 방법을 찾아야 합니다.

• 저자에 대해

도라 존슨은 워싱턴 D. C.에 있는 사적 비영리 응용언어학센터(CAL)에서 일한다. CAL에서 그녀는 흔히 가르쳐지지 않는 언어들의 교수와 학습을 중심으로 일한다. 현재 그녀는 미국에서 아랍 K-12 교사들의 네트워크를 발전시키기 위한 프로젝트를 하고 있다.

추천도서

이 책에서

언어능력의 전문적 사용을 위한 기회와 요구는 2장(언어가 무엇을 하는가), 39장(미국의 언어위기), 45장(언어 관련 직업), 46장(사전), 47장(번역과 통역), 49장(법의학 언어학), 56장(러시아어), 그리고 59장(아랍어)에서 다룬다. 다언어 기술을 가진 사람은 23장(다언어 사용자)에서 논의된다.

다른 곳에서

- Cunningham-Andersson, Una and Staffan Andersson. *Growing Up With Two Language: A Practical Guide* (Routledge, 1999). 이 매뉴얼의 저자들은 부모들과 전문가들을 위해 전 세계로부터의 약 50가족의 경험을 거론한다. 저자들은 아이가 태어나기 전부터 시작해서 예상되는 것과 준비하는 방법에 대한 현실적인 조언을 제공한다.
- Baker, Colin. *A Parents' and Teachers' Guide to Bilingualism* (Multilingual Matters, 2판, 2000). 이중언어를 사용하는 어린이를 키우는 것과 관련해서 가장 자주 물어지는 질문들에 대한 제기와 답변들이 있다.
- King, Kendall and Alison Mackey. *Raising Bilingual Children: Common Parental Concerns and Current Research* (Center for Applied Linguistics, 2006). 두 페이지로 된 이 요약본문은 부모, 교육자, 소아과 전문의, 그리고 치료사가 이중언어를 사용하는 아이를 키우는 것과 관련하여 관심 가지는 문제들을 제시하고 정확한 정보를 제공하기 위해 기획되었다. 인터넷에서 볼 수 있다.
  www.cal.org/resources/degest/ raising-bilingual-children.html.
- Pearson, Barbara Zurer. *Raising a Bilingual Child* (Random House, 2008). 이 책은 부모들에게 언어학습에 관한 연구에 기초한 정보를 제공하고 이중언어를 사용하는 실제 가족들의 경험을 보여준다.
- *The Bilingual Family Newsletter*. 현재로서는 더 발행되지 않는 이 정기간행물은 www.bilingualfamilynewsletter.com에서 4분기마다 출간되었는데 깔끔하게 잘 쓰여서 현재도 여전히 짧은 정보적인 글의 문헌으로 유지되고 있다. 이 뉴스신문은 언어학습, 이중언어 사용, 이중문화주의 등에 대한 최근의 연구와 정보를 요약하고 있을 뿐만 아니라 이중언어를 사용하는 아이를 키우는 과정에서 부모들이 직면하는 문제들을 그들이 어떻게 해결했는가에 대한 실제적인 삶의 모습을 보여준다.

23
사람은 몇 개의 언어를 배울 수 있을까요?

리차드 허드슨

사람들은 최대 몇 개의 언어들을 완전히 익힐 수 있을까요?
많은 언어를 배우기 위해서는 다른 사람들과 특별히 달라야 할까요?

우리들 대부분은 여러 언어를 구사하는 사람을 보면 감동받는데, 여기서 '여러 개(a lot)'는 몇 개를 말합니까? 평범한 미국인이나 영국인은 한두 개의 다른 언어에 대한 어설픈 지식을 가질 수도 있겠지만 일반적으로 하나의 언어만을 알기 때문에 누군가가 서너 개의 언어를 유창하게 구사하면 감동을 받습니다. 그러나 만약 당신이 인도나 오스트레일리아의 오지에 살았다면 당신은 아마 여섯 개 정도의 언어는 당연히 알 것입니다.

그렇다면 언어학습에 있어서 인간의 한계는 어디까지 일까요? 놀랍게도 답을 아는 사람은 아무도 없습니다. 언어학자와 심리학자는 언어장애를 가진 사람들에 대해서는 엄청난 양의 연구를 했지만 누구도 언어에

귀재인 사람을 자세히 연구하지는 않았습니다. 우리는 그런 사람들이 몇 개의 언어를 아는지 조차도 모릅니다. 내가 여기서 말하는 대부분의 내용은 내가 추천도서에서 추천하고 있는 마이클 에라드의 탁월한 책에 근거를 두고 있습니다.

'인간의 능력'이라는 표현은 모호하기 때문에 좀 더 구체화시켜서 '일반적 능력(일반인으로서 우리는 몇 개의 언어를 배울 수 있는가?)'과 '극단적 능력(언어학습의 세계기록은 무엇인가?)'에 대해 물어 봅시다. 아래에서 보게 되겠지만 우리는 확실한 답은 가지고 있지 않고 추측만 할 수 있습니다.

그러면 첫째로 언어학습능력은 일반적인 인간 유전자 중 어디에서 나올까요? 유전자 풀은 전 세계적으로 아주 동일합니다. 우리는 아이의 유전자 원천과는 상관없이 모든 아이는 그가 성장한 사회의 언어를 배울 수 있다는 사실을 압니다. 그래서 어떤 능력이 일반적이냐를 결정하기 위해서는 대부분 혹은 전체 구성원이 다언어 사용자인 사회를 연구해야 합니다. 이러한 사회는 이상적으로 인도나 오스트레일리아 오지와 같이 (런던처럼 수백 개의 이민자 언어가 영어와 불평등한 차원에서 만나는 그런 곳과는 다름) 많은 언어가 아주 동등한 차원에서 만나는 그런 곳이 될 것입니다.

이런 종류의 연구는 아직까지는 체계적으로 이루어진 적이 없지만 부분적인 연구들에 기초한 생각은 우리가 '공동체 다언어주의'라고 부를 수 있는 것의 상한선으로 다섯 개나 여섯 개의 언어가 될 것 같습니다. 이러한 공동체들 내에서는 아주 많은 언어들이 순환되고 있어서 일반인들은 학교에서 어떤 공식적인 교육 없이도 자연스럽게 대여섯 개의 언어를 말하면서 성장합니다.

이러한 공동체의 언어들은 다섯 개, 여섯 개의 언어를 어렵지 않게 배울 수 있을 정도로 유사할까요? 한 마디로 아닙니다. 우리는 최소한 영어와 독일어만큼 혹은 어떤 경우에 있어서는 영어와 중국어만큼 다른 언어에 대해 이야기하고 있습니다. 놀랄 필요 없이 특정 언어들 간의 결합이 한 공동체에 의해 아주 오랫동안—수백 년 동안—이루어지면 그들의 문법이 서로 만나게 되는 경향이 있습니다. 그러나 어휘는 변함없이 다른 채로 유지됩니다. 이것은 각각의 언어가 각기 다른 하위 공동체(예를 들어, 부족이나 종족)에 속하고 그 공동체 안에서 언어는 가장 주요한 구성원의 증거가 될 수 있기 때문입니다. 하위 공동체들이 분리되어 있는 한 그들은 분리를 유지하기 위해 그들의 언어를 필요로 합니다.

우리는 또한 이 사람들이 그들의 다양한 언어를 얼마나 능숙하게 말하는지를 물을 수 있을 것입니다. 과연 그들이 아는 모든 언어를 모국어 화자처럼 완벽하고 유창하게 구사할까요? 다시 말하지만, 우리는 잘 모릅니다. 그러나 그들은 그 언어들을 일상의 의사소통을 해 나갈 정도로 잘 안다고 확신할 수 있습니다. 아마 그들은 특정 언어의 단어와 구조를 다른 언어보다 더 잘 알 수 있을 것입니다. (그리고 의심의 여지없이 언어들 중에서 특정 언어로 보다 쉽게 말할 수 있는 집단 문화와 연결된 어떤 개념이 있을 것입니다.) 그리고 거의 확실하게 그들은 모든 언어를 읽고 쓸 수 있지는 않을 것입니다. 사실 한 언어도 읽고 쓸 수 없을지도 모릅니다. 그러나 그들의 모든 언어에 대한 지식은 우리가 수박 겉핥기식이라고 부르는 것 이상이고 우리 학교에서 얻을 수 있는 더듬거리는 제한된 능력 이상일 것입니다. 그들의 능력을 서술하는 최상의 형태는 아마도 '훌륭한 현장지식'일 것입니다. 더욱이 상호작용이 규칙적이고 잦은 이상, 이러한 언어들은 언제든지 사용될 수 있을 만큼 녹슬지 않고 준비되어 있습니다.

그래서 모든 사람들은 이론상으로 대여섯 개의 완전히 다른 언어의 훌륭한 현장 지식을 가질 수 있는 뇌를 가지고 있습니다. 이러한 재주를 발휘하는 것으로부터 나를 방해하는 유일한 요소는 내 주변의 사람들이 항상 한 언어만을 사용해서 내가 다른 언어를 배울 필요가 없는 나의 생활환경입니다. 물론 당신의 생활환경은 내 환경과는 다를 수도 있을 것입니다. (그리고 그것이 당신이 이 장을 읽고 있는 이유일 수도 있을 것입니다. 만약 그렇다면 기뻐하십시오.) 그러나 중요한 사실은 다섯 개나 여섯 개의 언어를 배우는 것은 완전히 일상적인 범위 내라는 것이고 우리가 어려서 모국어를 배울 때 우리가 사용하는 그런 것 이상의 기술을 요구하지 않는다는 것입니다. 우리 모두는 잠재적 다국어 사용자로 태어납니다.

그렇다면 세계 챔피언, 위대한 예외적인 언어 학습자는 누구일까요? (나는 그를 위해 '과다언어 사용자(hyperpolyglot)'라는 용어를 만들었습니다.) 마이클 에라드가 이 부분의 전문가입니다. 과다언어 사용자의 역사에서 가장 유명한 사람은 50개의 언어를 말하고 70개의 언어를 이해하고 114개의 언어를 읽을 수 있다고 주장된 카디날 기우세프 메조파니(1774~1849)입니다. 19세기 인물로는 존 보우링 경이 100개의 언어를 말하고 200개의 언어를 읽었다고 전해집니다. 이 사람들은 그들의 당대에 아주 유명해서 우리는 메조파니를 방문해서 몇몇 언어에 있어 그의 능력을 확인한 바이런 경과 같은 사람들이 쓴 많은 독자적 보고들을 가지고 있기는 하지만 현재 그런 비정상적인 수를 확인하는 것은 불가능합니다.

오늘날 지구를 걸어 다니는 실제 과다언어 사용자가 있고 에라드는 그들 중의 몇 명을 찾아내는 데 성공했습니다. 그들이 사용하는 언어의 수는 20개에서 30개가 일반적인 것 같습니다. 그러나 메조파니와는 다르게 그들은 미국정부의 언어유창성표와 같은 상당히 객관적인 테스트에 의해 검증되었습니다. 이런 영재들 중 어느 누구도 모든 언어를 똑 같이 쉽게 말할 수는 없습니다. 일반적으로 특정 언어는 언제든지 사용할 수 있고, 어떤 언어는 다시 공부할 필요가 있고 또 어떤 언어는 사전의 도움이 필요하기도 합니다. 그러나 그렇다고 할지라도 몇몇 사람들은 진정으로 '과다언어 사용자'라는 이름을 얻을 자격이 있습니다. 예를 들어, 데릭 헤닝이라고 불리는 영국인은 30개의 언어를 알고 그 중 12개는 언제든지 사용할 수 있다고 에라드에게 말했습니다(1990년 22개의 언어가 개별적으로 확인되었습니다).

과다언어 사용자들은 어떻게 그렇게 할 수 있을까요? 확실히 '자연적' 언어학습을 통해서는 아닙니다. 이 사람들은 책으로 공부하고 엄격한 스케줄에 따라 언어를 배우고 사용하는 학자들입니다. 이 사람들은 특별한 소질을 가졌을까요? 확실하게는 모르지만 아주 놀라운 사실 한 가지를 당신에게 알려드리겠습니다. 그들의 대부분이 남자입니다.

• 저자에 대해

리차드 허드슨은 런던 칼리지대학 음성학, 언어학과의 언어학 명예교수이다. 그는 그곳에서 1964년부터 2004년까지 근무했다. 그는 케임브리지대학에서 근대와 중세언어 전공으로 학사학위를 받았고 런던의 오리엔트, 아프리카학 학교에서 동북부 수단에 사는 베자(혹은 베다위)인의 쿠시어의 문법에 대한 논문으로 박사학위를 받았다.

추천도서

이 책에서

다언어 사회는 9장(국제어), 21장(언어충돌), 58장(히브리어와 이디시어), 그리고 63장(인도 언어들)에서 다루고 있다. 다언어 개인의 발달은 15장(아이와 언어), 17장(언어와 뇌), 22장(이중언어 사용), 32장(성인 언어학습), 33장(상위 레벨 성인 언어학습), 그리고 36장(어린이와 제2언어)에서 다루고 있다.

다른 곳에서

- Erard, Michael. *Babel No More: The Search for Extraordinary Language Learners* (Free Press, 2012). 연구들을 조사하고 또한 연구에서 부족한 부분을 다루는 쉽게 읽을 수 있는 책이다.

24
종교적 황홀상태에서 말하는 알아들을 수 없는 기도문과 같은 말은 무엇일까요?

월트 울프럼

종교인이 황홀경에서 기도문을 읽을 때 어떻게 될까요?
그의 말은 실제 언어일까요? 자연언어와 그것의 관계는 무엇일까요?

말이 힘들이지 않고 그의 입에서 흘러나옵니다. '라 호리야 라 호리야 라 헤이니키치 알리키치 아라티리 헤이야.' 그것은 외국어로 된 시처럼 들렸지만 그 언어를 사용하는 사람은 아무도 없고 누구도 그것은 이해하지 못합니다. 이런 사실이 어떤 차이를 만들지는 않습니다. 이러한 단어들을 그의 개인적 기도에서 발화하는 사람은 그것을 신과 소통하는 특수언어라고 생각합니다. 비록 그것을 처음 듣는 사람에게는 은밀하고 신비로운 것 같지만 '종교적 황홀경에서 알아들을 수 없는 중얼거림(speaking in tongue)' 혹은 좀 더 전문적 용어로 '방언(glossolalia)'은 비일상적인 언어현상은 아닙니다. 전 세계적으로 수백만의 영어사용자들이 종교적 황홀경에서 알아들을 수 없는 말을 중얼거렸고 많은 다른 언어를 사용하는 사람들도 유사한 형태의 언어적 표현을 경험했습니다. 이것은 기독교에서뿐만 아니라 다른 종교에 있어서도 마찬가지로 오랜 역사를 가지고 있습니다. 아마 인간이 언어를 가진 시간만큼 오래되었을 것입니다. 기독교에서 이것은 성령 강림의 날 이래로 잘 기록되어 있고 지난 세기에, 특히 소위 성령교회라고 불리는 교회와 천주교도와 영국 성공회 교도와 같은 예배교회에서 그것을 다시 사용하는 의미 있는 부활을 목격합니다.

방언은 또한 다른 종교에서 그리고 몇몇 비종교적인 관례에서 기록되었습니다. 예를 들어, 미국 인디언 가운데 페요테 컬트의 실천자들, 아이티에서 마법을 연습하는 샤먼들, 다양한 염불을 외우는 티베트 승려들 또한 일종의 방언을 사용합니다. 이것은 정확히 무엇일까요? 언어일까요? 언어가 아니라면 이것과 자연언어의 관계는 무엇일까요? 그리고 이것은 종교적 표현으로 어떻게 기능하고 또한 사회에서 어떻게 기능할까요?

언어학자들은 오늘날 자연언어의 분석에 적용하는 방법을 사용하여 오랫동안 방언의 구조를 연구했습니다. 소리를 규명하는 것, 소리를 음절로 연속시키는 것, 그리고 부분을 자연언어의 단어와 구조로 배열하는 것 등이 이러한 연구에 포함됩니다. 방언의 유창성은 최소한으로 구조화된, 거의 구조화되지 않은 신음 같은 소리에서부터 아주 잘 표현된 자연언어와 같은 소리인, 잘 조직된 자음과 모음의 흐름에 이르기까지 다양합니다.

방언에 사용되는 대부분의 소리는 그 사람의 모국어에서 옵니다. 비록 어떤 사람은 다른 소리 또한 사용할 수 있지만 말입니다. 그러나 그 사람의 모국어와 비교했을 때 소리의 보고는 어린아이의 말에 비교될 수 있을 정도로 제한적입니다. 예를 들어, 언어가 40개의 모음과 자음을 가지면 그 소리 중 단지 10개에서 20개 정도만 방언에서 사용될 것입니다. 그리고 음절 또한 자연언어보다 간단한 경향이 있어서 하나의 자음과 하나의 모음의 연속을 변형하는 것이 반복됩니다. 예를 들어, 위의 처음 예에서 어떻게 '호리야'가 단순한 자음과 모음 사이를 변형시키는지 주목해 보면 알 것입니다. 방언은 또한 표현적 언어나 시적 언어의 특성을 나타낼 수 있습니다. 운이나 두운이 일부 방언을 사용하는 사람의 발화에서 발견됩니다. 예를 들어, 다음과 같은 표현에서 운율을 주목해 보십시오. '라 호리야 라 호리야' 혹은 '한니키치 알리키치.'

기독교에서 어떤 예배의 경우 한 사람이 대중적 미사에서 방언을 말하면 다른 사람이 영어나 스페인어와 같은 자연언어로 예언적 '통역'을 행합니다. 일반적으로 이러한 통역은 그 그룹에 의해 공유된 종교적 주제를 강화시킵니다. 그러나 번역이론의 기술을 사용한 방언과 통역에 대한 분석은 그러한 통역이 사실적 번역이 아니라는 것을 보여줍니다. 방언을 말하는 사람의 발화를 특수한 외국어로서 인식하는 박식한 관중들의 보고서가 있지만 그런 경우들에 대한 기록된 문서는 규정하기 힘든 것으로 증명되었습니다.

언어학적으로 방언은 일종의 '사이비언어(pseudolanguage)'—초기 언어 전단계의 옹알이하는 상태를 회상시키는 친숙한 언어의 난센스적 음절—입니다. 대부분의 사람들은 어린 시절에 난센스한 음절을 사용하는 것을 그만두는 반면, 방언자는 자연언어를 습득하고 나면 소리를 구체적인 생각의 소통이라기보다는 목적을 위해 사용하는 상태로 되돌아갑니다. 물론 모든 성인 언어사용자들이 난센스한 음절의 발화를 완전히 포기하는 것은 아닙니다. 작가 J. R. R. 톨킨은 그의 일생을 통하여 난센스한 음절을 말하는 성향을 가졌고 특정 현대 음악 장르(재즈에서 '스캣(scat)'을 생각해 보십시오)도 또한 난센스한 음절의 사용으로 특징지어집니다.

황홀경에서 말하는 것은 규칙적인 연습으로 보다 유창하고 구조화된 음절의 연결을 산출하는 것과 같은 습득된 능력일 수도 있습니다. 예를 들어, 톨킨은 그의 발화의 표현적 효과를 정제하기 위해 그의 난센스한 음절의 결과물을 규칙적으로 연습했습니다.

비록 어떤 심리학자들은 알아들을 수 없는 말을 중얼거리는 것을 최면 가수면 상태, 히스테리, 혹은 심지어 정신분열증과 연결 짓기도 하는데 이런 진단은 너무 혹독하고 심판적입니다. 사실 정상적이고 잘 적응된 사람도 개인적 기도나 종교적 예식이나 대중적 예배와 같은 사회적으로 구체화된 상황에서 알아들을 수 없는 말을 중얼거릴 수 있습니다. 알아들을 수 없는 말을 중얼거리는 것의 종교적 의미는 대부분 그런 상황에서 화자가 일상적인 말을 초월할 수 있다는 것을 보여주는 데 있습니다.

• 저자에 대해

월트 울프럼은 미국 방언에 대한 그의 연구로 가장 잘 알려져 있지만 그의 사회언어학적 연구는 황홀경에서 하는 알아들을 수 없는 말에 대한 연구로 시작되었다. 1960년대 중반 그는 대중적이거나 개인적 형태로 이루어진 황홀경에서 하는 방언에 대한 방대한 양의 테이프 리코딩을 바탕으로 방언에 대한 최초의 언어학적 분석 중의 하나를 단행했다. 수십 년이 지난 지금 그는 여전히 자연적으로 나오는 방언의 샘플 수집은 그가 지금까지 경험한 가장 예민한 현장작업이었다고 생각한다.

추천도서

이 책에서

어떻게 사회적 상황이 언어가 기능하고 상호작용하는 방식에 영향을 주는가 하는 것에 대한 토픽은 10장(피진과 크레올), 21장(언어충돌), 41장(케이전), 42장(미국에서의 독일어), 그리고 43장(걸러어)에서 다루고 있다.

다른 곳에서

- Goodman, Felicitas D. *Speaking in Tongues: A Cross-Cultural Study of Glossolalia* (University of Chicago, 1972). 다른 문화들에서 일종의 최면상태로 설명하는 종교적 황홀 상태에서 말하는 알아들을 수 없는 말에 대한 비교. 이러한 심리학적 설명이 지지를 받지는 못하지만 문화를 가로지른 방언에 대한 비교는 유용하다.
- Nickell, Joe. *Looking for a Miracle: Weeping Icons, Relics, Stigmata, Visions, and Healing Cures* (Prometheus, 1993). 다른 종류의 비언어적 종교적 행동과 함께 황홀상태에서 말하는 알아들을 수 없는 말에 대한 역사적, 법의학적 논의. 기독교 전통 안에서 초자연적 현상의 입증을 위한 필요를 설명하는 데 초점 맞추어져 있다.
- Samarin, William J. *Tongues of Men and Angels: The Religious Language of Pentecostalism* (Macmillan, 1972). 다소 오래되기는 했지만 이 책은 방언에 대한 가장 종합적인 언어학적 서술을 유지하고 있으며 이 책에서 방언은 언어 사용 이전의 옹알이에 비교될 수 있는 사이비언어의 한 종류로 설명된다.
- Samarin, William J. 'Variation and variables in religious glossolalia', *Language in Society vol. 1* (1972) pp. 121-30. 애초에 언어학자와 사회언어학자들을 위해 쓰인 방언에 대한 압축적이면서 기술적인 언어학적 서술을 다룬다.

25

언어 없이 성장하면 어떻게 될까요?

수잔 커티스

인간과 접촉 없이 성장한 '늑대어린이'와 같은 그런 존재가 정말 있을까요?
언어 없이 성장한 사람이 나중에 언어를 제대로 사용할 수 있을까요?
언어를 습득하기에 너무 늦은 때는 언제일까요?
듣지 못하고 성장하는 것이 더 안 좋을까요, 언어 없이 성장하는 것이 더 안 좋을까요?

우리가 어릴 때 거의 아무런 노력을 들이지 않았는데도 우리 마음속에서 발달되고, 우리를 인간으로 규정하고, 우리가 우리의 문화에 참여하는 것을 가능하게 하는 데 핵심적인 역할을 담당하는, 그런 언어 없이 성장하는 것을 상상하는 것은 우리들 대부분에게 거의 불가능한 일입니다. 그럼에도 불구하고 언어를 상실하는 경우가 종종 발생합니다. 가까운 세기에 인간과의 접촉 없이 야생에서 늑대나 다른 동물에 의해 길러졌다고 말해지는 어린아이가 발견되었습니다. 이런 경우들에 대한 실제 이야기를 알기는 힘들지만 언어와 관련해서는 모두 유사한 이야기를 들려줍니다. 패턴은 아주 어릴 때 발견된 아이만이 말하는 능력을 발달시킨다는 것입니다. 아홉 살 이후에 발견된 어린이는 겨우 몇 단어만을 배우거나 언어를 배우는 것 자체를 실패했습니다.

가장 유명한 경우 중의 하나가 '아베롱의 야생소년' 빅토르의 경우인데 프랑수아 트뤼포에 의해 〈야생의 아이(The Wild Child)〉라는 영화로 만들어져 영원히 전해지게 되었습니다. 빅토르는 그의 나이 열 살 내지 열한 살 경인 1800년에 발견되었습니다. 그는 젊은 물리학자 쟈크 이타르에 의해 연구되었는데 그는 빅토르에게 말하고 읽고 쓰는 것을 가르치기 위해 다양한 새로운 방법으로 힘들게 노력했습니다. 이타르의 최선의 노력(이 중의 많은 것이 몬테소리 교수방법의 기초가 되었음)에도 불구하고 빅토르는 결국 말하는 것을 배우지 못했고 단지 몇몇 단어만을 읽고 쓰는 것을 배웠습니다.

우리는 또한 비극적인 가정환경 때문에 아이가 사회적 혹은 언어적 고립에서 성장한 사례들을 알고 있습니다. 이러한 사례들 중 가장 잘 알려진 것은 지니의 경우인데 그녀의 어린 시절은 극단적인 무시, 방치, 학대의 한 예입니다. 12년 이상이나 그녀의 아버지는 그녀를 조그만 방에 가두고 어린이용 변기 의자에 벨트로 묶었습니다. 1970년대 초 그녀의 맹인 엄마가 지니와 탈출해서 사회보호를 신청했을 때 경찰이 개입했고 지니는 어린이병원 재활원에 보내졌습니다. 그녀는 열세 살 반이었고 언어는 전혀 몰랐습니다.

지니는 거의 십 년 동안 언어학자들에 의해 연구되었습니다. 그녀는 정상적인 지적 능력을 가졌었고 발견된 몇 개월 이내에 빠르게 단어들을 익혔고 곧 단어들을 연결했습니다. 그러나 그녀는 시제나 일치 표시, 관사, 대명사, 혹은 의문사 — 단어의 연결을 문법적인 말로 바꾸는 영어의 조각들 — 등과 같은 문법적인 요소는 사용하지 못했습니다. 그녀의 대부분의 언어학적 발달은 더 많은 단어를 알고 그것들을 더 길고 의미론적으로 이해할 수 있는 발화로 함께 연결하는 것으로 이루어졌습니다. 지니는 상황 속에서 자신을 이해시킬 수 있었습니다. 지니의 말은 표준 영어의 주어-동사-목적어의 순서를 지키지 않았지만 단어순서이해력 테스트에서는 잘했습니다. 지니는 '여자아이가 남자아이를 밀고 있다'는 문장을 '남자아이가 여자아이를 밀고 있다'는 문장과 구별했는데 이것은 그녀가 말할 수 있는 것보다 더 많이 이해한다는 사실을 보여주는 것이었습니다. 그러나 여러 해가 지나도 문법지식은 거의 발달하지 않았습니다. 재미있게도 지니는 언어와 의사소통은 같은 것이 아니라는 사실에 강한 증거를 제공하는 놀라운 비언어 의사소통자였습니다.

듣지 못하는 아이는 지니만큼 핸디캡이 있지는 않습니다. 청각장애아는 수화를 통해 — 언어발달이 일찍이 시작되는 한에 있어서 — 여전히 다른 사람들과 정상적으로 관계할 수 있습니다. 청각장애아가 더 빨리 미국수화와 같은 자연적 수화에 노출될수록 그는 더 능숙한 수화자가 된다는 것을 보여주는 많은 연구가 있습니다. 언어고립의 다른 경우에서처럼 새로운 단어를 배우는 청각장애자의 능력은 그들이 언어에 노출되는 나이에 영향을 받지 않습니다. 그러나 문법을 배우는 능력은 크게 영향을 받습니다. 유치원 이후에 수화에 처음 노출된 청각장애아에 대한 연구는 문법 발달을 위한 결정적 창이 있고 이 창은 초기 학교 연령에서 끝나는 것처럼 보인다는 사실을 보여줍니다.

아이들이 언어발달에 고유하고 필수적인 어떤 것을 가져다준다는 최근의 흥미로운 증거는 니카라과에서 새로운 수화를 만든 것에서 보여집니다. 1979년 그곳에서 산디니스타운동이 힘을 얻게 된 후에 처음으로 십

대와 성인 청각장애자들은 청각장애자(Deaf)[1] 공동체를 형성하게 되었습니다. 이 첫 세대는 의사소통을 위한 아주 초보적인 제스처 시스템을 만들었습니다. 그러나 열 살 이하의 어린 아이들이 여기에 합류했을 때 그들은 이 시스템을 모든 인간 문법을 규정하는 구조적 요소와 특성들을 지닌 진짜 언어로 전환시켰습니다. 단지 몇 년 만에 수화는 문법적으로 점점 더 풍부하고 복잡해 졌습니다.

청각장애자들은 일반적으로 정상적인 사람들이고 그들이 온전한 삶을 꾸려가는 것이 가능하도록 배려하는 사회 환경에서 성장합니다. 이것은 문화적으로 청각장애자 공동체의 일원이 되고 수화로 의사소통하는 것을 배우는 사람들에게는 무엇보다도 분명한 사실입니다. 반면, 언어 없이 성장한 들을 수 있는 사람은 일반적으로 치명적으로 부정적인 심리적 효과를 가지는 환경에서 사회공동체 없이 성장합니다. 따라서 듣지 못하고 성장하는 것은 삶에서 많은 어려움을 가지는 것이 사실이지만 언어 없이 성장하는 것은 그 보다 훨씬 더 나쁩니다. 언어는 인간에게 너무나 중요해서 그것의 부족은 사회적 상실과 고립의 삶을 의미할 수 있습니다.

• 저자에 대해

수잔 커티스는 UCLA 언어학 교수이다. 그녀는 *Geni: A Psycholinguistic Study of a Modern-Day 'Wild Child'* 의 저자이고 백 편에 가까운 저널 논문과 책의 장들을 썼다. 그녀는 또한 미국 전역과 해외 연구자들에 의해 사용되는 커티스-야마다 종합 언어평가(CYCLE)를 포함하여 많은 언어테스트의 저자이다. 그녀의 연구는 언어와 마음에 대한 연구, 첫 번째 언어습득에 있어 '결정적 시기', 특수언어장애, 정신장애, 성인실어

---

1) 대문자 D를 쓰는 Deaf는 청각장애자들의 문화와 정체성과 관계가 있음을 나타내고 소문자 d를 쓰는 deaf는 청각장애자의 정체성과는 상관없이 단지 청각장애를 말하는 것입니다.

증, 점진적 치매, 그리고 언어유전학 등을 포괄한다. 최근의 그녀의 작업은 어린아이에 있어 대뇌반구절개(뇌의 한 반구를 제거하는 것) 이후 언어발달에 초점을 맞추고 있다.

추천도서

이 책에서

어린아이의 언어습득을 논의하고 있는 다른 장으로 10장(피진과 크레올), 15장(아이와 언어), 17장(언어와 뇌), 26장(수화), 그리고 36장(어린이와 제2언어)이 있다. 완전한 언어능력의 부분으로써 문법의 중요성은 13장(문법일반), 14장(보편문법), 그리고 16장(동물의 의사소통)에서 다루고 있다.

다른 곳에서

- Curtiss, S. *Geni: A Psycholinguistic Study of a Modern-Day 'Wild Child'* (Academic Press, 1977). 지니에 대한 커티스의 경험과 연구 그리고 이 작업의 함축적 의미에 대한 흥미로운 설명서이다.
- Lane, H. *The Wild Boy of Aveyron* (Harvard University Press, 1976). '빅토르'의 사례와 그의 사례가 제기하는 이슈들에 대한 풍부하면서도 아주 읽기 쉬운 서술.
- Newport, E. L. 'Maturational Constraints on language learning', *Cognitive Science* vol. 14 (1990). 다른 나이에, 어떤 이는 성인이 된 후에, 미국수화에 노출된 청각장애자들을 대상으로 미국수화 문법의 습득에 있어 연령의 영향에 대한 연구를 서술했다.
- Senghas, R. J., A. Senghas, and J. E. Pyers. 'The emergence of Nicaraguan Sign Language: Questions of development, acquisition, and evolution,' J. Langer, S. T. Parker, and C. Milbrath, eds., *Biology and Knowledge Revisited: From Neurogenesis to Psychogenesis* (Lawrence Erlbaum Associates, 2006). 니카라과에서의 새로운 수화의 출현과 어린아이들이 언어 학습에 가져오는 특수한 요소들에 대한 서술이다.

26
청각장애자들은 모두 동일한 수화를 사용할까요?

라일라 모나간

수화가 진짜 언어일까요? 당신이 어느 나라에 가던 그것을 사용할 수 있을까요?

수화에 대해 널리 퍼져있는 두 가지 잘못된 믿음이 있습니다. 첫째는 수화는 언어가 아니라는 것입니다. 둘째는 수화가 보편적 언어라는 것입니다. 수화자는 세계의 어떤 곳에 있는 수화자든 다 이해할 수 있다는 것입니다. 그러나 이 두 생각은 모두 잘못된 것입니다.

왜 당신은 수화가 진짜 언어가 아니라고 생각할까요? 수화는 우리가 '말(tongue)'이라고 부르는 것과 너무 다릅니다. 수화는 듣는 것이 아니라 보이는 것입니다. 그리고 어떤 동작은 그것이 의미하는 것과 너무 닮아서 단순한 제스처로 간주하고 쉽게 무시합니다. 그러나 이러한 견해는 1960년 윌리엄 스토키가 미국수화(ASL)를 과학적으로 서술한 최초의 책을 출판했을 때 논박되었습니다. 스토키는 갈루뎃대학(세계에서 유일한 청각장애자[2]를 위한 종합대학교)의 영어교수였고 그의 주변에서 다른 언어와 마찬가지로 체계적이고 문법적으로 사용되는 언어를 발견했습니다. 그는 수화가 (소리를 제외하고) 구어가 가지는 모든 언어학적 특징을 가진다는 것을 보였습니다.

물론 구어에 있어서 단어는 당신의 입과 혀로 만든 소리로 이루어집니다. ASL에서 단어의 요소는 당신이 손의 모양을 어떻게 하느냐, 손을 어디에 두느냐, 그리고 어떻게 손을 움직이느냐 하는 것을 포함합니다. 예를 들어, '사과'와 '사탕'을 위한 사인은 입 옆의 같은 장소에서 만들어지지만 그들의 손 모양은 다릅니다. '사과'는 집게손가락을 갈고리모양으로 만든 것이고 '사탕'은 집게손가락을 곧게 펴서 만듭니다.

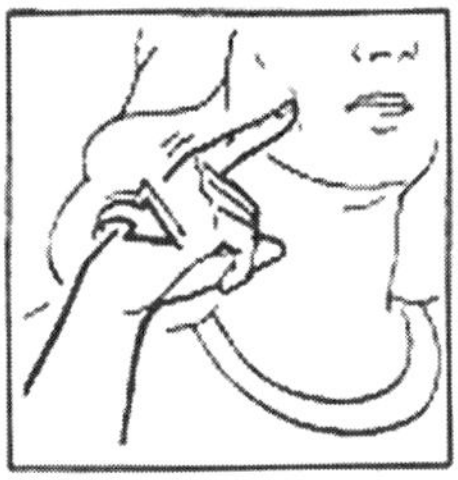
사탕

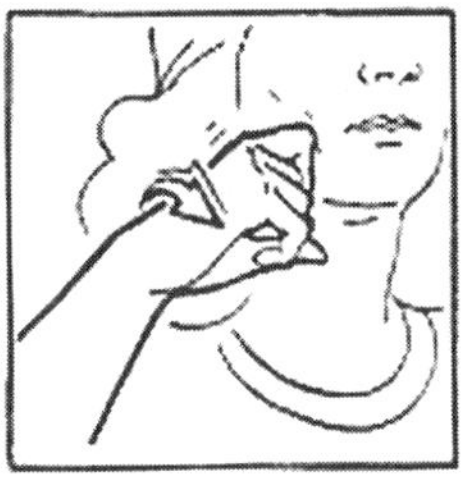
사과

수화는 복잡한 문법을 가지고 있기 때문에 단어들이 함께 모여 문장을 만들고 문장들이 모여 이야기를 만드는 것이 가능합니다. 당신은 수화로 구체적인 것에서부터 추상적인 것에 이르기까지, 거리의 슬랭에서부터 물리학에 이르기까지 모든 토픽을 논의할 수 있습니다. 만약 당신이 이러한 사실에 대해 어떤 의문을 가진다면 당신이 최근에 본 대중적 행사에 대해 생각해 보십시오. 수화자가 정치적 연설이나 연극을 통역하는 것을 본 후에 그것이 언어가 아니라고 생각할 수 있습니까?

두 번째 잘못된 믿음과 관련해서 사람들은 종종 수화가 구어만큼이나

2) 130쪽의 주석을 참고하세요.

다양하다는 사실을 깨닫지 못합니다. 하나의 사회 그룹이 두 개로 분리될 때마다 독자적 언어, 혹은 최소한 독자적 방언이 발달합니다. 이것은 구어에서 사실인 것과 마찬가지로 수화에서도 사실입니다. 예를 들어, ASL에도 다른 방언들이 있습니다. 영어구어와 마찬가지로 수화도 지리적으로 그리고 사회 그룹 간에 다양합니다. 그리고 수화에서의 다양성은 세계적으로 보면 훨씬 더 분명합니다. 이탈리아에서 사용되는 수화는 ASL을 사용하는 수화자는 이해하지 못하고 그 반대도 마찬가집니다. 당신이 생각하기에 닮았으리라고 생각하는 언어들도 실제로는 그럴 수도, 그렇지 않을 수도 있습니다. 예를 들어, 영국과 미국은 그들의 구어로 영어를 공유함에도 불구하고 영국 수화와 미국 수화는 서로 닮지 않았습니다. 영국 청각장애자 공동체와 미국 청각장애자 공동체의 역사는 독자적입니다. 미국 수화는 사실 프랑스 청각장애자 로랑 클레가 미국에서 청각장애아동을 위한 많은 초기 학교들의 시작을 도왔기 때문에 프랑스 수화와 닮았습니다. 비록 특정 동작은 모든 수화에서 아이콘(그것들은 그들이 나타내는 대상처럼 보임)이지만 심지어 아이콘 동작들도 다릅니다. ASL에서 '나무'의 동작은 손가락을 편 채로 한 손을 들어 올림으로 만들어집니다. 덴마크에서는 두 손바닥으로 나무의 모양을 따름으로써 만들어집니다. 두 동작 모두 고전적 낙엽수의 동일한 이미지에 근거를 두고 있지만 그들은 보기에 아주 다릅니다.

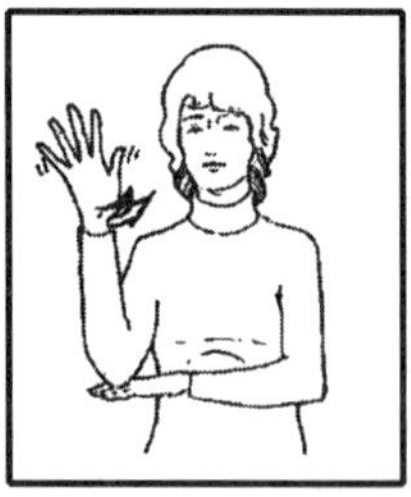

미국 '나무' 수화동작

덴마크 '나무' 수화동작

서로를 볼 수는 있지만 어떤 이유에서 말이나 글로 소통하는 것을 저지당할 때마다 사람들은 어떤 종류로든 손짓을 사용합니다. 침묵을 맹세했지만 수도원 일로 협조해야 하는 수도승이나 오랜 장례기간 동안 말하지 못하도록 하는 특정 오스트레일리아 원주민 집단의 미망인을 생각해 보십시오. 이러한 경우들에서 만약 수도승이나 미망인이 수화를 선택한다면 그 수화는 그들이 알고, 말할 수 있는 언어의 문법을 반영할 것입니다. 그러나 이런 경우들은 예외적입니다. 대부분의 수화는 그들 문화의 구어에 바탕을 두고 만들어지지는 않습니다.

전 세계적으로 수백만 명의 수화사용자들이 있습니다. 예를 들어, 미국에 최소 오십 만에서 최대 이백만 명의 ASL 사용자들이 있습니다. 전국의 학교에서 정기적으로 가르치고 있고 50개 주 모두가 어떤 방식으로든 그것을 공인합니다. 마지막으로 조사된 보고에 의하면, 147개의 칼리지(College)와 대학에서 ASL 연구에 의해 충족될 수 있는 언어 요건을 갖추고 수화를 가르치고 있습니다. 영국에는 약 370,000명의 수화사용자가 있는 것으로 추정되고 2003년 3월 18일 영국정부는 BSL을 공식적인 영국 언어로 공인했습니다.

수화는 완전히 다른 인간능력을 사용하지만 구어로 표현할 수 있는 모든 것을 표현한다는 사실이 놀랍습니다. 들을 수 있으면서 수화를 배운 사람들에 의하면, 수화로 소통하는 것은 다른 문화의 창을 여는 것이고 당신에게 완전히 다른 시각—특히 청각장애자들이 어떻게 세계를 바라보는지에 대한 이해—을 제공한다고 말합니다. 그러니 다음에 당신이 새로운 언어를 배우는 것에 대해 생각할 때 수화를 배우는 것에 대해 생각해 보십시오.

• 저자에 대해

라일라 모나간은 와이오밍대학과 메릴랜드대학의 칼리지에서 인류학과 장애자학을 가르친다. 그녀는 UCLA 언어인류학과에서 박사학위를 받았고 학위논문은 뉴질랜드 청각장애자 공동체에 관한 것이었다. 그녀는 공동 편저로 된 책 *Many Ways to be Deaf* (2003), 리차드 센가스와 공동으로 청각장애자 공동체에 대한 논문 '2002 Annual Review of Anthropology', 그리고 (2006년 콘스탄즈 스치말링과 공동 편저인) *HIV/AIDS and Deafness* 를 출판했다. 그녀는 또한 언어인류학의 역사에 대해 연구한다.

추천도서

이 책에서

사용자들에 의해 디자인된 언어는 64장(에스페란토) 그리고 65장(인공언어 일반)에서 다루어진다. 어린이들의 언어습득을 논의하는 다른 장들로서는 10장(피진과 크레올), 15장(아이와 언어), 17장(언어와 뇌), 25장(언어상실), 그리고 36장(어린이와 제2언어)이 있다.

다른 곳에서

- Klima, Edward and Ursula Bellugi. *Signs of Language* (Harvard University Press, 1979). 수화 언어학에 대한 고전이고 쉽게 읽을 수 있는 입문서이다.
- LeMaster, Barbara and Leila Monaghan. 'Sign languages', A. Duranti ed., *A Companion to Linguistic Anthropology* (Blackwell, 2004). 언어인류학과 사회언어학의 측면에서 수화와 청각장애자 공동체에 대한 연구의 입문서이다. 이 두 학문 분야는 언어 자체보다는 언어와 문화 간의 상호작용 형태를 연구한다.
- Mathur, Gaurav and Danna Jo Napoli. *Deaf Around the World* (Oxford University Press, 2011). 청각장애와 듣는 것에 문제를 가진 학자와 운동가들의 국제단체로부터 수화 언어학 이슈와 청각장애자권리 이슈에 대한 최신소식이 담겨 있다.
- Monaghan, Leila, Constanze Schmaling, Karen Nakamura, and Graham H. Turner. Eds. *Many Ways to be Deaf* (Gallaudet University Press, 2004). 청각장애자들 지역 공동체의 역사, 문화, 언어에 대해 14개 나라로부터 15편의 논문 모음집이다. 500년의 청각장애자 역사에 대한 개관을 포함한다.

- Padden, Carol and Tom Humphries. *Inside Deaf Culture* (Harvard University Press, 2005). 미국에서 청각장애자 문화에 대해 가장 유명한 두 전문가. 재미있고 쉽게 읽을 수 있다.

부가적으로 아래의 재미있는 웹사이트들이 수화에 관한 자료들을 제공한다.

http://library.gallaudet.edu

www.aslpro.com/cgi-bin/aslpro/aslpro.cgi

www.deaflibrary.org/asl.html

http://bda.org.uk

www.sign-lang.uni-hamburg.de/bibweb

www.signpostbsl.com

27
왜 언어는 죽을까요?

크리스토퍼 모즐리

우리가 언어가 죽는다고 말할 때 그것은 무엇을 의미할까요?
어떻게 그렇게 될까요? 그것은 예측 가능할까요? 그것을 막을 수 있을까요?

이것은 즐거운 주제는 아닙니다. 언어를 사랑하는 사람들에게 언어들이 아주 빠른 속도로 죽어가는 것을 보는 것은 비극입니다. 지구상의 언어의 절반 정도가 만 명도 안 되는—조그만 마을의 축구장을 채울 정도의—사용자를 가지고, 어떤 언어들은 열 명 정도의 사용자만 가집니다. 마지막 사용자가 죽으면 언어도 함께 죽습니다. 여전히 수백만의 사용자를 가진 언어들까지 포함하여 오늘날 지구상에서 사용되고 있는 언어들의 거의 90%는 이번 세기의 끝이 되면 사라질 것이라고 생각하는 전문가들도 있습니다.

왜 언어는 사라질까요? 간단한 답은 그것이 더 이상 어린 사용자들에 의해 전수되지 않고 결국 나이든 사용자들만이 남아서 죽게 되는 것입니다. 그러면 무엇이 한 공동체가 젊은 세대에게 그들의 말을 더 이상 전수하지 않게 만들까요? 이유는 지역마다 다릅니다. 몇 가지 예를 봅시다. 우리는 인도의 산 중에서 이웃 부족과의 계속적인 전쟁으로 인해 외딴 곳으로 옮겨서 현재 겨우 몇 천 명밖에 남지 않은 술룽인들을 발견할 수 있습니다. 만약 그들이 적들에 의해 싹쓸이를 당하면 그들의 언어도 사라질 것입니다. 전쟁은 사람만을 파괴하는 것은 아닙니다.

당신은 아마 다음과 같은 질문을 할 수 있을 것입니다. 발견될 수 있는 새로운 언어가 남아 있을까요? 놀랍게도 그렇습니다. 최근에 이전에 접촉이 없었던 사람들이 격리되었던 곳에서 발견되었을 때 몇 개의 언어가 빛을 보게 되었습니다. 예를 들어, 1991년 이전에 접촉이 없었던 공덕(Gongduk)이라고 알려진 언어가 히말라야에서 발견되었습니다. 이것은 언어학자들에게는 잃어버린 전설적인 지상낙원을 발견한 것과 같았습니다. 그리고 브라질의 깊숙한 내륙에 여전히 새롭게 발견되는 언어들이 있고 이들 중의 어떤 것은 현재까지 알려져 있는 어떤 언어와도 닮지 않았습니다. 그러나 이런 이야기는 드뭅니다. 압도적인 경향은 소멸의 방향으로 나아가고 있습니다.

대부분의 경우에 있어 지리적 장애물들 — 높은 산, 비탈진 계곡, 구조물이나 도로의 부족 — 이 지구의 극단적 구석에 있는 것이 아님에도 불구하고 보호를 어렵게 만듭니다. 태평양 동쪽 섬에 있는 라파누이 사용자들을 생각해 보십시오. 천오백 년 동안 세계로부터 고립된 이후 그들은 19세기에 남아메리카의 해안에서 구아노를 채집하는 노예로 잡혀 나왔습니다. 다시 돌아간 사람은 거의 없었습니다. 오늘날 칠레에서 들어온 스페인어로 인해 라파누이를 사용하는 살아 있는 사람들은 단지 몇 천 명에 불과합니다.

30년 전 브라질에서 목장주와 불법 목재 채벌꾼들이 지아우이 사람들을 포악한 이웃의 손으로 내몰았습니다. 떠나지 않았던 몇 사람들은 덜 포악한 이웃에 합류하거나 도시로 나갔습니다. 지금 지아우이는 그들 땅의 일부를 되찾으려고 하지만 몇 명이나 남았을까요? 단지 50명입니다.

브라질 마토 그로쏘에 있는 리크밧사 사람들은 어떤가요? 그들은 위대한 전사들이었지만 예수회 전도사들에 의해 옮겨진 유행성 독감과 천연두와 싸울 수가 없었습니다. 유럽으로부터 들어온 질병은 그들과 아메리카의 다른 원주민들과 그들의 언어까지 대량 학살했습니다.

만약 인간의 침략이 그렇게 나쁘지 않았다면 자연이 언어를 삼킬 수도 있습니다. 1998년 비극적인 쓰나미가 파푸아 뉴기니의 북부 해안을 덮쳤을 때 거의 모든 와라푸와 시싸노 사용자들을 죽였습니다. 당시에 집에 없었던 몇 사람만이 언어가 계속 존속하도록 하는 유일한 사람들입니다.

마지막으로 영어나 스페인어 같은 소위 '살인 언어'가 너무 지배적이어서 사람들이 편의나 경제적 이유로 자신의 모국어를 자발적으로 포기하는 경우가 있습니다. 때때로 토착민들이 차별을 극복하거나 다수문화에 맞추기 위해 자기들의 언어를 버립니다. 어린이들이 언어를 배우는 것을 그만둘 때 그 언어는 서서히 사라집니다.

왜 우리가 신경써야 할까요? 왜냐하면 언어의 상실은 물려 받은 지식, 완전한 사유 세계의 상실을 가져오기 때문입니다. 나는 종종 그것을 자연자원의 소실이나 동물 종의 멸종에 비교하는 것을 듣곤 합니다. 언어학자들은 생존하는 증거들로부터 소멸하는 언어를 복구하는 방법을 가지고 있지만 그것은 우리에게 종이에 쓰인 단어 이상의 것은 아닙니다. 우리는 시체로부터 그 언어를 사용하는 사회, 그 내면의 유산이나 문화를 되돌릴 수는 없습니다. 언어는 한 번 사라지면 영원히 사라집니다. 소멸에 대한 최고의 치유법은 어릴 때부터 교육과 읽고 쓰기를 장려하면서 사용자의 마음에 자신감을 불어 넣는 것입니다.

전 세계적으로 언어소멸의 문제에 대한 긴급함이 인식된 것은 지난 20년 정도입니다. 언어 다양성을 보존하기 위해 그들이 할 수 있는 것을 하기 위해 조직들이 만들어졌습니다. 미국에 기반을 둔 테라링구아(Terralingua)와 영국에 기반을 둔 멸종 언어를 위한 재단이 있는데 두 단체 모두 위협당하고 있는 언어들과 그들의 보존에 대한 연구를 장려하고 지원하는 데 헌신하고 있습니다. 유네스코 멸종위기 언어 프로젝트가 있고 최근에 런던대학에 멸종 위기의 언어를 위한 학과가 만들어졌습니다.

• 저자에 대해

크리스토퍼 모즐리(chrismoseley50@yahoo.com)는 대학 강사, 작가, 프리랜서 번역가, *Encyclopedia of the World's Endangered Languages* (2006)의 편집자, 그리고 *Atlas of the World's Languages* (1993)의 공동 편집자이다. 2009년 그는 유네스코 세 번째 판 *Atlas of the World's Languages in Danger* 를 편집했다. 그는 인공언어에 특별한 관심을 가지고 있다. (그리고 스스로 하나를 만들었다.)

추천도서

이 책에서

어떻게 언어가 사라지는가(혹은 멸종에서 살아남는가)의 문제를 다루는 장은 3장(세계의 언어), 28장(언어구제), 44장(미국방언), 그리고 53장(라틴어)이 있다.

다른 곳에서

- Nettle, Daniel and Suzanne Romaine. *Vanishing Voices* (Oxford University Press, 2000). 이슈를 생물학적 다양성에 관련시키면서 전 세계적으로 언어멸종의 문제, 원

인, 그리고 결과에 대한 진지하고 사려 깊은 연구를 담고 있다.

- Crystal David. *Language Death* (Cambridge University Press, 2000). 세계의 조그만 언어들을 대신한 아주 감동적인 항변. 우리가 상실하고 있는 보물에 관한 재미있는 일상적인 정보들로 가득하다.
- Evans, Nicholas. *Dying Words: Endangered Languages and What They Have to Tell Us* (Wiley-Blackwell, 2010). 세계의 몇몇 불안전한 언어 공동체와 삶과 죽음 그리고 절반의 죽음을 통한 흥미로운 여행서로 죽어가는 언어들을 통해 우리가 상실하는 인간표현이 정확하게 무엇인가에 대해 설명한다.
- Abley, Mark. *Spoken Here: Travels among Threatened Languages* (Heinemann, 2004). 세계에서 가장 작은 언어집단 몇몇을 방문하여 이들이 현대의 글로벌세계에서 얼마나 멀어지고 있는가를 보여주는 개인적 여행기이다.
- Ostler, Nicholas. *Empires of the Word* (HarperCollins, 2005). 아주 성공적인 언어들―망원경의 반대쪽 끝―의 관점에서 세계의 기록된 역사에 대한 포괄적 개관을 보여주고 어떻게 성공적인 제국이 그들의 '국제어'를 전 세계적으로 전파했는가를 보여준다. 영어는 정복자의 긴 줄에서 가장 최근의 언어이다.

28
사라져가는 언어를 보존할 수 있을까요?

아키라 야마모토
마셀리노 베르라르도
트레이시 히라타-에드스
메리 린
리제테 피터
트레이시 윌리엄스
키미코 야마모토

위협을 당하거나 죽어가고 있는 언어가 다시 살아날 수 있을까요?
언어재활에 어떤 기술이나 자원이 필요할까요? 애쓰는 것이 가치가 있을까요?

국가처럼 언어도 흥하고 쇠합니다. 어떤 언어는 초기 사용자들이 알아보지 못할 정도의 형태로 변하면서 생존하기도 하는데, 어떤 언어도 변하지 않고 영원히 지속되는 것은 없습니다. 언어를 가르치거나 배우려는 사람의 수가 너무 적을 때 그 언어는 사라집니다. 오늘날 세계의 많은 언어들은 마치 그들의 소중한 생명을 위해 살아남으려 애쓰는 희귀하고 아름

다운 흰 두루미 같습니다. 이러한 언어를 구하는 것은 엄청난 일이고 어려운 일이지만 노력한다면 해낼 수 있습니다.

체로키어를 봅시다. 지난 40년 동안 모국어로 체로키어를 습득한 어린이의 수는 급격하게 감소하여 다음 세대에는 그것이 사라질 수 있습니다. 그러나 희망을 주는 광경도 있습니다. 오클라호마 주에 있는 타레쿠아의 한 유치원 교실에서 오색찬란한 카펫 위에 서너 살 된 아이들이 선생님과 함께 앉아서 그림책을 읽고 있습니다. 어디서든 볼 수 있는 일반 유치원처럼 보이지만 그 책은 체로키어로 되어 있고 체로키어는 교실 안에서 사용되는 유일한 언어입니다. 희망은 이 아이들이 6학년이 되었을 때 체로키 사용자의 새로운 세대가 될 만큼 그들 조상의 언어에 유창하게 될 것이라는 사실입니다. 그리고 아이들은 잘 하고 있습니다.

유치원교실에서 고등학교 교실에 이르기까지 유사한 집중교육 프로그램들은 뉴욕 주와 캐나다에 사는 모호크 사람들 사이에서, 몬태나 주의 블랙풋 사람들 사이에서, 와이오밍 주의 아라파호 사람들 사이에서, 하와이 사람들 사이에서, 그리고 다른 아메리카 원주민들 사이에서 성공을 거두고 있습니다. 2010년 교사를 훈련시키고 언어 몰입교육 계획과 언어 광고를 할 목적으로 토착언어조직의 컨소시엄을 형성하기 위해 네 개 주의 조직들이 연합했습니다.

이러한 프로그램들이 극복해야 할 또 하나의 도전은 '노출문제'입니다. 간단히 말해서, 언어를 듣거나 보거나 느끼지 못하고, 그것을 통해 삶을 살아가지 않으면 그 언어를 잘 배울 수 없다는 것입니다. 멸종 위기의 언어 공동체에서는 학습자가 그들 조상의 언어에 유창하게 될 만큼 그 언어에 충분히 노출되지 못합니다. 성공적인 재활 프로그램은 이 문제에 대해 전통적이면서도 혁신적인 해결책을 발견했습니다. 게일어(아일랜드에서 부활되고 있음), 마오리(1987년 뉴질랜드의 공식 언어가 됨), 그리고 히브리어(이스라엘의 공식 언어로 부활하기 전까지는 수 세기 동안 단지 종교적 목적으로만 사용됨)는 이런 성공의 예들입니다.

세계가 생존하는 언어들의 가치를 인식하기까지는 오랜 시간이 걸렸지만 지난 30년 동안 언어재활은 국제적 운동이 되었습니다. 언어부흥에 대한 생각은 유엔(1990년과 1992년 미국원주민언어법을 통하여), 유네스코, 그리고 멸종위기언어기구, 멸종위기언어를 위한 재단, 오리엔탈 아프리카학 학교의 한스 로징 멸종위기언어프로젝트 같은 조직들에 의해 포용되었습니다. 아프리카에는 에이즈에 관한 문헌들이 지역언어로 문맹을 퇴치하는 데 사용되고 있습니다. 아마존 우림지역에 있는 야노마미 사람들은 그들의 부족어로 쓰인 문헌들을 통해 위생에 관해 배우고 있습니다. 시베리아에 있는 교사들은 지역언어를 아이들에게 가르치기 위해 러시아와 네덜란드 언어학자들로부터 교육을 받고 있습니다.

멸종위기의 언어가 생존하기를 희망하는 곳에서는 그 언어의 사회구성원들, 언어학자들, 그리고 교육자들이 그 언어를 문서화하고 서술하고 사용하기 위해 노력하고 있습니다. 단지 몇몇의 노인들만 남은 사회에서는 젊은 언어사용자들이 그 언어로 일상적인 심부름을 하면서 노인들과 시간을 보내고 있기 때문에 이들 또한 그 언어 사용자가 될 수 있습니다. 그리고 여러 해 동안 언어가 사용되지 않은 곳에서는 히브리어 구어가 경전과 종교의식으로부터 재생한 것처럼 그 언어 공동체의 언어연구자들과 실천가들이 언어를 다시 살리기 위해 기록보관소와 구어 역사를 사용하고 있습니다. 캘리포니아, 오클라호마, 그리고 미국의 다른 여러 곳에서 '생명의 호흡'이라는 워크숍을 통해 그 사회 언어연구자와 실천가를 훈련시켜 기록 보관된 문서와 리코딩을 가져와서, 읽고, 듣고, 해석하게 하고 언어재활사업에 그들을 이용하려 하고 있습니다. 보존노력은 조지아와 사우스캐롤라이나의 해변에서 말하는 크레올인 걸러어와 같은 비교문화적 말의 형태에까지 확장되고 있습니다. 토착언어가 아리조나, 하와이, 뉴멕시코, 오클라호마, 그리고 오리건의 칼리지와 대학에서 가르쳐지고 있습니다. 언어재활운동은 성장하고 있고 언어상실을 저지하는 것이 우리의 최대 희망입니다.

언어학자 켄 헤일은 언어의 상실을 '박물관에 폭탄을 투하하는 것'과 비교했습니다. 그것은 문화, 지적 부, 그리고 예술작품을 파괴하는 것입니다. 오늘날 생존하는 언어의 대부분이 다음 세기에 생존하지 못할 것이라고 생각하는 것은 슬픈 현실입니다. 이것이 바로 우리가 흰 두루미처럼 위협 당하고 있는 언어들을 보살필 필요가 있는 이유입니다.

• 저자에 대해

아키라 야마모토(캔자스대학 명예교수)는 언어와 문화재활 프로그램을 위해 언어단체와 전문가단체를 함께 끌어드리는데 적극적으로 활동하고 있다. 마르셀리노 베라도(캔자스대학 응용영어센터)는 미국중서부 지역에서 언어재활프로그램에 적극적으로 활동하고 있다. 그의 전문분야는 언어기술, 언어학습의 사회적 측면, 그리고 제2언어교육 등을 포함한다. 트레이시 히라타-에드(캔자스대학 응용영어센터)는 체로키국가 복원을 위해 일하고 있고 오클라호마 원주민언어협회를 통해 복원워크숍을 가르치고 있다. 메리 린(오클라호마대학 인류학자, 샘 노블 오클라호마 자연사 박물관)은 오클라호마에 있는 원주민 언어교사와 프로그램을 위해 일하고 있다. 그녀는 원주민 언어 큐레이터로서 오클라호마 부족들과 협력하면서 언어자원수집과 재활 프로그램을 만들고 있다. 리제트 피터(캔자스대학 커리큘럼 교수학과)는 제2언어습득 전문 부교수이고 몇 차례의 언어시도와 관련하여 체로키국가에 자문가로서 봉사하고 있다. 글로리아 슬리(오클라호마 주 체로키국가의 탈라기 문화센터 디렉터)는 체로키국가의 다양한 언어프로그램을 시작했고 안내했다. 트레이시 윌리엄스(위스콘신 주 오네이다 국가의 오네이다 언어재활 프로그램 디렉터, 애리조나대학 박사과정 학생)는 그녀의 언어인 오네이다를 복원하는데 관여하고 있고 현재 토착언어교육학과에서 박사과정을 밟고 있다. 키미코 야마모토(캔자스대학 명예교수)는 문학을 발전시킴에 있어 원주민 교육자들과 일을 함께 하고 있다.

추천도서

이 책에서

언어멸종과 구제는 3장(세계의 언어), 27장(언어소멸), 44장(미국 방언 변화), 53장(라틴어), 그리고 58장(히브리어의 부활)에서 다양한 시각으로부터 다루고 있다. 그리고 52장(미국 원주민 언어들)도 관심 있을 수 있을 것이다.

다른 곳에서

- Hale, Ken and Leanne Hinton, eds. *The Green Book of Language Revitalization in Practice* (Academic Press, 2001). 즉각적으로 사용 가능한 언어재활 프로그램의 사례로 가득한 흥미로운 책이고 언어재활에 관심 있는 사람들을 위한 출발서이다.
- Hinton, Leanne. *How to Keep Your Language Alive: A Commonsense Approach to One-on-One Language Learning* (Heyday Press, 2002). 심각하게 위험한 언어를 위한 새로운 화자를 양성하는 것에 관한 아주 유용한 핸드북이다.
- Nettle, Daniel and Suzanne Romaine. *The Extinction of the World's Languages* (Oxford University Press, 2002). 읽기 쉽고 이해하기 쉬운 이 책은 전 세계적으로 언어멸종의 원인과 결과를 다룬다.

아래는 선별적인 잠재적으로 유용한 웹사이트들이다.

http://portal.unesco.org/culture. UNESCO('Intangible Cultural Heritage'를 보십시오.)

www.endangeredlanguagefund.org. The Endangered Language Fund.

www.ogmios.org. The Foundation for Endangered Languages.

www.hrelp.org. The Hans Rausing Endangered Languages Project of the School of Oriental and African Studies.

29
어떻게 말소리가 만들어질까요?

피터 래디포기드

어떤 종류의 소리가 언어를 만들까요?
모든 언어들이 자음과 모음을 가지고 있을까요?
모든 언어들이 똑같은 자음과 모음을 가지고 있을까요?

말할 때 혀와 입술을 사용한다는 사실은 모두가 압니다. 당신은 아마 말소리는 성대(vocal cords) — 이것은 공기가 빠져나올 때 진동하는 목구멍에 있는 두 개의 두꺼운 근육의 주름이기 때문에 오늘날에는 일반적으로 보컬 폴드(vocal folds)로 더 많이 불림 — 의 움직임을 포함한다는 사실도 알 것입니다. 성대가 진동하도록 하기 위해서는 당신은 폐로부터 공기를 밀어내어야 합니다. 다음으로 말하기 위해 우리는 성도(vocal tract)의 부분들을 움직이고 자음과 모음을 생성시키기 위해 다양한 방법으로 그것의 형태를 변형시킵니다. 아래는 이 모든 것들이 어떻게 작동하는가를 보여주는 예입니다.

입술은 영어단어 pea(피), bee(비), me(미)의 처음에 있는 자음을 소리

내기 위해 사용됩니다. P소리의 경우, 닫힌 입술의 뒷부분에서 압력이 만들어집니다. 성대는 진동하지 않고 입술이 열리고 다음 모음이 시작되기 전에 일반적으로 (흡입(aspiration)이라고 불리는) 약간의 공기 흡입이 있습니다. 이러한 공기의 흡입은 당신이 b를 말할 때는 없고 입술이 닫힐 때 약간의 유성음화(성대진동)가 있을 수 있습니다. M의 경우 입술이 닫혀있고 공기가 코로 나오는 동안 항상 유성음화가 있습니다.

영어 자음 t, d, n과 k, g, ng는 p, b, m과 유사한 방식으로 소리가 나는데 t, d, n의 경우는 예외적으로 혀끝을 올려 치아 바로 뒤에서 닫히도록 하여 공기가 입 밖으로 흘러나오는 것을 막습니다. 그리고 k, g, ng의 경우는 입천장의 안쪽 살 부분인 부드러운 구개(palate)에 닫도록 혀의 안쪽을 올려 닫혀 만들어지는 소리입니다. Fie(피이), thigh(사이), sigh(싸이), shy(샤이)와 같은 단어에 있는 자음들의 소리는 공기가 입 밖으로 나가는 것을 막는 완전한 닫힘은 없지만 입술이 좁은 공간을 만들고 그 사이로 공기가 빠져 나가면서 쉬쉬거리면서 만들어집니다. 그러나 다른 종류의 마찰음이 있는데 move(무브), smooth(스무스), ooze(우즈), rouge(루지)와 같은 단어들의 마지막 발음에서처럼 이 경우 유성음화가 생깁니다.

대부분의 영어 형식에서는 22개의 자음소리와 13개에서 21개 사이의 모음소리가 있습니다. Bead(비이드), bid(비드), bayed(베이드), bed(베드), bad(배드), bawd(보오드), booed(부우드), bide(바이드), bowed(바우드), bode(보우드), Boyd(보이드), bud(버드), bird(버어드) 등과 같은 단어들에서 당신은 자음 b와 d 사이에 많은 다른 모음소리를 들을 수 있습니다. 혀의 위치와 입술모양으로 모음을 정확하게 기술하는 것은 아주 어렵지만 그들의 목소리 배음(overtone) 면에서는 쉽게 구별됩니다.

그렇다면 언어들은 그들이 사용하는 소리와 관련해서 어떻게 다를까요? 모든 구어들은 자음과 모음을 가지고 있지만 전 세계 언어들의 소리는 너무나 달라서 다른 피치와 음질에 의해 구체화하면 모두 합쳐 600개 이상의 자음소리와 200개 이상의 모음소리가 있습니다.

P, t, k 같은 소리는 세계적으로 언어의 98%에서 나타납니다. 하와이 언어가 이 세 가지 모두를 가지지 않은 언어 중 하나입니다. T가 없습니다. 재미있게도 하와이 언어는 p, k, m, n, w, l, h, 그리고 Hawai'i 라는 단어에서처럼 아포스트로피를 가지고 쓰인 glottal stop(성대가 닫힘)의 8개의 자음만을 가집니다.

영어에서는 나타나지 않는 자음을 가진 언어들도 있습니다. 예를 들어, 스페인어와 이탈리아어는 떨리는 r 발음을 가지고 있습니다. 입술로 만들어지는 떨림은 파푸아 뉴기니에 있는 멜파와 켈레와 같은 많은 작은 멸종위기의 언어에서 보입니다. 특별한 종류의 t 다음에 오는 입술 떨림은 브라질과 볼리비아 사이의 국경 가까이에 사는 단지 6명 정도의 사람들에 의해서만 사용되는 언어인 오로윈에서 나타납니다. 미국 인디언 언어는 긴 줄의 복잡한 자음들을 포함하여 영어에서는 발견되지 않는 풍부한 발음을 가지고 있습니다. 몬태나 주 살리시에는 영어 스펠링으로 'wood tick'을 나타내는 단어가 chchts'elshchen과 비슷한 것이 될 수 있습니다.

폐로부터 공기 없이 만들어질 수 있는 유일한 말소리는 중앙아프리카와 남부아프리카에서 사용되는 언어에서 나타나는 클릭입니다. 마치 당신이 할머니의 볼에 뽀뽀할 때 낼 수 있는 것 같은 당신 입에서 공기를 빨아들여 만드는 그런 소리입니다. 칼라하리사막에서 사용되는 !Xóõ라고 불리는 언어는 클릭소리를 가지는 단어를 시작하는데 83개의 다른 방법을 가지고 있습니다. 보다 잘 알려진 남아프리카에서 사용되는 줄루는 세 개의 기본적인 클릭소리를 가지고, 또한 각각의 클릭은 다섯 개의 다양성을 가집니다.

유럽 언어들의 경우에는 그들의 모음 수에서 뛰어납니다. 프랑스어의 경우 영어에서는 발견되지 않는 입술이 둥글게 되고 혀가 영어단어 tea와 day의 위치에 놓이는 프랑스어에서 tu '당신'과 deux '둘'이라는 단어에서 보이는 모음을 가집니다. 가장 많은 수의 모음은 네덜란드어와 독일어 방언에서 나타납니다.

세계 언어들의 소리를 기술하는 문제는 음성학자들의 일입니다. 어떤 소리들이 있고, 어떻게 소리들이 패턴을 형성하고, 다른 환경에서 소리들이 어떻게 변하는지의 문제들을 다룹니다. 너무나 많은 언어와 방언들이 있고 목소리기관이 폭넓게 다양한 소리를 만들 수 있고 우리들 각각이 우리 자신의 언어를 말하는 데에 있어서도 다른 방식으로 말하기 때문에 그것은 무한한 도전적 과제이고 언어를 연구하는 데 있어 가장 흥미로운 측면 중의 하나입니다.

• 저자에 대해

피터 래디포기드는 UCLA 음성학 명예교수로 세계 최고의 언어음성학자이자 20세기 언어학에서 가장 중요한 인물 중의 한 사람이다. 그는 음성학이론과 실천의 다양한 측면과 특수언어의 음성적 속성에 관해 10권의 책과 130편의 학문적 논문을 출판했다. 위의 에세이는 2006년 초 그가 세상을 떠나기 전에 쓴 마지막 글 중의 하나이다.

• 추천도서

이 책에서

언어의 소리에 대해서 이야기하고 있는 장으로는 30장(미국 남부영어), 31장(외국 악센트), 52장(미국 원주민 언어들), 56장(러시아어), 59장(아랍어), 60장(아프리카 언어들), 그리고 61장(중국어)이 있다.

다른 곳에서

- Ladefoged, Peter. *A Course in Phonetics* (Harcourt Brace, 1975, 5th edition, Thomson/Wadsworth 2006). 언어학자들의 세대를 길러내는 데 사용되고 있는 이 분야에서의 표준 교재이다.
- Maddieson, Ian. *Patterns of Sounds* (Cambridge University Press, 1984). 300개 이상의 세계 언어에서 소리의 분포형태를 서술하고 있는 유용한 참고 도서. 독자는 특정 소리를 찾아보고 어떤 언어가 그 소리를 가지고 있는지 찾아보거나 혹은 특정 언어를 찾아보고 그 언어의 구체적인 음성학적 목록을 찾아볼 수 있다.
- International Phonetic Association. *Handbook of the International Phonetic Association* (Cambridge University Press, 1999). 전 세계적으로 언어학자들에 의해 사용된 음성 알파벳에 대한 종합적 안내시. 음싱분석의 원리가 서술되어 있고 하나하나의 음성 심벌의 예들이 제공되고 있다.

래디포기드 박사가 연구한 수백 개 언어들 중의 몇몇 소리를 www.phonetics.ucla.edu에서 들을 수 있다.

30
왜 미국 남부인들은 그런 식으로 말할까요?

월트 울프럼

모든 남부인들이 같은 사투리를 가졌을까요?
그들이 말하는 방식의 소재는 무엇일까요? 그들 말은 어디서 왔을까요?

미국에 있는 어떤 방언도 남부영어만큼 주목을 받지는 못했습니다. 남부영어에서는 사람이 물건을 짊어지고(tote), 쇼(show)를 보기 위해 친구를 운반합(carry)니다. 그리고 우리가 또 어디서 전등을 붙이고(cut on), 기계에 버튼을 으깹(mash the button)니까? 남부말로 최신 책의 제목을 말하면, '야얼 이즈 스포컨 히얼 (Y'all is Spoken Here)'이 됩니다.

그러나 남부가 정말 언어학적으로 통합되어 있을까요? 캐롤라이나나 버지니아 사람들은 모두 똑같이 말합니다. 해안선을 따라 사람들은 어디에서도 사용되지 않는 가장 차별적 영어 방언 중의 몇몇을 사용합니다. 노스캐롤라이나의 외곽 제방과 버지니아의 동부해안 사람들은 '잇즈 호이 토이드 온 드 쌔인드 쏘이드(It's hoi toid on the saned soid)'라고 말할 수 있습니다. 해변의 모음소리를 알아듣지 못하는 사람들을 위해 이 말은 '사운드 쪽에 만조다(high tide on the Sound side)'라는 의미입니다. 혹은 남부 본토말로 '하 타드 온 드 싸운드 싸드(hah tahd on the sound sahd)'입니다.

사우스캐롤라이나 주의 전통적인 찰스턴 말은 그 자체의 모음체계를 가지는 것 같습니다. So와 row에서 모음의 발음은 프랑스어나 스페인어의 /o/ 소리(대부분의 다른 영어 방언들의 'o'소리는 '오우(oo)' 엔딩으로 미끄러지는데 이 언어들에서는 그렇지 않음)와 같고 '아웃(out)'과 '어바웃(about)'은 캐나다 '오웃(oat)'과 '어보웃(aboat)' 발음과 같습니다. Sea섬으로 여행하면 아프리카와 서인도제도에서 온 흑인들에 의해 인기 있었던 벼농장의 시기로 거슬러 올라가는 걸러어—기치(Geechee)라고도 알려진 크레올어—를 만날 것입니다. 걸러어의 발음과 리듬은 《브레어 래빗(*B'rer Rabbit*)》 이야기와 조지 거슈윈의 오페라 〈포기와 베스(Porgy and Bess)〉로 널리 알려지게 되었습니다. 영어의 이 다양성은 남부 본토의 방언보다는 바하마와 자메이카의 크레올에 더 가깝습니다.

버지니아의 서부, 캐롤라이나, 조지아 쪽으로 여행하면 필라델피아로부터 서부와 남부로 이주해서 남부 본토에 정착한 스코틀랜드계 아일랜드인과 독일인들의 영향을 발견할 것입니다. 산맥의 지형이 다양한 유럽 이주민들로 하여금 남부의 다양성을 만들어내는 데 기여하게 했습니다. 스모키산에서는 아마 '힛즈 나이스 투 씨 유언스(Hit's nice to see you'uns)'라는 인사말을 듣게 될 것입니다. 복수형 '유언스(you'uns)'는 물론 유명하고 널리 퍼진 남부의 '야얼(y'all)'에 해당합니다. 그리고 '그것(it)'에 해당하는 '힛(hit)'은 고대영어 발음의 유산입니다. 여기서 '부머(boomer)'는 남부의 다른 지역에서처럼 번개를 동반한 소낙비를 의미하는 것이 아니라 '붉은 다람쥐'를 의미합니다. 산에서는 잘 헤아릴 수 없는 어떤 것은 'si-gogglin' ('씨가그린'으로 발음됨)으로 묘사됩니다. 다른 남부인들은 '캐토우웜퍼스(catawampus)'나 '와플조우드(whopperjawed)'라고 말할 것입니다. 그리고 산속의 노인들은 그것의 원래 재료 덕택에 여전히 탄산음료를 '도프(dope)'라고 말할 것입니다.

이제 피드몬트와 코스탈 플래인에 있는 아프리카 미국인들의 소리를 섞어 첨가해 봅시다. 그리고 북부와 남부 캐롤라이나 주 경계에 있는 룸비 인디언과 같은 미국 원주민들의 고유한 방언을 잊지 마십시오. 55,000명 이상의 주민을 가지는 룸비는 미시시피 동쪽에 사는 가장 큰 미국 원주민 집단입니다. 그들은 더 이상 그들의 원주민 언어를 가지고 있지 않지만 그들의 언어는 그들의 백인 이웃과도 흙인 이웃과도 민족적으로 구별됩니다. 이 소리들을 모두 함께 모으면 미국의 어떤 다른 지역에서보다도 다양한 방언들의 차이를 보게 될 것입니다.

왜 이렇게 다양할까요? 첫째로, 소위 '설립자 효과'라는 것이 있습니다. 언어사용자들이 지구상의 다른 지역으로부터 왔고 그들의 흔적을 지역어에 남겼습니다—아파치 언어에의 스코틀랜드계 아일랜드어의 영향, 케이프 피어 마을 방언에 스코틀랜드영어의 영향, 외곽 제방지역에 남서부 영국에서 온 구어 패턴, 그리고 물론 Sea 섬에서의 아프리카 영향.

문화적 측면 또한 있습니다. 전쟁 전 남부 귀족들의 어린이들은 적절한 교육을 위해 영국에 보내졌습니다. 거기서 그들은 17세기경 (four, fear, 혹은 fair과 같은) 음절 끝에 있는 r 발음이 묵음으로 된 영어 브랜드를 집에 가지고 왔습니다. 한편 carry를 뜻하는 tote나 '땅콩'을 뜻하는 구버(goober), 그리고 '거북'을 뜻하는 쿠틀(cooter)과 같은 아프리카에서 온 단어들은 찰스턴 항을 통해 남부영어로 상륙했습니다. 그 결과는 아프리카 노예 언어와 영국의 품위있는 발음의 묘한 혼합이었습니다.

다양화로 향한 이 모든 경향을 볼 때 정말 하나의 남부 방언이 있을까요? 글쎄요. 사실 미국 남부 전역을 가로질러 넘쳐나는 것 같은 발음, 문법, 그리고 어휘특성들이 있습니다. '타임(time)'을 뜻하는 탐(tahm), '펜(pen)'을 뜻하는 핀(pin), 그리고 '붓(boot)'을 뜻하는 븃(bewt) 같은 발음은 남부 본토 전역으로 퍼졌습니다. 이중 조동사(I might could be there tonight(나 오늘 저녁에 그곳에 있을 수도 있다)), 의도를 나타내는 형식 fixin' to(I'm fixin' to leave in a minute(나는 곧 떠날 것이다)), 그리고 거의 일어날 뻔했다는 liketa(I was so scared I liketa died(나는 무서워 죽을 뻔했다.)) 와 같은 구별되는 문법적인 패턴도 마찬가지고 퍼졌습니다. 그리고 위에서 언급한 이인칭 복수형의 야얼(y'all), 'take'를 뜻하는 carry, 'turn off/on'을 뜻하는 cut off/on, '탄산음료(carbonated drink)'를 뜻하는 코콜라(co-cola), '가방(bag)'을 뜻하는 포크(poke), 그리고 강조하는 플럼(plumb, 우리는 아주 지쳤다(We were plumb tuckered out)에서처럼)과 같은 어휘들도 남부 전역으로 넓게 퍼졌습니다.

놀랍게도 연구자들은 이런 구별되는 특성들의 많은 경우들—pin/pen 발음의 병합 그리고 심지어 정형화된 남부말 야얼(y'all)과 같은 말—이 상대적으로 새로운 것들이라는 것을 발견합니다. 이것들은 전쟁 전 남쪽에는 거의 나타나지 않았습니다. 이러한 것들의 발달은 남북전쟁 이후 북부로부터 남부의 문화, 정치, 이데올로기의 독립과 병행합니다. 지난 백오십 년 이상 이 방언은 자체적으로 싹터서 뿌리를 내리고 언어적 칡덩굴처럼 남부로 퍼졌습니다.

• 저자에 대해

월트 울프럼은 노스캐롤라이나 주립대학 영어학과 윌리엄 C. 프라이데이 석좌교수이고 그 자신을 방언 유랑자라고 묘사한다. 그는 광역도시들에서의 흑인 방언들에서부터 조그마한 고립된 섬과 산에 있는 공동체에서 말해지는 방언에 이르기까지 광범위한 방언들을 연구했다. 그는 20권 이상의 책과 300편 이상의 논문을 썼으며 많은 TV 다큐멘터리를 만들었다. 울프럼 박사의 미디어 제작에 대한 보다 자세한 정보는 www.talkingnc.com과 www.ncsu.edu/linguistics에서 볼 수 있다.

• 추천도서

이 책에서

방언은 4장(사투리와 언어), 20장(영국영어, 미국영어, 그리고 다른 버전의 영어), 그리고 44장(미국 방언 변화)에서 논의되고 있다. 미국의 다양한 언어는 28장(위협받는 미국 원주민 언어의 구제), 38장(미국언어 조사), 39장(미국언어 위기), 40장(새로운 세계 스페인어), 41장(케이전), 42장(미국에서의 독일어), 43장(걸러어), 그리고 52장(미국 원주민 언어들)에서 논하고 있다.

다른 곳에서

- Bernstein, Cynthia, Tom Nunnally, and Robin Sabino, eds. *Language Variety in the South Revisited* (University of Alabama, 1997). 미국 남부의 언어에 대한 연구를 겨냥한 10년 마다 열리는 컨퍼런스에서의 논문 모음집이다.
- Nagle, Steven and Sara Sanders, eds. *Language in the New South* (Cambridge University Press, 2003). 미국 남부의 방언들에 대한 문집으로 지역적 인종적 다양성을 포함한다. 주요 남부 방언들의 중요한 개관을 담고 있다.
- Wolfram, Walt and Ben Ward, eds. *American Voices: How Dialects Differ from Coast to Coast* (Blackwell, 2006). 북미와 캐리비안의 방언들에 대한 간략하면서도 인기 있는 프로파일의 소장집에서 핵심 섹션은 미국 남부에 배당 되었다. 사회문화적 방언들과 섬 방언들에 관한 이 섹션은 남부 방언들을 포함한다.

31
외국인 악센트를 만드는 것은 무엇일까요?

스티븐 와인버그

외국인 악센트는 어디서 나오는 것일까요?
한 외국인 악센트를 다른 외국인 악센트로부터 구별시키는 것은 무엇일까요?
외국어를 악센트 없이 배울 수 있을까요?

외국인 악센트는 인간이 언어를 가지고 있는 동안 항상 있었습니다. 히브리어 성경은 어떻게 길르앗 사람들이 에브라임의 자손들인 그들의 적의 군대를 무찔렀는지에 관한 이야기를 들려줍니다. 길르앗 사람들은 도로에 검문소를 세우고 접근하는 모든 사람들에게 길르앗 말 '쉬벌렛(shibboleth: 케케묵은 생각)'을 말하게 했습니다. 에브라임 자손들은 'sh'를 발음할 수 없었고 그들이 이 단어를 발음했을 때 그것은 '씨벌렛(sibboleth)'으로 발음되어 길르앗 사람들은 그들을 그 자리에서 죽였습니다.

결과가 항상 이렇게 극적이지는 않지만 우리 모두는 사람들이 말하는 방식으로부터 그 사람에 관한 것들을 알아내는 데 전문가들입니다. 우리는 종종 단지 그 사람의 악센트에 근거하여 그 사람에 관한 즉각적인 편견적 판단을 내릴 뿐만 아니라 심지어 전화상으로 우리는 상대방의 성이나 나이를 알아맞힙니다. 그리고 심지어 그가 웃고 있는지 아닌지까지 압니다. 길르앗 사람들처럼 우리는 대개 그 사람이 우리말 모국어 화자인지 아닌지도 금방 압니다.

예를 들어, 만약 당신이 '지즈 씨잉스(zeeze seengs)'를 포함하는 문장을 말하는 사람의 레코드를 들으면 당신은 그 사람이 '디즈 싱스(these things)'를 의미했다는 것을 알 수 있겠지만 그 사람이 외국인이었다는 것 또한 확실히 알 것입니다. 만약 당신이 다른 목소리가 '디자 팅스(deeza tings)'라고 말하는 것을 들어도 유사한 결론을 내릴 것입니다.

이 두 사람이 영어 모국어 화자가 아니라는 것을 당신이 즉각적으로 알아차리도록 하는 것은 무엇일까요? 그리고 왜 그들의 악센트가 서로 다를까요? 악센트에는 많은 요인들이 영향을 미치지만 대부분의 답은 언어학자들이 '언어전이'라고 부르는 것에 있습니다. 당신이 처음 새로운 언어를 배울 때 당신은 모국어 화자처럼 들리기를 원하지만 당신은 피할 수 없이 당신의 모국어의 특성을 그 언어에 가져오거나 전이시킵니다.

예를 들어, 'zeeze seengs'라고 말하는 사람은 these things라고 말하기를 원했지만 그의 모국어(프랑스어)가 영어의 'th'음을 가지고 있지 않아서 그는 프랑스어 발음에서 발견할 수 있는 그 발음에 가장 가까운 발음을 사용합니다. (these에서 th는 'z'로 things의 th는 's'로) 프랑스어 발음에 없는 또 하나의 영어 발음은 things에서 단모음 'i'이고, 프랑스어 모국어 화자들은 가장 가까운 발음, 장모음 'ee'로 그것을 대체하는 경향이 있을 것입니다(지즈 씨잉스(zeeze seengs)).

'디자 팅스(deeza tings)'라고 말하는 사람도 유사한 어려움을 가지고 있는데 그는 그의 모국어(이탈리아어)의 영향에서 영어표현을 시도하고 있습니다. 그는 프랑스어 모국어 화자가 가지고 있는 문제인 영어의 단모음 'i'의 문제는 가지고 있지 않지만 그 또한 유·무성음 th의 문제를 가지고 있습니다. 그는 프랑스인이 'z'와 's'를 사용한 곳에 'd'와 't'로 대신했습니다. 그 또한 자음으로 단어를 마무리하는 것을 피하는 것 같습니다. 영어는 'p', 't', 'k', 'b', 'd', 'g', 'f', 's', 'v', 'z' 등을 마지막에 가지는 많은 단어가 있는 반면, 이탈리아어는 없습니다. 그래서 그는 영어의 마지막 자음 다음에 약간 중립적인 모음을 붙이는 경향이 있습니다(디자 팅스(deeza tings)).

프로 배우가 영어를 말하는 외국인을 그럴싸하게 묘사하거나 혹은 가끔 코믹 효과를 위해 흉내 낼 수 있는 것은 이러한 언어전이의 특성들을 알고 재생산하는 능력입니다. 이탈리아인 비행사를 묘사하는 치코 막스나 무쌍한 형사 클루조로 자신을 변형시킨 피터 셀러스를 생각해 보십시오. 이들은 외국어 발음 목록에서 영어를 걸렀고 약간 과장시켰는데 그 결과는 우스꽝스럽습니다.

이것은 외국인이 영어를 말할 때, 그리고 우리가 외국어를 말하려고 할 때 영원히 코믹 배우들처럼 소리 내어야 한다는 것을 의미할까요? 물론 아닙니다. 처음에는 약간 그렇게 시작할 수도 있겠지만 언어학습자는 약간의 연습으로 코믹효과 없이도 충분히 잘 이해될 수 있게 제2언어를 발음할 수 있습니다.

우리는 모국어 화자처럼 발음할 수 있을까요? 글쎄요. 전문 언어학자들은 결정적 시기(Critical Period(어린 시절의 초기)) 이후에 새로운 언어를 배우기 시작하는 사람은 그의 모국어의 흔적을 완전히 제거할 수 없다고 말합니다. 대부분의 청자는 이러한 특징들을 꼬집을 수 있고 무엇보다도 언어실험실에 있는 예민한 기구들은 그것들을 찾을 수 있습니다. 그러나 우리가 생물학적으로 악센트를 가지고 한 언어를 말하도록 제한되었다 할지라도 우리가 우리 스스로를 이해시킬 수 있는 한 아무런 문제가 없습니다. 여하튼, 악센트는 확실히 인간 스피치의 흥미로운 다양성과 식별 가능성을 첨가시킵니다.

• 저자에 대해

스티븐 와인버그(Weinberg@mu.edu)는 버지니아 주 조지 메이슨대학 부교수이고 언어학프로그램의 디렉터이다. 그는 음성학, 음운론, 그리고 제2언어습득론을 가르친다. 그의 핵심적 연구는 언어소리체계와 외국인 악센트를 다룬다. 그는 *Interlanguage Phonology: The Acquisition of a Second Language Sound System* (1987)의 공동 편집자이고 영어로 된 수천 개의 다른 악센트의 웹 데이터베이스인 스피치 악센트 기록보관소(http://accent.gmu.edu/)의 설립자이자 관리자이다.

추천도서

이 책에서

성인 언어학습과 관련된 장은 17장(언어와 뇌), 32장(언어학습에서 성인의 장점), 33장(언어학습 팁), 34장(언어교수 방법론의 역사), 35장(해외어학연수), 그리고 37장(언어교수기술)이 있다. 언어의 소리를 논의하고 있는 장은 30장(미국 남부영어)과 29장(음성학)이 있다. 언어로 확정된 집단 간의 마찰은 9장(국제어), 10장(피진과 크레올), 21장(언어분쟁), 41장(케이전), 42장(미국에서의 독일어), 43장(걸러어), 그리고 63장(인도 언어들)에서 다루고 있다.

다른 곳에서

- Blumenfeld, R. *Accents: A Manual for Actors* (Proscenium, 2000). 영어 화자가 80개 이상의 다른 스피치 악센트를 만들어 내는 데 대한 가이드. 이 책은 배우들을 위해 기획되었지만 스피치 생산과 비교 언어학에의 통찰을 포함한다.

- Lippi-Green, R. *English with an Accent* (Routledgh, 1997). 영어 악센트를 향한 미국인의 태도에 대한 진지한 분석. 지정학적 위치와 사회 정체성과 관련된 언어 다양성에 초점을 맞추고 있고 교육기관이 어떻게 언어 스테레오타입을 촉진시키는지를 보여준다.
- Swan, M. and B. Smith. *Learner English* (Cambridge University Press, 2001). 약 22개의 다른 언어를 가지고 관련된 영어의 언어학적 특징을 보여주고 비교하는 실질적인 참고 도서. 이 책은 학습자의 오류를 예측하기 위해 언어전이를 활용하고 ESL 교사들을 위한 가치 있는 자료이다.
- Weinberger, S. *Speech Accent Archive* (http://accent.gmu.edu, 2010). 영어 모국어 화자와 비모국어 화자가 동일한 문단을 읽고 그것을 조심스럽게 필사한 웹 기반 음성 분석. 이 기록 보관소는 다른 영어 화자들의 악센트를 비교하고 분석하는 사람들에 의해 사용된다.

32
단일어 사용은 치유될 수 있을까요?

캐서린 스프랭

성인이 되어 새로운 언어를 배우는 것이 가능할까요?
아이들보다 훨씬 더 어려울까요? 배우는 데에는 어떤 기법이 있을까요?

당신이 마지막으로 외국어를 공부한 것이 언제입니까? 우리들 중의 몇몇은 그 경험이 아주 좋았던 것으로 기억할 것이고 어떤 이는 두 번 다시는 하고 싶지 않은 것으로 생각할 것입니다. 만약 당신이 16세 이상이고 새로운 언어를 배우려고 한다면 — 혹은 배우려고 생각한다면(당신이 그렇게 하길 저는 희망합니다.) — 성인은 어린 아이와는 아주 다른 방법으로 언어를 배운다는 것을 명심하십시오.

우리가 외국어를 배우는데 왜 이렇게 시간이 많이 걸리는지 자신에게 물어볼 때에 성인 언어학습자로서는 어린아이를 부러워하기가 쉽습니다. 어린아이들은 언어를 세상에 대해 배우는 것의 일부분으로 배웁니다. 그들의 마음은 놀거나 탐구하는 동안 그들이 듣는 단어, 구, 문장들을 — 외관상 보이는 아무런 노력 없이 — 흡수합니다. 언어학습은 인생의 초기 몇 년 동안 어린아이들의 흥미로운 풀타임 직업입니다. 공부도 필요 없고 숙제도 필요 없습니다.

그러나 언어정보를 흡수하는 스펀지 같은 능력을 가졌음에도 아이들은 모국어를 완전히 마스터하기 위해 수천 시간 그것을 듣고 사용해야 한다는 것을 잊지 마십시오. 그들이 어린애 같은 말을 벗어나 완전한 일상적인 언어사용을 할 수 있게 되기까지는 일반적으로 10년 이상이 걸립니다. 성인들은 일반적으로 할애할 그 만큼의 시간은 없지만 그렇다고 이것이 우리가 언어를 배울 수 없다거나 뛰어나게 잘할 수 없다는 것을 의미하지는 않습니다. 성인이 어린아이에 비해 장점을 가지는 경우도 있습니다. 첫째, 언어의 특정 구성요소는 분류, 분석, 설명될 수 있고 이러한 것들은 성인이 아이가 모국어를 배우는 것보다 빠르게 배울 수 있습니다. 둘째, 우리는 이미 한 언어를 가지고 있기 때문에 우리가 모국어에 대해 알고 있는 것을 새로운 언어의 발음, 단어, 그리고 문법에 대한 우리의 학습을 정리하는 데 활용할 수 있습니다. 우리가 다른 언어를 배울 때 아무 것도 없는 무에서 시작하지는 않습니다.

예를 들어, 어떤 언어가 영어에서는 없는 발음을 가졌다 할지라도 ('burro'에 있어서 떨리는 'r' 발음이나 'nga'와 같은 단어의 처음에 오는 'ng' 발음), 이러한 발음의 대부분은 친숙해 질 것입니다. 성인은 이러한 발음이 있는 곳에 그들의 발음을 위한 노력을 더 들임으로써 이것으로부터 이익을 볼 것입니다.

혹은 새로운 언어는 "소년이 용감한 소총을 가지고 호랑이 사나운 쏘다(The boy brave with his rifle the tiger fierce shot.)"와 같은 단어 순서를 사용할 수 있습니다. 이 순서는 영어화자에게 자연스럽지 않게 들리겠지만 외국어 문법 패턴은 퍼즐처럼 이해할 수 없고 마스터할 수 없을 만큼 그렇게 영어와 많이 다르지 않습니다. 다시 말하지만 나이를 먹으면서 향상되는 기술입니다.

외국어 어휘를 익히는 것은 다양한 상황에서 단어에 많이 노출되는 것을 필수적으로 요구하지만 여기서도 성인은 그들이 이미 알고 사용하고 있는 단어들을 새로운 언어에의 디딤돌로 이용하여 단어들을 알아볼 수 있도록 잘 준비되어 있습니다. 성인은 접두사와 접미사를 인식할 수 있고 단어의 이런 부분들이 새로운 언어에서 담당하는 역할을 이해합니다. 성인 언어학습자는—특히 좋은 교사, 교재, 그리고 기술적 보조물들을 가졌을 때—새로운 언어에서 이미 이해될 수 있는 것들과 우리 모국어와 다른 것들을 알 수 있는 지식, 경험, 분석능력을 가지고 있습니다. 차이점에 초점을 맞춤으로써 우리 성인은 학습을 시작할 수 있습니다.

반면, 언어의 다른 요소들은 지속적이고 반복적인 노출을 통해 흡수될 필요가 있습니다. 마음이 편안하고 설명이나 패턴을 찾지 않을 때 언어의 특정 요소들에 관한 정보를 의식적인 노력 없이 범주화하고 분류하는 것이 가능할 수 있습니다. 이러한 무의식적 과정을 통해 획득된 언어의 측면들은—암묵적 학습이라 불림—교재를 통해서는 획득되지 않고 교사들에 의해서도 거의 잘 설명되지 않습니다. 사실, 어떤 면에서는 단순히 당신이 배우려고 하는 언어로 방송되는 TV를 보거나 라디오를 듣는 것이 법칙이나 패턴, 단어리스트를 세세히 보는 것보다 더 효과적일 수 있습니다.

우리가 명시적 학습과 암묵적 학습 둘을 접목하는 것을 잘하면 잘할수록 새로운 언어에 대한 우리의 지식을 더 효과적이고 빠르게 얻을 수 있습니다. 더 넓게 확장하면, 외국어를 말하고 쓰고 이해하는 것은 당신이 연습, 연습, 연습 없이 마스터할 수 없는—피아노를 연주하기 위해 배우는 것처럼—기술을 발달시키는 것입니다. 여기서 다시, 어린아이는 아무 제약을 받지 않기 때문에 언어를 보다 쉽게 익힙니다. 외국어를 연습한다는 것은 당신이 창피함—당신의 전문이 아닌 어떤 것을 함에 있어 불안함—을 극복해야 한다는 것을 의미합니다. 당신은 다른 나라에서 온 이방인들—관광객이라고 해 봅시다—에게 걸어가서 그들의 언어로 그들과 대화를 나눌 자신이 있습니까? 좀 더 나아가서 당신이 싹트기 시작한 언어기술을 시도하고, 현실에서 사용해보고(당신의 실력이 완벽하지 않을지라도), 실수로부터 배우려고 한다면 당신의 외국어 능력은 계속해서 성장할 것입니다.

20세기 중반까지 학교에서의 언어학습은 아주 따분했습니다. 단어를 외우고 문법에 관해 말하고—영어로—당신이 할 수 있는 한에서 많은 문단을 번역하는 것이 전부였습니다. 그 이후 우리는 언어교수에 관한 많은 것을 배웠습니다. 1970년 이후 인지과학과 응용언어학을 결합한 학문영역인 제2언어습득론이라는 새로운 학문이 또한 나타났습니다. 이 학문을 통해 우리는 점진적으로 언어의 어떤 요소가 명시적 교수를 통해 가장 잘 가르쳐질 수 있고 어떤 요소가 언어에의 지속적인 노출을 통해 가장 잘 흡수될 수 있는지를 발견하고 있습니다. 이러한 질문들에 대한 대답이 연구를 통해 드러나면서 언어교수는 지속적으로 향상되고 있고 성인들은 과거 그 어느 때보다도 언어를 잘 배우고 있습니다. 그래서 만약 당신이 하나의 언어만을 사용하는 성인이라면 그런 슬픈 환경에 계속적으로 있을 이유가 없습니다. 단일언어 사용은 치유될 수 있습니다.

• 저자에 대해

캐서린 스프랭은 조지타운대학 독일어과에서 제2언어습득론에 초점을 맞추어 박사학위를 받았다. 그녀는 교수에 있어 어떤 탁월함이 언어학습자가 우수한 외국어 능력을 성취하는 것을 도울 수 있는지에 특히 관심이 있다. 그녀는 현재 국무부 포린서비스연구소(FSI)의 FSI 지역 프로그램 및 훈련 코디네이터로 일하고 있다.

추천도서

이 책에서

성인언어학습은 17장(언어와 뇌), 31장(외국인 악센트), 33장(언어학습 팁), 34장(언어교수 방법론의 역사), 35장(해외어학연수), 그리고 37장(언어교수 기술)에서 논의되고 있다.

다른 곳에서

- Byrnes, Heidi and Hiram Maxim. *Advanced Foreign Language Leaning: A Challenge to College Programs* (Heinle, 2003).
- Larsen-Freeman, Diane. *Teaching Language: From Grammar to Grammaring* (Heinle, 2003).

33
언어를 제대로 배우려면 무엇이 필요할까요?

니나 개렛

새로운 언어를 배우기 위해서는 용감해야만 될까요?
한 언어를 잘 배우는 데 얼마나 걸릴까요?
'전면 몰입'이 언어를 잘 배우는 유일한 방법일까요?

사람들은 종종 "X언어를 4학기나 수강했지만 말은 한마디도 할 수 없다"고 말합니다. 이것은 사실 교실언어 성인학습자의 일반적인 경험일 수 있을 것입니다. 왜 이런 현상이 아주 일상적일까요? 이것의 함축적 의미는 우리가 그렇게 똑똑하지 않거나, 좋지 않은 선생을 두었거나, 그냥 언어를 잘 배우지 못한다는 것일 수 있습니다. 그러나 어느 것도 사실이 아닐 수 있습니다. 다른 언어를 유창하게 말하는 것은 IQ나 학문적 영리함의 문제는 아닙니다. 전혀 형식적인 교육을 받은 적이 없지만 여러 개의 언어를 유창하게 말하는 수백만 명의 사람들이 있습니다.

이것은 젊음의 문제도 아닙니다. 어린아이들만이 언어를 배울 수 있다고 말하는 것은 너무 비관적입니다. 현대언어학회는 "너무 이르다는 것도 없고 너무 늦었다는 것도 없다"고 주장합니다. 놀이친구나 할머니, 할아버지나 돌봐주는 사람과 새로운 언어를 사용하는 어린아이는 확실히 발음이나 평상시의 일상적인 대화를 익히는 데 훨씬 빠르지만 보다 나이든 학습자는 실제 세계에서의 의사소통기술의 제도적 학습에 있어서 인지적 이점들을 가지고 있습니다.

이러한 이점이 언어에의 적성, 재능, 감(feeling)일까요? 어떤 사람은 언어를 배우는 것이 가장 하기 싫은 일이라고 생각하는 반면 어떤 사람은 즐겁다고 하는데 우리는 '언어적성'이 무엇으로 구성되는지 정말 모릅니다. 기억력이 좋은 것이 도움이 되는 것처럼 좋은 귀가 도움이 되고 마찬가지로 중요한 것은 세계를 이해하기 위한 새로운 방법에 열린 마음이 되고자 하는, 사실을 넘어선 의미의 레벨을 위해 듣고자 하는, 상대방의 문화적 상황에서 그 사람과 어울릴 새로운 방법을 시도하고 실수할 기회를 가지고자 하는 의지입니다.

그 언어가 말해지는 나라에서 한 달(혹은 일 년)동안 사는 것으로 충분할까요? 만약 당신이 성인이고 이제 시작한다면 아마 안 될 것입니다. 막 영어를 배우기 시작한 한 외국인이 미국인 친구가 "웟처가나두(Wutchagonnado)?"라고 말하는 것을 듣는 것을 상상해 봅시다. 그녀가 그것이 여섯 단어 문장 "What are you going to do?"의 구어적으로 압축된 버전이라는 것을 알아차리고 이해하는 날이 올 것입니다. 그러나 초보로서의 그녀는—혹은 새로운 언어를 접하는 우리 중 누구라도—단지 소리의 한 파열을 듣는 것 같을 것입니다. 우리는 어떻게 이러한 파열들이 의미가 되도록 배울까요? 해외에서 '전면적인 몰입'을 통해서는 아닙니다. 당신 주변에 "웟처가나두?"를 자신의 언어버전으로 자유롭게 사용하면서 서로 대화하는 영어 모국어 화자들이 있습니다. 그들은 당신을 위해 그것들을 분석하기 위해 거기에 있지 않습니다. 그들은 아마 분석하는 방법을 알지도 못할 수 있습니다. 그러나 그런 소리의 파열 속에 무엇이 있는지에 대한 설명 없이는 당신의 배움은 마구잡이로 이루어지고 비효과적인 것이 될 것입니다. '전면몰입'이 당신에게 주지 못하는 또 하나는 문화적 배경 — 모국어 화자들이 '모두가 그것을 알기' 때문에 의사소통에서 명시적으로 포함하지 않는 중요한 것 — 입니다.

사춘기가 지난 우리들 대부분은 소리를 듣고, 어떻게 문장이 만들어지는지를 이해하고, 문화적 맥락을 이해하는 데 필요한 프레임워크를 만들기 위해 교실수업이 필요합니다. 프레임워크 없이 언어를 습득한 성인은 종종 일종의 '가공할 유창성' — 많은 단어, 좋은 속도, 심지어 괜찮은 발음, 그러나 일반적으로 토막 난 문법, 어떻게 단어가 사용되는지에 대한 문화적 감각성의 부족 — 에 봉착합니다. 언어는 당신이 단순히 당장 이 순간 의미 전달을 위해 기억할 수 있는 단어나 구들의 세트가 아닙니다. 언어는 세상과 상호작용하고 아이디어를 나누기 위한 다면적 시스템입니다. 당신은 〈핑크 팬더(Pink Panther)〉 영화에서 형사 클루조처럼 말하면서 언어를 학대하기를 원하지 않을 것입니다. 그렇다고 비행기 잡지에 있는 단지 몇 주 만에 언어를 '마스터'하는 것을 보장하는 수업에 대한 광고를 믿지 마십시오. 그것은 말도 되지 않습니다. 언어학습은 시간이 걸리고, 영어와 비슷하지 않은 언어일수록 시간은 더 걸립니다. 이걸 생각해 보십시오. 대학의 일반적인 4학기 과정에서 당신은 그 언어와 마주칠 시간은 200시간도 안 될 것입니다. 현실적인 능숙함을 목표로 언어를 가르치는 미국 학교들에서 프랑스어나 스페인어와 같은 '쉬운' 언어 코스조차도 600시간의 완벽한 학습을 요구하고 영어 화자에게 가장 어려운 언어 — 중국어, 일본어, 한국어, 그리고 아랍어 — 들에서 능숙하게 되기 위해서는 두 배 이상의 시간이 걸립니다.

그럼에도 여전히 교실경험만으로는 충분하지 않습니다. 만약 당신이 언어 강의를 들었고 몇 년 후에 배운 것을 기억할 수 없다면 그것은 당신이 두 번째 단계 — 그 언어를 말하는 사람과의 지속적인 상호작용 — 를 하지 않았기 때문일 것입니다. 당신은 물론 그들의 나라를 여행함으로써 그 언어를 습득할 수도 있겠지만 여름 집중코스나 캠프를 통해, 혹은 거의 그 언어만을 말할 수 있는 사람과의 만남을 통해서나, 글로 쓰이기는 하지만 '구어' 형태인 인터넷 채팅에서 모국어 화자와 대화를 통해 또한 그 언어를 익힐 수 있습니다. 현재의 기술은 점점 더 모국어 화자와 대화하는 경험을 촉진시키기에 좋아지고 있습니다. 화상통화나 컴퓨터 화상대화를 통해 실제로 대화의 기회를 제공합니다. 인터넷 또한 당신이 교실과 살아있는 상호작용학습 사이의 차이를 메우기 위해 사용할 수 있는 다량의 외국어 오디오나 비디오 자료를 제공합니다. 뉴스방송, 영화, 노래 등 대부분 전사와 함께 제공됩니다. 이상적인 접근법은 궁극적으로는 해외에서 사는 경험을 포함하는 잘 계획된 여러 해 동안의 연속적인 언어학습입니다. 슬프지만 사실입니다. 지름길은 없습니다.

한 언어를 잘 배운다는 것은 단지 음식을 사고 호텔방을 예약하고 기차표를 사는 것 이상을 할 수 있다는 의미입니다. 음식을 사고 호텔방을 예약하고 기차표를 사는 것은 몇 주간의 집중적인 노력과 좋은 교재만으로 충분합니다. 그러나 현시점에 합당한 용어로 자신의 의견을 표현하고 질문을 하는 것 등을 포함하여 최근의 일이나 공유하는 전문적 관심거리에 대해 모국어 화자와 쉽게 대화하는 것은 단어나 구를 기억하는 것 이상을 요구합니다. 현실세계 언어 사용은 어휘뿐만 아니라 여러 주제에 관한 전문언어 지식에 기초합니다.

이러한 수준에 이르기까지 언어를 배우는 것은 동기부여와 엄청난 시간투자를 요구하지만 당신이 다른 언어에 진정한 자신감과 편안함의 고지에 도달하면 유창함으로 인해 주어지는 장점, 그리고 그것이 가져다주는 즐거움은 당신이 지속할 필요가 있는 모든 동기부여를 제공할 것입니다.

• 저자에 대해

니나 개렛은 중·고등학교와 대학에서 프랑스어와 독일어를 가르쳤고 대학원 레벨, 특히 이론이 언어교육을 뒷받침하는 것으로써의 제2언어습득론을 가르쳤다. 그녀의 제1언어는 네덜란드어이고 러시아어, 라틴어, 그리고 스페인어를 공부했다. 그녀는 언어교수법과 언어가 학습되는 방법에 관한 연구를 행하는 데 있어 컴퓨터 기술의 사용을 발전시키는 작업으로 인해 컴퓨터 보조 언어학습 영역에서 세계적으로 잘 알려져 있다. 예일대학 언어학습센터(www.cls.yale.edu)의 전 디렉터였던 그녀는 계속적으로 성인 언어학습의 이슈에 대해 상담하고 글을 쓰고 있다.

• 추천도서

이 책에서

성인 언어학습에 관련되는 장은 17장(언어와 뇌), 31장(외국인 악센트), 32장(언어학습에서 성인의 장점), 34장(언어교수 방법론의 역사), 35장(해외어학연수), 그리고 37장(언어교수 기술)을 포함한다.

다른 곳에서

- Lightbown, Patsy and Nina Spada. *How Languages are Learned*. (Oxford University Press, 3rd edition, 2006).

34
언어를 배우는 것에 대한 사람들의 생각은 시간이 지나면서 어떻게 변했을까요?

준 필립스

외국어 교수법의 역사는 무엇일까요? 다른 많은 방법론이 있었을까요? 그것들이 어떻게 다를까요? 오늘날의 방법이 최고일까요?

미국에서 최초로 가르쳐진 언어는 알곤킨어였습니다. 17세기 영국에서 온 사람들이 생존하기 위해 미국 원주민 언어로 의사소통하기 위해 배운 것입니다. 그러나 마음씨 좋은 유럽인이었던 이후의 정착민들은 지역주민과 의사소통하기 위해서가 아니라 학문적인 목적으로 학교를 세웠습니다. 18세기 미국에서 언어학습은 고대 그리스어나 라틴어 혹은 둘 다를, 말하기 위해서가 아니라 읽고 쓰기 위해 배우는 것을 의미했습니다.

미국인들이 근대 언어들—처음에 프랑스어, 스페인어, 이탈리아어, 그리고 독일어만—을 배우기 시작했을 때 이 언어들이 살아있는 화자를 가지는 언어들이었음에도 불구하고 고대 언어를 가지고 했던 동일한 방식과 동일한 이유로 이 언어들을 배웠습니다. 1824년 버지니아대학이 문을 열기 1년 전 토마스 제퍼슨은 "라틴어와 그리스어는 좋은 교육의 기초를 이루고 잘 교육받은 사람의 특성을 채우는 데 필수적이다"라고 말했습니다. 다음 해에 그는 "우리는 일반적으로 라틴어와 그리스어로 쓰인 책을 읽는데 도움을 받기 위해 언어를 배운다."라고 썼습니다. 그러나 의사소통 수단으로써의 언어에 대해서는 아니었습니다.

다음 세기와 그 이후에도 미국인들은 계속해서 언어를 배웠지만 모국어 화자들과 말하기 위해서가 아니라 읽기 위해서 — 그날의 신문이나 팜플렛을 읽기 위해서가 아니라 문학작품을 읽기 위해서 — 언어를 배웠습니다. 언어 수업은 — 라틴어와 그리스어뿐만 아니라 근대 언어로 — 읽고 번역하고 문법을 분석하는 것이 전부였습니다. 그래서 만약 당신이 20세기 초반에 언어를 배웠다면, 누구도 당신이 그 언어를 말해야 한다고 생각하지 않았기 때문에 당신은 그 언어로 말하는 것을 배우지 않았을 것입니다. 말하는 것이 목표가 아니었기 때문입니다.

그리고 2차 세계대전이 발발했습니다. 미국은 갑자기 단지 프랑스어 동사 활용을 사용할 수 있거나 돈키호테를 읽을 수 있는 사람이 아니라 전 세계에 있는 사람들과 실제로 대화할 수 있는 외국어 화자 — 군인들과 시민들 — 를 대량으로 양산하는 방법이 절실히 필요했습니다. 그리고 또 필요했던 것 중에는 언어의 휘황찬란한 다양성 — 네덜란드어에서부터 버마어에 이르기까지 모든 언어 — 도 포함되었습니다.

언어전문가들은 전쟁을 돕도록 압력을 받았고 언어교수법은 급격하게 변했습니다. 이 시기는 또한 모든 분야에서의 학습을 위한 해결책으로서 행동주의의 번성기였습니다. 외국어 교사들은 학생들의 마음에 언어패턴을 각인시키기 위해 자극과 반응의 방법을 사용하도록 훈련 받았습니다.

학생은 대화를 암기하고 모든 종류의 구두 반복연습으로 속사포반응을 생산하도록 배웠습니다. 그렇지만 자기 자신의 메시지는 거의 생산하지 못했습니다.

이 '청화(Audiolingual)'법은 어느 정도 성공했습니다. 더 많은 사람들이 더 많은 언어를 읽기 위주의 문법-번역 방법론을 통해 훈련 받았던 것보다 더 빠르고 더 유창하게(만약 당신이 유창성을 빠른 반복과 재생으로 정의한다면) 배웠습니다. 2차 세계대전이 냉전시대로 넘어가면서 미국 정부는 외국어 전문가 — 특히 러시아어 — 를 필요로 했습니다. 고대 그리스어는 인기를 잃었습니다. 라틴어는 인기를 얻기도 하고 잃기도 하다가 영어의 어휘 자신감을 얻게 하는 방법으로 성공적으로 승격되었습니다.

1960년대 초까지 행동주의 심리학과 서술적 언어학에서 확고하게 뿌리내린 청화법은 미국 전역에서 사용되었습니다. 그러나 단점들이 드러나기 시작했습니다. 언어처럼 복잡한 어떤 것을 배우는 방법으로 자극-반응은 심각한 한계가 있었습니다. 연구자들은 언어가 습득되는 방법을 보다 면밀하게 관찰했고 매일의 연습을 통해 기계적으로 습득될 수 있는 그런 것이라기보다는 혁명으로 보았습니다. 언어교수법은 이러한 통찰을 반영하면서 다시 바뀌었습니다.

오래된 패러다임에서 목표는 언어 통달이었습니다. 학생들은 빌딩블록 자료를 완벽하게 다룰 수 있을 때까지 연습하고 또 연습했습니다. 그러나 많은 경우 빌딩은 결코 올라가지 못했습니다. 피아노를 치는 학생이 한 곡을 연주하거나 선율을 편곡하는 경지에 도달하지 못하고 단지 다섯 손가락 연주만을 행한다면 어떤 만족을 얻을 수 있겠습니까?

새로운 패러다임은 초보학습자도 의사소통할 수 있고 또한 하는 것에 목표를 둡니다. 초보학습자가 할 수 있는 것이 문법적인 구조 없이 단지 일련의 단어들만 나열하는 것이라 할지라도 그들은 그들의 메시지를 전달합니다. 예를 들어, 술집에서 “나는 맥주를 원합니다. 한 병 주세요!(Me want beer' gets you one!)”라고 말할 수 있습니다. 그리고 만약 당신이 좀 더 상급 화자라면 다음과 같은 당신의 부탁은 보다 의미 있게 들릴 것입니다. “어떤 맥주가 있습니까?(What do you have on draft?)” 미국 언어 교육 공동체는 이러한 의사소통을 첫 번째 목표로 두는 패러다임을 국가외국어교육표준(21세기 언어프로그램을 향상시키기 위한 전략을 담은 문서)으로 받아들였습니다.

이것은 보다 일찍 나왔어야 했습니다. 왜냐하면 오늘날 학생들은 실제 생활에서 주어지는 과업을 수행하고 그들이 배우는 언어를 실제로 사용할 수 있게 하는 자료들에 전례 없는 접근을 할 수 있기 때문입니다. 만약 1824년 이후 어떤 일이 있었는지를 보게끔 제퍼슨을 다시 불러 온다면 그는 그리스어와 라틴어 그리고 서유럽 언어에 대한 공부의 상실된 지위를 슬퍼할 것입니다. 그러나 그가 일반적인 교실을 방문하기를 희망할 것이라는 것은 의심의 여지가 없습니다. 그는 컴퓨터와 타깃 언어로 된 비디오 클립과 게임을 볼 것이고 학생들이 짝을 지어 공부하고 교실을 돌아다니고 짧은 문장으로 대화하고 완벽하지는 않지만 이해할 수 있는 문법을 사용하고 필요할 때 몸짓을 섞어 의미를 전달하는 것을 볼 것입니다. 무엇보다도 의사소통은 그들의 조상들이 알곤킨어를 배울 때의 그것과 아주 비슷해 보일 것이라고 나는 짐작합니다.

• 저자에 대해

준 필립스는 유타 주 웨버 주립대학의 인문학 명예교수이자 학장이다. 그녀는 프랑스어(중학교 수준에서 대학수준에 이르기까지)와 외국어교수방법론을 가르쳤다. 그녀는

2001년 미국외국어교육협회(ACTFL) 회장직을 맡았었다. 그녀는 국가외국어교육표준을 위한 ACTFL 프로젝트의 책임자였고 10년이나 그 이후에 그것의 영향을 조사하는 프로젝트의 공동 책임자이다. 그녀는 또한 ACTFL과 국가승인 교사교육협회가 공동으로 발표한 외국어교사준비를 위한 표준프로그램의 발달을 공동으로 책임졌다. 그녀는 미국에서 스페인어 교수의 국가교육프로그램 평가단 자문, 비영리교육자원인 외국어 WGBH/아낸버그 비디오도서관 자문으로 일했다. 그녀는 교육적 주제에 관련해 많은 글을 출판하고 편집했다.

추천도서

이 책에서

성인언어학습은 17장(언어와 뇌), 31장(외국인 악센트), 32장(언어학습에서 성인의 장점), 33장(언어학습 팁), 35장(해외어학연수), 그리고 37장(언어교수 기술)에서 논의되고 있다.

다른 곳에서

- National Standards in Foreign Language Education Project. *Foreign Language Learning in the 21st Century* (Allen Press, 2006; 1999). 이 책은 과거의 언어학습에서 겨냥한 것보다 더 포괄적인 목표인 폭넓게 받아들여진 표준들에 대한 배경 정보를 제공한다. 이러한 표준들은 일반적으로 '5 Cs'라고 불리는데 의사소통(Communication), 문화(Culture), 연결(Connection), 비교(Comparisons), 그리고 공동체(Communities)이다.
- Shrum, Judith I. and Eileen W Glisan. *Teacher's Handbook: Contextualized Language Instruction* (Heinle, Cengage Learning,, 4th edition 2010). 서론과 1장, 2장이 언어교수이론에 관한 역사적 정보를 제공한다.

35
왜 해외에 가서 언어를 배울까요?

세리 스패인 롱

해외에 나가지 않고 언어를 배울 수 있을까요?
그 언어가 말해지는 나라에 살면서 언어를 주워듣는 것이 당신 나라의 교실에 앉아서 배우는 것보다 더 쉬울까요?
'전면 몰입' 교육의 문제점은 없을까요?

당신은 들은 것을 흉내 내면서 그것을 빨아들이고 진행되는 말에 흘러 들어가거나, 말해진 것을 이해하지 못하면서도 좋아하는 그런 사람들 중의 한 사람입니까? 아니면 더 많은 구조를 필요로 하고, 구조를 시도하기 전에 각각의 단어가 의미하는 바를 알기를 원하고, 알아들을 수 없는 말의 파도가 당신을 덮쳤을 때 절망하는 그런 사람입니까?

언어학 교수로서 나는 종종 사람들이 "언어를 배우는 유일한 방법은 외국을 가는 것이다"라고 말하는 것을 듣습니다. 그러나 그것은 사실이 아닙니다. 다른 나라에 있음에 의해 당신이 언어를 자동적으로 '주워들을(pick up)' 것이라고 생각하는 것은 더더욱 사실이 아닙니다. 나는 '언어를 주워듣는다'는 표현을 싫어합니다. 왜냐하면 그 말은 언어학습이 노력 없이 일어난다는 것을 함축하기 때문입니다.

학습스타일은 다양합니다. 그래서 해외어학연수에 관해 생각하는 것은 준비됨(readiness)의 관점에서 보면 좋은 방법입니다. 그러나 그 언어에 대한 사전 공부 없이 혹은 준비 없이 외국문화를 접하는 것은 많은 사람들의 경우 잘못 인도되는 것일 뿐만 아니라 비효과적입니다. 당신이 듣는 것을 이해하도록 돕는 그 언어에 대한 체계 없이는 힘듭니다. 준비는 사람마다 다르지만 대부분의 경우 당신이 떠나기 전에 어떤 형태로든 그 언어에 대해 제대로 된 공부를 하는 것이 최선입니다. 그리고 당신이 외국에 도착했을 때 체계화된 학습경험, 즉 어떤 종류든 언어수업에 등록하는 것이 최선입니다. 당신은 그 언어의 지식을 얻기 위해 수업을 듣고, 말하기와 듣기를 연습하기 위해 그 사회의 거리, 술집, 클럽 등을 당신의 실험실로 이용해야 합니다.

해외에 살면서 공부하는 가장 큰 장점은 당신이 그 문화상황에서 언어를 경험할 수 있다는 사실입니다. 당신이 때때로 '메마른' 교실에서 듣는 단어나 구를 카페에서 모국어 화자랑 차를 마시면서 들었을 때, 축구경기장의 군중 속에서 들었을 때, 혹은 지역 관청 직원들을 상대할 때 그 단어들은 살아나고 심지어 의미까지 달라지기도 합니다.

그러나 외국어와 맞서는 것은 처음에는 피곤합니다. 듣고 집중하고 당신이 들은 것을 이해하려고 하는 지속적인 노력이 필요합니다. 해외에서 오랜 시간을 보냈지만 여전히 단일어 사용자로 집에 돌아오는 일은 당신이 생각하는 것보다 쉽습니다. 만약 당신의 목표가 외국어를 배우는 것이라면 해외에 있는 동안 가능한 한 영어를 적게 사용 하십시오. 당신이 준비되었다고 생각하기 전까지 타깃 언어로만 대화하겠다고 스스로 다짐하고 하루 종일 당신이 할 수 있는 최대한 그렇게 하십시오. 긴급 상황을 제외하고 당신의 본국에서 온 친구와 어울리지 말고, 편지, 국제전화, 이메일, 문자, 소셜미디어, 혹은 어떤 다른 방법으로든 집과 연락하는 것을 하지 마십시오. 또한 당신과 영어를 연습하기 위해 당신의 외로움을 이용하는 주민을 조심해서 피하십시오. 그는 얻고 당신은 잃습니다.

내 친구 중의 한 명이 대학 3학년이었을 때 두 학기 정도 스페인어를 수강한 이후 생애 최초의 해외어학연수경험인 스페인어 프로그램을 신청했습니다. 첫날 오리엔테이션 이후 강사는 스페인어로 전부 말했고 15명의 미국인에게 'no English' 약속을 하도록 했습니다. 그때부터 내 친구는 스페인어 대화에 몰입했고 그녀는 서서히 적응했습니다. 그녀는 5개월 동안 영어를 전혀 사용하지 않았습니다. 그녀는 영어 화자와는 어울리지 않았습니다. 스페인어 TV와 영화(자막 없이)를 보았고 지역주민과 가능한 한 많은 시간을 보냈습니다. 처음에 그녀는 제대로 되지 못한 스페인어를 말했지만 학기 말에 이르러 능숙한 수준에서 자신을 표현하면서 편안하게 스페인어를 사용했습니다. 그것은 언어와 문화에 대한 성공적인 몰입이었습니다. 그녀는 한 주 내내 깨어 있는 시간 동안은 타겟 언어로 생각하고 말하면서 보냈습니다.

해외어학연수는 학습과정을 촉진시키고 현실의 문화적 상황을 제공하고 일생 동안의 좋은 언어학습 실천을 북돋아줍니다. 대부분은 해외에서 그들의 시간 동안 언어습득과 새로운 문화적 기술에 관한 열정을 가지고 돌아옵니다. 그들은 자신의 문화에 대해서도 또한 신선한 관점을 가지고 돌아오는 경향이 많습니다. 비즈니스, 건강, 교육적 공동체를 서비스하는 다양한 제공자들에 의한 좋은 어학연수 프로그램들이 많이 있습니다. 그러나 한 프로그램을 선택하기 전에 그 프로그램의 목표가 당신의 목표와 일치하는지 해외에서의 시간이 언어학습에 초점이 맞추어졌는지를 확실히 하십시오. 다음과 같은 질문을 해 보십시오. 제공자가 체계적인 수업과 몰입활동을 제공하는가? 제공자는 언어와 문화적 몰입을 촉진하는 숙식환경을 제공하는가? 프로그램이 대학이나 중등학교 학점, 능숙도 확인서 혹은 졸업장을 제공하는가?

만약 해외어학연수가 가능하지 않다면 국내에서의 몰입이 강력한 두 번째 선택 조건입니다. 최고의 국내 프로그램은 정신적이고 실천적인 측면 모두에서 해외연수경험을 그대로 반영하고 해외에 가는 비용의 일부로 좋은 언어학습기회를 제공할 수 있습니다. 국내경험이 해외에서 공부하는 것과 같은 깊이 있는 문화학습을 제공할 수는 없지만 콘코르디아 언어마을이나 미들베리 언어학교와 같은 곳의 프로그램은 아주 효과적일 수 있습니다. 이런 학교들에서 당신은 프로그램 기간 동안 외국어로만 일하고 공부하고 먹고 사회생활 할 것을 약속해야만 합니다. 만약 당신이 의식적으로 이 약속을 지킨다면 — 마치 당신이 외국환경에서 하는 것처럼 — 체계적인 수업과 그 언어에 대한 완전한 몰입의 결합은 실제로 효과가 있을 것입니다.

• 저자에 대해

세리 스패인 롱은 버밍햄에 있는 앨라배마대학 외국어문학과 스페인어 교수이다. 현재 그녀는 미국 공군학교에 우수방문교수로 있다. UCLA에서 박사학위를 받은 롱 박사는 스페인과 라틴아메리카로 해외연수프로그램을 지도하고 있다. 그녀는 하엔대학으로부터 국제교육을 위한 특별 훈장을 수여했다(2007). 출판물로는 공동저자로 된 8권의 스페인어 대학교재와 현대 스페인 문학과 문화, 언어교육론과 정책에 관한 40편 이상의 학문적 논문, 노트, 리뷰들이 있다. 미국 스페인어와 포르투갈어 교사협회에 스페인어와 포르투갈어 교수법에 기여하는 저널인 《히스파니아》의 편집자로 일하고 있고 *Foreign Language Annals* 의 전 편집장이다.

추천도서

이 책에서

성인 언어학습에 대한 다른 논의들은 17장(언어와 뇌), 31장(외국인 악센트), 32장(언어학습에서 성인의 장점), 33장(언어학습 팁), 35장(해외어학연수), 34장(언어교수 방법론의 역사), 그리고 37장(언어교수 기술)을 보시오.

다른 곳에서

- www.studyabroad.com는 해외어학연수 제공자를 찾는 데 종합적인 방법을 제공하고 옵션들을 비교해 준다.
- www.ciee.org(국제교육교류에 대한 상담)은 학문적인 국제교류를 위한 옵션들에 전문화되어 있다.
- www.nafsa.org(외국학생지도자들의 전국협회 국제교육자협회라고도 함)은 해외연수에 관한 다량의 유용한 출판물들을 가지고 있다.

아래의 두 저널은 개별적인 해외연수 프로그램에 대한 연구결과를 담고 있다.

- *Frontiers: The Interdisciplinary Journal of Study Abroad* www.frontiersjournal.com.
- *Journal of Studies in International Education*, http://jsi.sagepub.com.

아래의 두 조직은 미국 내에서 몰입 경험을 제공한다.

- 콘코르디아 언어 빌리지, www.concordialanguagevillages.org/newsite.
- 미들베리 언어학교, www.middlebury.edu/ls.

36
초등학교에서 외국어를 가르치는 것은 너무 이른가요?

글래디스 립턴

초등학교에서 언어를 가르치면 어떤 장점이 있을까요?
어린아이의 뇌에 부담을 주는 위험이 있을까요?
다른 과목들이 그 나이에 더 중요한가요?

나는 최근에 중국어와 스페인어를 가르치는 프로그램을 가진 초등학교를 다니는 딸을 둔 한 학부모로부터 편지를 받았습니다. 그 학부모는 "그것이 언어적 혼란을 야기할 수 있는지?"를 물었습니다. 좋은 질문이지만 걱정할 문제는 아닙니다. 10세 미만의 아이는 언어를 배우도록 내장 배선이 확실하게 되어 있습니다. 많은 나라들에 있어서 아이들은 종종 한꺼번에 세 개 혹은 네 개의 언어를 아무런 나쁜 결과 없이 배웁니다. 그렇지만 미국은 단일어를 사용하고 전통적으로 중학교나 고등학교 전에는 언어학습을 시작하지 않습니다. 그 결과 미국 아이들은 언어학습에 상대적으로 열등합니다. 그러나 현재는 미국 사람들도 언어학습이 아이들에게 얼마나 즐거운 것인지를 깨닫고 있고 점점 더 많은 학교들이 언어교육을 제공하고 있습니다. 이러한 프로그램에 대해 가장 널리 사용되는 용어는 'FLES'(초등학교에서의 외국어)와 '조기언어프로그램'입니다.

FLES를 위한 이론적 뒷받침은 뇌에 대한 연구에서 옵니다. 연구자들은 10세 이전이 언어학습에 가장 수용적이고 그 이후부터는 언어에 대한 가소성을 잃기 시작한다고 보고합니다. (독자가 어린 시절에 외국어를 배우기 시작했다면 아주 행운아이고 아마 악센트 없이 그 언어를 말할 것입니다.) 이 사실이 만약 당신이 중등학교에 들어가기 전에 외국어를 시작하지 않았다면 그것을 잘 배울 수 없다는 것을 의미할까요? 전혀 그런 것은 아닙니다. 단지 더 열심히 그것을 배워야 합니다.

이러한 신경학적 장점 이외에도 다른 언어의 소리나 리듬에 노출된 어린아이는 문화적으로 유연합니다. 언어학습의 일부는 영어가 '옳거나' 대화하기 위한 유일한 수단이고 다른 언어들은 '우습다'는 관념을 극복하는 것입니다. FLES를 듣는 아이들은 빠르게 그런 태도에서 벗어나고 종종 10대들이 언어를 시작할 때 느끼는 어색함을 가지지 않습니다. 연구자들은 10세 미만의 아이들은 새로운 소리를 흉내 내는 것을 좋아할 뿐만 아니라 그들은 다른 사람들의 관습, 전통, 그리고 다른 방식으로 어떤 것을 하는 것에 대해 아주 수용적이라는 것을 발견했습니다. FLES는 다른 문화에 아이들의 마음을 열게 합니다. 특히 노래, 학습게임, 미술, 과학과 사회학습이 언어학습에 포함되어 있는 저학년에서 말입니다.

FLES 프로그램으로부터 당신은 어떤 결과를 기대합니까? 일찍 언어학습을 시작하고 그것을 계속하는 학생은 상급반 테스트에서 10대에 언어를 시작한 학생들보다 높은 점수를 받습니다. 이것이 무엇을 설명할까요?

많은 연구는 언어학습에서의 성공은 세 가지 요소에 달려있다고 말합니다. 과제에 할애하는 시간, 동기부여, 그리고 학습의 빈도나 집중도. 이 세 가지 모두는 일찍 외국어를 시작하는 것으로부터 나옵니다. 일찍 시작하는 아이는 자동적으로 더 많은 노출 시간을 가집니다. 언어학습의 재미는 그들을 동기부여 시킵니다. 그리고 그들은 더 많이 배우기를 원하게 됩니다. 대부분의 FLES 학생들은 성공적인 언어학습자들입니다.

그러나 어떤 사람은 물을 것입니다. 학생들의 학교 수업은 이미 꽉 차지 않았습니까? 아무리 그것이 가치 있다 할지라도 어떻게 다른 과목들 사이에 비집어 넣을 수 있겠습니까?

부분적 대답은, 최근의 연구에 의하면 언어학습에 보낸 시간은 나머지 교과목에서의 시간 삭감이 아니라는 것입니다. FLES 교사들에 의해 사용되는 다학제간 접근법은 학생들이 다른 수업에서 배우는 것을 보강합니다. FLES 교사가 언어교실에서 한 주의 날들, 날씨, 지도, 쇼핑, 그리고 다른 현실적 주제를 다룰 때, 그는 다른 교실에서 가르치는 수, 날짜, 지리, 기온, 색깔, 그리고 돈에 대해 복습하고 있습니다.

이 같은 이유에서 많은 부모들은 그들의 아이들이 다니는 학교가 세계화되는 것에 아주 관심이 많습니다. 그들은 물론 FLES 프로그램을 만드는 데 드는 비용을 보고 놀랄 수 있을 것입니다. 이 프로그램의 모든 문제를 해결하는 마술적 대답은 물론 없겠지만 많은 창조적인 선택사항들이 있습니다. 일반교사가 외국어에 유창하고 언어교수 방법들을 연수받았다면 그들이 프로그램의 핵을 형성할 수 있습니다. 가끔은 한 명이나 그 이상의 언어교사가 몇몇 교실이나 학교 사이를 오가며 가르치는 것도 의미가 있습니다. 경우에 따라서는 화상강의가 제한된 언어교육 직원을 가지고 보다 많은 학교를 커버하는 것을 도울 수 있습니다.

심지어 재정이 아주 빈약할 때도 부모, 교사, 행정가, 상담가, 그리고 지역의 다른 구성원들이 나이에 맞고 현실적인 프로그램 목표를 만들기 위해 함께 일하는 것이 강력히 권장됩니다.

앞선 학부모의 질문, "초등학교에서 외국어를 가르쳐야만 합니까?"로 돌아가면, 대답은 명백히 "예!"입니다.

• 저자에 대해

글래디스 립턴은 미국 전국 FLES(플레스타라고 발음함) 연구소의 책임자이고 학교나 학구, 그리고 다른 기관에 컨설턴트로 일한다. 그녀는 메릴랜드대학에서 전국교사발달을 지도했다. 과거 그녀의 지도자 자리로서는 메릴랜드에 있는 앤네 아런델 카운티 공립학교에서 외국어와 ESOL 프로그램 책임자 그리고 뉴욕시 공립학교에서 외국어 책임자였다. 립턴 박사는 동북부 외국어교육 컨퍼런스의 뉴스레터 편집자로 일했다. 그녀는 미국스페인어교사협회(AATS)와 미국프랑스어교사협회(AATF)의 전국 FLES 위원회를 책임졌다. 그녀는 또한 AATS 저널 *Hispania*의 부편집장로 일했고 AATF의 전국회장직을 맡았었다. 그녀는 ACTFL's 스테인너 리더십 상과 2010년 프랑스정부로부터 'Commandeur in the Order of Academic Palmes'를 포함하여 많은 상을 수상했다.

• 추천도서

이 책에서

어린아이의 언어습득을 논의하는 다른 장으로는 10장(피진과 크레올), 15장(아이와 언어), 17장(언어와 뇌), 25장(언어상실), 그리고 26장(수화)이 있다.

다른 곳에서

- Boyer, E. *The Basic School* (The Carnegie Foundation for the Advancement of Teaching, 1995). 이상적인 학교에 대한 보이어의 서술(pp 71-74)은 조기언어학습을 포함한다.
- Curtain, H. and C. Dahlberg. *Languages and Children* (Pearson/PrenticeHall, 4판

2010). FLES 연구, 방법론, 그리고 커리큘럼에 관한 정보이다.

- Lipton, G. *Practical Handbook to Elementary Foreign Language Programs* (FLES) (National FLES Institute, 5th edition 2010). 효과적인 FLES 프로그램을 계획하고 지원함에 있어 자세한 도움을 제공한다.
- Lipton, G. 'FLES* Advocacy and Promotion' in the *AATE French Advocacy Kit* (지지 온라인 자료 위키 - www.frenchteachers.org 의 동료들로부터의 조언, 2009). '아이들을 위한 FLES의 도움, 프로그램 평가를 위한 FLES의 평가 스케일, 그리고 FLES의 효과적인 지지와 홍보에 대한 제안 등을 담고 있다.
- Lipton, G. 'A Retrospective on FLES Programs' (Hispania 83(4), 1998, pp. 76-87). 미국 초등학교에서 외국어 프로그램을 실시하기 위한 초기 시도들을 추적한다.
- Marcos, K. *Why, How, and When Should My Child Learn a Second Language?* (Center for Applied Linguistics, 2003). 조기 언어 프로그램에 대해 도움을 원하는 부모들을 위한 제안을 담고 있다.
- Thompson, P., J. Giedd, et al. 'Growth Patterns in the Developing Brain Detected by Using Continuum Mechanical Tensor Maps' (*Nature* 404, 2000년 9월 3일). 다양한 나이를 대상으로 뇌 활동에 대한 중요한 연구를 통해 조기 언어학습 개념을 정당화한다.
- Portman, C. 'English Is Not Enough' (*The Chronicle*, 2010년 4월 18일). 초등학교 외국어 프로그램을 장려하는 강한 주장을 제공한다.
- Reese, S. 'How to Teach Our Youngest Language Learners' (*The Language Educator*, 2009년 4월, pp. 22-29). 조기 언어 프로그램을 위한 근거와 연구들을 개괄하면서 몇 가지 다른 성공적인 프로그램 모델을 기술한다.
- Saxon, H. E. and K. Kurk Huelbig, eds. *FLES* Works*. (American Association of Teachers of French, 2009). AATF 전국 FLES* 커미션의 이 보고서는 성공적인 FLES* 사례의 일상적인 증언을 제공한다.

37
컴퓨터가 언어를 더 빠르게 잘 가르칠까요?

수 오토

기계와 대화할 수 있나요?
사람들이 언어를 배우는 것을 돕는 테크놀로지로는 어떤 것이 있을까요?

프랑스어를 배우는 고등학생에게 "너 오늘 수업시간에 뭐 했니?"라고 물었을 때, "어, 뭐 별로"라는 일상적인 반응 대신에, 학교의 첨단 가상세계 시뮬레이터 덕분에 몇 시간 동안 열성적으로 프랑스어를 사용하며 보내서 "야외카페에서 크루아상을 먹고 에스프레소를 마셨어(크루아상은 너무 맛있었고 웨이터는 내 프랑스어에 매우 감동받았어!). 지베르니에 있는 모네의 정원을 거닐었고(장미의 향기가 사랑스러웠어!), 클로드 모네 스스로 인상주의에 대해 나와 이야기를 나누었고 내가 그리고 있는 그림에 대해 논평했어. 정말 좋았어!"라고 말하는 것을 듣는다고 가정해 봅시다.

다언어 안드로이드와 컴퓨터가 만들어낸 설득력 있는 구체적 가상현실을 포함하는 이런 시뮬레이터가 프랑스어를 배우는 학생에게 21세기에 — 21세기 후반이라도 — 제공될 수 있을까요? 영화의 특수효과에 익숙하여 큰 기대를 가진 사람들에게는 실망스럽겠지만 대답은 거의 확실히 "아니오"입니다. 그렇다면 언어학습과 교수를 위해 테크놀로지가 현실적으로 할 수 있는 것은 무엇일까요?

1960년대 컴퓨터가 우리사회에서 관심을 받기 시작했을 때, 교육자들은 컴퓨터가 과학적으로 설계된 수업, 현실적인 시뮬레이션, 그리고 효과적이고 효율적인 모든 종류의 기술을 익히는 연습을 제공하는 교사 대용으로 사용되면서 교육에 대변혁을 일으킬 것이라고 예측했습니다. 언어학습 분야에서 떠벌려진 '혁명'은 어휘연습을 위해 컴퓨터화된 초보수준의 단어카드 프로그램과 문법수업과 연습을 위한 전자 워크북 프로그램의 형태로 현실화 되었습니다. 컴퓨터는 참을성 있는 튜터, 기술전문가로서의 장점을 가지고 오류에 대해 즉각적인 개별화 피드백을 제공할 수 있고 수행에 대한 기록을 남겨 힘들고 단조로운 기계적인 일로부터 교사를 구제해 줍니다. 그러나 컴퓨터는 자연스럽게 이루어지는 구어나 문어를 이해하고 지적으로 반응하거나 미디어를 통해 복잡한 활동에 관여할 수 있는 능력을 현실적으로 가지고 있지 않기 때문에 많은 언어교사들에 의해 회의적으로 생각되어서 본질적으로 언어교육의 주변부에 머물고 있습니다.

오늘날 컴퓨터와 디지털 테크놀로지는 거의 모든 교실, 비즈니스, 모든 책가방과 손가방과 주머니에 있습니다. 학생들은 점점 더 많이 현실세계와 온라인 가상공간 사이를 오가며 생활하고 있습니다. 이렇게 학생들이 일상생활에서 사용하는 동일한 테크놀로지가 그들의 언어학습 경험의 통합적 부분이 되고 있다는 사실은 크게 놀랍지 않습니다.

컴퓨터화와 디지털 테크놀로지가 진화함에 따라 언어교수와 학습을 위한 다양한 활동들이 발전했습니다. 학생들이 언어적, 문화적 내용을 읽고 이해하는 것을 돕기 위한 목적으로 즉석에서 가능한 주석과 정보적 노트를 향상시킨 독서 교재, 듣기 이해를 촉진시키고 문화적 관찰을 증진시키기 위한 도움(자막이나 주석)과 노트를 제공하면서 특정 부분을 플레이하고 재생하는 것을 조절할 수 있게 한 상호작용적 비디오 프로그램, 언어 형태와 기능을 보여주는 대량의 자연적 문어와 구어의 조사 가능한 데이터베이스, 발음을 시범 보이는 애니메이션으로 된 발음 튜터와 학생들이 그들의 발음을 녹음해서 모델 화자와 비교할 수 있도록 한 목소리 녹음기, 학생이 구체적인 대화의 상황에서 말하는 것을 컴퓨터가 '이해하고' 논리적인 방식으로 반응하는(당신이 비행사에 전화해서 비행 정보를 얻을 때 하는 대화와 같은 것) 목소리 인식 기술에 기초한 시뮬레이터 대화 활동, 학생이 특정 이야기의 배우가 되어 하는 모험 게임이나 비디오 기반 시뮬레이션, 그리고 내장된 사전, 문법도우미, 철자와 문법 체커를 가진 쓰기환경 등이 그런 활동에 속합니다.

멀티미디어의 향상—비디오, 오디오, 애니메이션, 정적인 이미지—은 인쇄된 정적인 교재나 한 방향 미디어로는 가능하지 않았던 학생들이 자기 속도로, 다면적인 상호작용 속에서 언어와 문화에 관여할 수 있도록 하면서 수업적용의 중심적 위치를 차지하고 있습니다. 최고의 멀티미디어 프로그램은 현실 상황에서 모국어 화자에 의해 말해진 말의 복잡성과 어려움과 맞서는 전략을 학생들에게 가르치면서 학생들이 자연적(모국어 화자) 언어, 문화, 내용을 획득하도록 북돋는 것입니다.

언어의 기초를 마스터하기 위해 혼자 공부하는 학생들에게 멀티미디어 언어활동을 제공하는 컴퓨터 프로그램들은 출판사들에서 주어지는 거의 모든 기초와 중급 레벨 언어 프로그램에 대해 표준구조를 유지합니다. 학생은 언어에 능숙하게 되기 위해 연습할 기회를 가져야만 하고 컴퓨터는 그런 연습을 개인적이고 위협적이지 않은 방식에서 효과적으로 제공할 수 있어야 합니다. 그러나 지적 상대자 없이 컴퓨터로만 공부하는 것은 최종 분석에서 언어학습자에게 완전히 만족스럽지 않은 것으로 나타납니다.

기술세계의 변화는 World Wide Web의 출현으로 일어났습니다. 초기에 웹은 광대하고 쉽게 접근할 수 있는 정보의 저장고로 성장했습니다. 언어 교사와 학습자는 전 세계로부터 풍부한 실제 언어, 문화 자원을 얻었습니다. 아마 언어학습에 더 중요한 것은 웹이 사람들을 가상으로 연결시켜 소셜 네트워크를 증진시키고 정보를 만들고 나누는 아주 적극적으로 참여하는 문자, 비디오 채팅, 블로그, 위키, 팟케스트, 팬포럼, 페이스북, 플릭크, 유투브, 트위터 등을 포함한 많은 서비스를 확보하는 쪽으로 빠르게 확장되었다는 사실입니다. 이러한 사회적 웹은 학생이 그가 공부하는 언어의 모국어 화자를 포함하여 다른 사람들과 쉽게 대화하고 협력이 가능하도록 만들었습니다. 그러나 웹 자료를 성공적으로 탐색하고 온라인으로 외국문화를 접하는 것은 여전히 조심스럽게 계획된 형태에 있어서 인간의 개입을 요구하고 언어, 문화, 테크놀로지의 복합적 기술을 가진 교사로부터의 전문적 가이드를 요구합니다.

당신은 기계와 의미 있게 대화할 수 있습니까? 아뇨. 아니기는 하지만 최근의 테크놀로지는 언어기술을 익히도록 개별화된 지도와 연습을 제공하고 글로벌 공동체에서 온라인으로 의미 있는 대화와 문화 교류를 할 수 있게 함으로써 사람들이 언어를 배우는 것을 돕고 있습니다.

• 저자에 대해

수 오토는 아이오와대학 언어미디어센터 책임자이자 스페인어, 포르투갈어, 국제 프로그램 모두에 소속된 부교수이다. 그녀는 아이오와대학 스페인어과에서 박사학위를 받았다. 그녀는 컴퓨터 보조언어연구소 컨소시엄(CALICO) 이사회 전 회장이었고 국제언어학습기술협회(IALLT)의 전 회장, 전 책임 총괄자였다. 그녀는 지난 30년 동안 그녀의 연구를 외국어 저작 도구, 사실적 비디오 자원, 멀티미디어 소프트웨어의 발달을 위한 노력에 바쳤다. 그녀는 제2언어습득론(SLA)에서 FLARE 박사과정 프로그램의 교수이고 멀티미디어와 SLA 강의를 한다.

http://clas.uiowa.edu/dwllc/spanish-portuguese/people/sue-otto.

추천도서

이 책에서

성인 언어학습에 대한 논의는 17장(언어와 뇌), 31장(외국인 악센트), 32장(언어학습에서 성인의 장점), 33장(언어학습팁), 34장(언어교수 방법론의 역사), 그리고 35장(해외어학연수)이 있다. 다른 언어/기술적 토픽은 38장(미국 언어공동체의 상호작용적 지도), 48장(기계번역), 49장(법의학언어학), 50장(언어박물관). 53장(라틴어), 그리고 64장(에스페란토어)에서 보인다.

다른 곳에서

- http://en.wikipedia.org/wiki/Computer-assisted_language-learning은 컴퓨터 보조 언어학습 분야에 대한 일반적인 입문서이다.
- *Language Learning and Technology* (http://llt.msu.edu). 제2언어와 외국어를 연구하는 학자와 교육자들을 위한 온라인 저널이다.
- *CALICO Journal* (http://calico.org). 컴퓨터 보조언어수업 컨소시엄 저널이다.
- *ReCALL* (www.eurocall-languages.org/index). 유럽 컴퓨터 보조수업 컨소시엄 저널이다.
- www.ict4lt.org/en/index.htm: 언어 학습자를 위한 정보와 통신기술(ICT)에 있어 훈련 모듈의 모음. EU에 의해 지원된 프로젝트에 의해 만들어졌고 사이트는 일반적으로 유럽 시각을 반영한다.
- *Computer Assisted Language Learning* (www.tandf.co.uk/journals/titles/09588221.asp). 컴퓨터 보조언어학습에 기여한 전문적 조직을 위한 온라인 저널이다.

38
미국언어는 무엇일까요?

데이비드 골드버그

미국은 단일어 사용국가일까요?
영어 이외에 어떤 언어들이 미국에서 사용되고 있을까요?
누가 어떤 언어를 어디에서 사용하고 있는지 당신이 어떻게 알 수 있을까요?

사람들이 미국은 영어사용국가이고 미국인들은 "다른 언어를 잘 못한다"고 말하는 것을 들을 때마다 거북합니다. 사실 미국에 있는 수백만 명의 사람들은 영어 이외 다른 언어들—많은 다른 언어들—을 사용합니다. 2000년 미국인구조사에서 4천 7백만 명 이상이 가정에서 영어 아닌 다른 언어를 사용한다는 사실을 발견했습니다(비록 이들 중 약 93%가 영어도 사용하지만). 미국 커뮤니티조사에 의하면 2009년에는 그 수가 거의 5천 5백만 명으로 증가했고 현재로서는 이러한 데이터를 인구조사를 위해 사용하고 있습니다. 인도사람들은 쇼쇼니를 사용하는 천 명 정도의 사람들을 포함하여 70개 이상의 언어를 사용한다는 사실을 알고 있습니까? 시카고에 있는 8만 6천 명 이상의 사람들이 폴란드어를 사용한다는 사실을 알고 있습니까? 절반의 뉴욕시민들이 가정에서 영어를 사용하지 않는다는 사실을 아십니까? 사실 유일하게 영어만을 사용하는 지역은 농촌지역, 사람들이 적게 사는 남부 깊숙한 애팔래치아 같은 곳이나 중서부 지역입니다. 미국 대부분의 지역, 특히 대도시는 다언어사용이 대세입니다.

미국에 사는 사람들의 언어능력은 많은 경우에 있어서 가치 있는 국가자원인데 국가는 이 자원을 사용하고 있지 않고 언어와 관련된 욕구를 충족시키지 못하고 있습니다. 학교나 대학에서 이미 가르치고 있는 언어 프로그램을 위한 지원은 정부, 상업, 국제관계에서 언어 부족분을 충족시키는 데 연연합니다. 또한 제한된 가족 언어의 지식을 가진 사람들이 그들의 언어 기술을 강화시킬 수 있는 그런 유산언어학교도 중요합니다.

얼마나 많은 미국인들이 어떤 언어를 어디에서 사용하는지를 어떻게 알까요? 미국 현대언어학회(MLA)에 의해 만들어진 온라인 언어지도를 통해 가능합니다. MLA는 2000년도 인구조사에서의 데이터를 사용하여 주, 카운티, 시 우편번호에 의해 구별되는 동네에 이르기까지 미국 전역의 언어구성을 단추 하나를 누름으로써 보여주는 상호작용적 지도와 표를 만들었습니다. MLA 언어지도는 또한 어느 대학에서 이런 언어들이 가르쳐지고 있고 몇 명의 학생이 각각의 프로그램에서 배우고 있는지를 보여줍니다.

언어들이 어떻게 전국적으로 분포되어 있는지를 볼 수 있고 당신이 관심 있는 언어의 화자들이 있는 곳을 확대해서 볼 수도 있습니다. 미국의 3,141개의 카운티의 각각에서 영어 이외에 널리 사용되는 언어를 보여주는 지도를 볼 수 있습니다. 언어지도의 데이터센터를 이용하여 각각의 언어 화자의 수에 따라 50개 주를 순위 매기는 표를 불러올 수 있습니다.

예를 들어, 캘리포니아, 텍사스, 그리고 워싱턴은 베트남어가 가장 많이 말해지는 3개의 주입니다.

당신이 아마 스칸디나비아인들이 정착했다고 생각할 수 있는 미네소타를 보면 영어 다음으로 많이 말해지는 언어는 스페인어, 독일어, 그리고 동남아시아 언어인 몽입니다. 몽 화자가 스웨덴어, 노르웨이어, 덴마크어 화자들을 모두 합친 것의 3배나 많습니다. 메인 주에 있는 안드로스코진 카운티를 보면 13,951명의 프랑스어 화자와 271명의 독일어 화자—30개 이상의 다른 언어를 언급하지 않더라도—가 있다는 것을 발견할 수 있습니다. 지도는 화자들을 나이에 따라 구분합니다. 17세 이하, 18세부터 64세, 65세 이상. 예를 들어 브루클린에 2만 4천명 이상의 18세 미만의 유대인어 화자가 있고, 마이애미에는 한 명도 없습니다. 뉴멕시코 주에 있는 맥킨리 카운티에 사는 3천 명의 나바호 화자들의 나이를 볼 수도 있습니다. 이러한 데이터는 언어공동체의 미래에 대한 단서를 제공할 수도 있습니다. 표와 그래프의 한 세트가 2000년과 2005년의 주(state)의 데이터를 결합하여 당신이 어떤 언어가 미국 가정에서 더 많이 사용되고 어떤 언어가 소멸되고 있는지를 비교할 수 있게 할 것입니다.

기획가, 교사와 학생, 협력적 연구가, 도서관 사서, 혹은 일반 시민들이 MLA의 전자 언어지도가 보여주는 정보를 이용할 수 있는 다양한 방법들이 있습니다. 우르두어나 한국어 화자에게 접근하기를 원하는 판매원은 대량 우편이 가장 효과적인 우편번호를 찾을 수 있습니다. 정부기관은 효과적인 사회서비스를 제공하거나 재난방지를 위해 그것을 사용할 수 있습니다. 지도는 법원직원들에게 새로운 시민의 권리와 책임을 알리기 위해 그들이 어떤 언어를 사용할 필요가 있는지를 말해줄 수 있습니다. 지도는 무역과 정보 사무소에 있는 직원들에게 중국에 관심 있는 회사가 그 언어를 아는 미국인을 찾을 수 있는 방법을 말해 줄 수 있습니다. 지도는 또한 언어 학습자가 해외에 가서 돈 쓸 필요 없이 그가 공부하는 언어를 미국에서 연습할 수 있는 곳을 찾는 것을 도울 수 있습니다.

미국 인구조사국의 문서와 그들의 웹사이트인 미국 팩트파인더(FactFinder)는 영어 이외에 다른 언어를 사용하는 미국인들에 관한 풍부한 정보를 보유하고 있습니다. MLA의 작업은 찾는 일을 보다 쉽게 만들었고 사용하기 쉽게 만들었습니다.

미국은 오랫동안 영어 이외의 다른 언어가 그 안으로 사라지는 문화의 '멜팅 팟'으로 말해졌습니다. MLA 언어지도는 이것이 그렇지 않다는 것을 보여줍니다. www.mla.org로 들어가서 언어지도(Language Map)를 클릭하거나 데이터센터를 클릭해서 지역이름을 입력하거나 우편번호를 입력해서 당신이 직접 조사해 볼 수 있습니다. 아마 당신은 놀랄 것입니다.

• 저자에 대해

데이비드 골드버그는 현대언어학회의 외국어 프로그램 사무실의 책임자이고 외국어부에 관계하고 있다. 그는 MLA 언어지도의 지속적인 계발에 책임을 지고 있다. 골드버그는 유대인 문학으로 박사학위를 받았으며 유산언어학교와 콜롬비아대학, 펜실베이니아대학에서 이디시어와 문학을 가르쳤다. 그는 예일대학출판부에 의해 출판된 중급 이디시어 교재의 저자이다.

• 추천도서

이 책에서

미국의 언어 환경은 28장(위협받는 미국 원주민 언어의 구제), 30장(미국 남부영어), 39장(미국 언어 위기), 40장(새로운 세계 스페인어), 41장(케이전), 42장(미국에서 독일어), 43장(걸러어), 그리고 52장(미국 원주민 언어들)에서 논의되고 있다. 테크놀로지의 다른 언어학적 사용은 37장(언어교수 기술), 48장(기계번역), 49장(법의학언어학), 50장(언어박물관), 53장(라틴어), 그리고 64장(에스페란토어)의 주제이다.

다른 곳에서

- www.mla.org
- McKay, Sandra Lee and Sau-ling Cynthia Wong, eds. *New Immigrants in the United States: Background for Second Language Educators* (Cambridge University Press, 2000). 멕시코, 푸에르토리코, 쿠바, 베트남, 동남아시아, 중국, 한국, 필리핀, 러시아, 그리고 인도에서 온 미국인들의 공동체에서 2000년의 시각에서 언어 이슈를 논의한다. 언어와 법에 대한 연구와 언어와 교육에 대한 연구를 포함한다.
- McKay, Sandra Lee and Sau-ling Cynthia Wong, eds. *Language Diversity: Problem or Resource?* (Newbury House, 1988). 멕시코, 푸에르토리코, 쿠바, 베트남, 중국, 한국, 그리고 필리핀에서 온 미국인들의 공동체에서 1988년의 시각에서 언어 이슈를 논의한다. 언어와 법, 언어와 교육, 그리고 1980년 인구조사 데이터에 대한 연구를 포함한다.
- Ferguson, Charles A. and Shirley Brice Heath. *Language in the USA* (Cambridge University Press, 1981). 미국 원주민, 흑인, 필리핀 미국인, 그리고 스페인, 이탈리아, 프랑스, 독일, 유대, 러시아, 폴란드를 포함한 유럽계 미국인 화자들의 공동체에서 1981년의 시각에서 언어 이슈를 논의한다. 언어와 법, 언어와 교육, 그리고 1970년 인구조사 데이터에 대한 연구를 포함한다.

39
미국에 언어 위기가 생길까요?

캐서린 인골드

**미국은 어떤 종류의 외국어 능력을 필요로 할까요?
어떤 부족함이 있을까요? 어떤 일들을 할 수 있을까요?**

글쎄요, 위기가 아니라면 심각한 문제인 것은 확실합니다. 미국은 100개 이상의 언어에 대해 전문가 수준의 능숙함을 필요로 합니다. 어떤 언어 기술은 있지만 국가적으로 매우 중요한 일에 필요한 몇몇 언어 기술을 포함하여 부족한 언어 기술이 엄청나게 많습니다.

국방요원과 정보요원의 부족이 가장 많은 주목을 받았지만 이들만 필요한 것은 아닙니다. 비즈니스의 세계화는 한 언어에서 다른 언어로 정보를 옮길 수 있는 사람들에 대한 수요를 급격하게 증가시키고 있습니다. 당신은 차 라디오에 대해 독일어로만 된 안내서로는 만족하지 않을 것입니다. 컴퓨터의 도우미 마법사가 일본어만을 인식하는 것에 만족하지 않을 것입니다. (다른 언어와 문화에서 사용될 제품을 준비하는) 지역화

(localization) 산업은 수천만 달러의 비즈니스입니다. 더욱이 미국 주민들 중 많은 이들은 그들이 영어를 배우기까지 주요한 공공 서비스에 대해 언어보조를 필요로 합니다. 미국 시민권리법은 많은 경우에 있어 200개 정도의 언어에서 그런 보조가 가능하도록 할 것을 요구합니다.

수천 명의 아이들이 매년 고등학교와 대학에서 언어를 배우고 있는데 어떻게 문제가 있을 수 있냐고 물을 수 있을 것입니다. 글쎄요. 먼저, 미국의 학교들과 대학은 세계에서 가장 중요한 언어들을 거의 가르치고 있지 않습니다. 많은 학교에서 중국어는 첨가되었지만 아랍어와 같은 다른 '결정적인' 언어들은 아주 천천히 성장하고 있고, 관련된 광범위한 남아시아 언어들에의 접근을 가능하게 하는 힌디어나 우르두어에 대해서는 어떤 것도 말하고 있지 않습니다.

이 이외에도 미국에서는 세계언어교육의 효과성이 이슈가 됩니다. 승인된 기준에 의해 측정된 개인적이고 전문적으로 유용한 기술의 측면에서 미국교육의 결과물은 좋게 말해 그렇게 대단하지 않습니다. 학습자들을 위한 사실상의 취약점은 언어학습에 할당된 부족한 시간입니다. 많은 나라들의 경우에 있어서 아이들은 외국어를 초등학교 4학년이나 5학년(혹은 더 일찍)에 시작하고 제2외국어를 첨가하면서 계속적으로 고등학교에서 배웁니다. 이런 프로그램을 가진 미국 학교는 거의 없습니다. 전문가 수준으로 언어를 배우는 것은 많은 시간을 요하기 때문에 미국의 현실은 서글픕니다. 그리고 우리는 구체적인 직업을 위한 언어기술을 발달시킬 기회를 제공할 필요 또한 있습니다. 법원 통역사, 사회복지사, 다양한 의료 전문가들의 구체적인 언어욕구에 대해 생각해 보십시오.

전문가 수준의 기술은 외국어가 말해지는 나라에 살면서 공부함으로써 가질 수 있지만 상대적으로 아주 적은 수의 미국인들이 해외에서 공부하고 그들은 종종 영어국가들을 선택합니다. 물론 예외는 있습니다. 언어와 다른 문화를 사랑하는 사람들은 평화 봉사단이나 외교 서비스로 갑니다. 일반적으로 특정 언어에서 전문가 수준의 유용한 기술은 오랜 기간 동안의 지속적인 교육을 요구하고 최소한 그 언어가 말해지는 나라에서 일정 시간을 보내면서 실제 세계의 대화 과제에서 폭넓고 의미 있는 언어 사용을 요구합니다. 몇 개의 주와 지역 관할구역에서 이러한 패턴에 맞는 조기 시작과 지속적인 언어 프로그램을 만들었지만 이것은 단지 적은 수의 미국 학생들에게만 제공되고 있습니다. 우리 언어교육자들은 언어학습 기회에 있어서 '우편번호차별'을 언급하기 시작했습니다.

이민자들이 언어기술을 미국에 가지고 오지 않나요? 그들이 부족함을 메우지 않나요? 그렇게 많이는 아닙니다. 2000년 인구조사(가장 최근에 제공된 언어데이터)에서 4천 7백만 명이 가정에서 최소한 일정 시간 영어 이외의 언어를 사용한다고 보고했습니다. 이 숫자는 2백만의 중국인 화자, 아랍어와 한국어 화자 각각 6십만 명 이상, 그리고 3십만 명의 힌디어 화자 — 결정적으로 필요한 4개의 언어 — 를 포함합니다. 그러나 문제가 있습니다. 미국의 대부분의 언어관련 직업은 외국어와 영어 둘 다에 있어서 전문가 수준의 기술을 요구하고 새롭게 도착한 많은 이민자들은 그 자리를 메울 수 있을 만큼 영어를 잘하지 못합니다. 이들의 아이들은 집에서 가족언어를 사용할 수도 있겠지만 그들이 학교에 가기 시작하면 재빠르게 영어로 바꾸고 3세대가 지나면 가족언어는 사라집니다.

그래서 미국은 이민자들의 국가임에도 불구하고 훈련에 진지한 투자 없이는 잘 교육받은 이중언어 전문가를 양산할 수 없습니다. 뛰어난 우르두어, 중국어, 페르시아어의 1세대는 종종 고급영어 — 일반적인 학교와 대학이 제공하는 제2언어로서의 영어(ESL)를 훨씬 넘어서는 영어 — 로 보완될 필요가 있습니다. 2세대를 위해서는 그들의 가족언어에 있어 능숙함을 발달시키기 위한 훈련과 병행해서 양질의 ESL 프로그램이 그 목표를 성취할 수 있습니다.

정부, 비즈니스, 그리고 커뮤니티 서비스에서의 중요한 역할을 메우기 위해서 우리는 더 많은 언어에 대해 — 새로운 언어를 단일어 사용 미국인들에게 소개하는 것뿐만 아니라 가정에서 다른 언어를 사용하는 사람들의 기술을 강화시키면서 — 보다 폭넓고 깊이 있는 교육을 제공할 필요가 있습니다. 이렇게 하는 것에 실패함으로써 우리는 미국에서 엄청난 언어자원을 손실하고 있습니다.

1957년 소련은 스푸트니크호를 우주 공간에 쏘아 올려 서방을 놀라게 했습니다. 미국의회는 냉전시대를 이기는 데 기여한 과학자, 엔지니어, 언어학자들의 세대를 만들어냄으로 대응했습니다. 2001년 9월 11일은 미국에게 또 다른 스푸트니크호였습니다. 의회는 주요한 언어들에 확장된 프로그램을 제공함으로 대응했지만 대부분의 확장은 국방성과 정보국이 당장 필요한 언어들에 기본적인 기능적 수준에서 성인들을 훈련시키는 데 초점을 맞추었습니다. 반면 우리가 필요한 언어능력을 발달시키기 위한 가장 비용 효율이 높은 방법, 그리고 나쁜 일이 발생했을 때 '강한' 능력을 가지는 유일한 방법은 미국 전역의 학교 체계에 조기시작, 지속적인 언어 프로그램을 만드는 것입니다. 이 일이 우리 앞에 놓여 있습니다. 만약 우리가 이 세기와 다음 세기에 선도국가의 자리를 유지하기를 원한다면 우리는 지적 자본의 발달에 관여해야만 합니다. 그리고 언어 능력은 이 자본의 점점 더 중요한 요소입니다.

• 저자에 대해

캐서린 인골드는 국립외국어센터(NFLC, 메릴랜드대학 행동중심의 언어정책소)의 책임자이다. 그녀는 현재 미국 거의 모든 주에서 10개의 주요 언어에 대해 학생과 교사를 위한 여름 프로그램을 제공하는 STARTALK 프로젝트의 핵심조사관이다. 또한 그녀는 60개 이상의 주요 언어들에 있어 고급수준에서 온라인 언어학습자료를 발달시키기 위한 대규모의 언어자료의 핵심조사관이다. 인골드 박사는 버지니아대학에서 로망스언어학으로 석사학위를 받았고 프랑스어로 박사학위를 받았다. 갈루뎃대학에서 그녀는 외국어학과 학과장을 맡았고 예술 과학대학의 학장을 지냈으며 미국수화를 배우면서 부총장직을 수행했다. 파리 미국대학 총장으로서 그녀는 35개의 모국어를 가지는 교수단체와 76개국으로부터 온 학생집단을 이끌었다. 그녀는 1996년 NFLC에 가입했다.

추천도서

이 책에서

언어능력의 전문적인 사용에 대한 기회와 요구는 2장(언어학자들은 무엇을 하는가), 22장(이중언어 사용), 45장(언어 관련 직업), 46장(사전), 47장(번역과 통역), 49장(법의학언어학), 56장(러시아어), 그리고 59장(아랍어)에서 논의되고 있습니다. 미국의 언어능력에 대한 다른 견해는 38장(미국언어 조사)에서 보여주고 있다.

다른 곳에서

• Garcia, Ofelia and Joshua A. Fishman, eds. *The Multilingual Apple: Languages in New York City* (Mouton de Gruyter, 2nd edition 2002). 일반 독자들에게 개방 되는 뉴욕시의 이민자 언어 공동체에 대한 풍부한 정보가 있다.

• Brecht, Richard and William Rivers. *Language and National Security in the Twenty-First Century: The Federal Role in Supporting National Language Capacity* (National Foreign Language Center, 2000). 911로 인한 깨달음에서 공공정책에 크게 영향을 준 전략적 분석을 담고 있다.

• Ingold, C. W. and S. C. Wang. *The Teachers We Need: Transforming World Language Education in the United States* (National Foreign Language Center, 2010). 지역, 주, 그리고 연방 기관에 지도를 제공하는 35쪽짜리 정책보고서이다.

40
미국에서 스페인어의 미래는 무엇일까요?

마리아 캐리라

스페인어는 미국에서 존속될까요?
다른 나라들에서의 스페인어처럼 유지될까요?

당신이 할 수 있는 한 모든 전력을 다해 스페인어를 공부해 보십시오. 거의 모든 아메리카를 커버하는 스페인어와 영어는 자신의 농장 경계 너머를 보려고 하는 모든 주민들에게 잘 알려져야만 합니다.

—토마스 제퍼슨, 피터 카르에게 보낸 편지, 1788

제퍼슨이 이 편지를 쓴지 두 세기 이상이 지났는데 이 말은 놀랍게도 예언적이었음을 입증했습니다. 오늘날 미국은 세계에서 다섯 번째로 크고 세 번째로 부자인 스페인어 화자들의 거주지입니다. 뉴욕에는 푸에르토리코의 수도인 산후안만큼이나 많은 푸에르토리코 사람들이 있습니다. 마이애미는 두 번째로 큰 쿠바인들의 도시이고 로스앤젤레스는 두 번째로 큰 멕시코 사람들의 도시입니다.

그렇지만 미래는 어떻습니까? 3세기 이상의 이주기간 동안 많은 언어들이 미국 해안에 도착했고 한 세대나 두 세대 후에 사라졌습니다. 이탈리아어, 네덜란드어, 폴란드어를 생각해 보십시오. 순수하게 역사로부터 평가했을 때 스페인어도 점진적으로 화자들을 잃고 마침내 사라지는 동일한 전철을 밟을 것을 예상할 수 있습니다. 그러나 스페인어가 다른 이주민 언어들의 길을 걸을까요? 혹은 살아남는 길을 찾을까요?

미국 이민자들은 대개 영어보다는 자신들의 모국어를 매우 선호합니다. 이런 사실은 외국에서 태어나 미국에 사는 수백만의 라틴계 사람들을 보면 알 수 있습니다. 그러나 라틴계의 성공적인 세대들과 함께 스페인어는 가파르게 감소하고 있습니다. 3세대에 이르면 그들의 부모와 조부모의 언어에 능숙한 경우는 거의 사라집니다. 라틴계의 젊은이들은 미국 사회에 적응하고 영어와 함께 주어지는 사회적 지위를 얻기 위해 스페인어를 버립니다. 그리고 사실 어떤 사람들은 스페인어가 그들이 영어를 사용하고 잘 살 수 있는 기회에 방해가 될까 걱정합니다. 스페인어가 사라지는 것은 단지 시간의 문제입니다. 그렇습니까?

현재까지 화자의 세대적 상실은 라틴아메리카로부터 새로운 이민자들의 지속적인 유입 — 한 해에 백만 명까지 — 으로 벌충되고 있습니다. 그러나 몇몇 전문가들이 예측하는 것처럼 이민이 줄어든다 해도 나라 안에 있는 화자의 수만으로도 스페인어에 지속할 수 있는 힘을 주는 최대량(critical mass)의 이점 — 역사상 다른 어떤 이민자보다도 더 많음 — 을 가집니다. 2009년 미국에는 전국 인구의 16%를 차지하는 4천 8백만 명 이상의 라틴계가 있습니다. 대부분의 라틴계는 이중언어 사용자들입니다. 거의 80%가 가정에서 스페인어를 사용하고 절반 이상이 영어를 아주 잘 말한다고 보고되고 있습니다.

제퍼슨의 말이 입증하듯이 스페인어가 수십 년 전 — 수백 년까지가 아니라면 — 으로 거슬러 올라가는 역사를 가진 텍사스, 플로리다, 캘리포니아, 그리고 뉴멕시코 같은 곳들도 있습니다. 보다 최근에는 생계를 위해 나라의 아주 먼 곳까지 여행하는 새로운 이민자의 물결로 인해 스페인어는 워싱턴, 오리건, 미네소타와 같은 남쪽 등고선으로부터 아주 먼 곳에서도 그것의 존재를 나타내고 있습니다.

새롭게 도착한 사람들에서부터 미국에서 태어난 사람들에 이르기까지 미국에서 라틴계는 모든 것을 스페인어로 하는 열렬한 스페인어 소비자들입니다. 로스앤젤레스와 마이애미에서는 스페인어 TV와 라디오가 영어 방송보다 더 많은 시청자를 가집니다. 라틴계가 사는 곳이면 어디에든 교회, 비즈니스, 학교, 그리고 정부기관에서 스페인어를 듣고 볼 수 있습니다.

그리고 여러 가지 이유로 스페인어에 유창하게 되기를 선택한 비 라틴계를 잊지 마십시오. 스페인어는 유치원에서 대학원에 이르기까지 미국에서 가장 광범위하게 배우는 언어입니다. 중등교육에서 그것은 놀랍게도 70%의 학습자가 선택하는 언어입니다. 그러나 스페인어는 학교 학생들만을 위한 것은 아닙니다. 다양한 분야에서의 전문가들 — 미국의 몇몇의 가장 힘 있는 정치가들을 포함하여 — 이 스페인어의 힘에 다가가려고 합니다.

그러나 미국에서 스페인어의 미래는 사회적 압력, 경제적 인센티브, 인구분포와 같은 외적 요인에만 의존하지 않습니다. 그것은 또한 언어발달에 의해 영향을 받을 수 있습니다. 화자의 수가 놀랍지만 더 놀라운 것은 스페인어 화자 이민자들이 부에노스아이레스에서부터 티후아나에 이르기까지 광범위한 곳으로부터 들어오기 때문에 악센트, 사용법, 사투리의 다양성 등에 영향을 받습니다. 멕시코인들이 지금까지 가장 큰 전국적 집단이지만 캐리비안과 중앙아메리카 등과 같이 다른 스페인어 사용국가로부터 온 이민자의 인구도 큽니다. 스페인어를 사용하는 세계에서 이런 일은 없었습니다.

이러한 새로운 언어 환경에서, 때때로 '미국의 라틴합중국'이라 별칭으로 불리면서 부분적으로는 사투리의 혼합을 통해, 부분적으론 영어의 요소를 첨가함을 통해 스페인어는 매일 새롭게 탄생하고 있습니다. 스페인어와 영어의 미국판 혼합은 진화하고 있고 종종 '스팽글리쉬'라고 말해집니다. '리빙 라 비다 로카(Livin' la Vida Loca)' 혹은 '하스타 라 비스타, 베이비(Hasta la vista, Baby)'를 생각해 보십시오. 스페인어는 인기가 있고 젊은이들 사이에 전염성이 있으며 심지어는 다른 스페인어 사용국가로 전파되고 있습니다. 이중언어 말장난은 오스카 히후엘로스, 산드라 시스네로스, 주노 디아스 같은 많은 라틴계 미국인들의 작품에서 보입니다. 그러나 많은 언어순수주의자들은 이런 종류의 혼합에 반대합니다. 멕시코 노벨 문학상 수상자인 옥타비오 파스는 스팽글리쉬를 '끔찍한' '불법적인' '사생아적 언어'라고 매몰차게 서술했습니다.

스팽글리쉬는 미국에서 스페인어가 언어 환경에 적응하면서 돌연변이가 되고 따라서 번창하며 더 잘 자라고 있다는 한 신호입니다. 지금으로부터 3세대 후 미국에서 스페인어는 하나의 새로운 혼성체가 될 것이고 여전히 스페인어를 사용하는 나라의 사람들에 의해 이해될 수 있겠지만 그것이 계속적으로 흡수할 라틴아메리카계와 영어 영향의 다양성에 의해 더 한층 풍부해질 것입니다.

스페인어가 어떤 새로운 형태를 취하던 우리는 그것이 미국에서 더 이상 외국어가 아니라는 사실을 인식해야만 합니다. 뉴멕시코 주는 스스로 스페인어와 영어를 사용하는 이중언어 주임을 공식적으로 선언했습니다.

이러한 공식적인 절차를 취하지는 않았지만 나머지 주들도 현재 스페인어가 영어 다음으로 두 번째 미국언어로 기능한다는 사실을 빠르게 받아들이고 있습니다.

• 저자에 대해

마리아 캐리라는 롱비치 캘리포니아 주립대학의 스페인어학 교수이고 UCLA의 국립문화유산언어연구센터의 공동 책임자이다. 그녀의 저서는 미국에서의 스페인어와 세계어로서의 스페인어에 초점을 맞추고 있다. 그녀는 세 권의 대학레벨 스페인어 교재의 공동저자이다. *Nexos* (2005), *Sí se puede* (2008), 그리고 *Alianzas* (2010). 캐리라 박사는 일리노이대학교 어버너-샘페인캠퍼스 언어학과에서 박사학위를 받았다.

• 추천도서

이 책에서

미국의 다양한 언어는 28장(위협받은 미국 원주민 언어의 구제), 38장(미국언어), 39장(미국 언어 위기), 41장(케이전), 42장(미국에서 독일어), 43장(걸러어), 52장(미국 원주민 언어들), 그리고 55장(스페인어와 포르투갈어)에서 논의되고 있다. 다언어 공동체에서의 삶의 다이내믹은 21장(언어 충돌)에서 다룬다.

다른 곳에서

- Dávila, Arlene. *Latinos Inc.: The Marketing and Making of a People* (University of California Press, 2001). 미국에서 성장하는 라틴계 문화의 영향을 기록하고 라틴 아메리카계 마케팅 산업의 프리즘을 통해 라틴계 정체성을 탐구한다.
- Carreira, Maria. 'Mass Media, Marketing, Critical Mass and Other Mechanisms of Linguistic Maintenance' *Southwest Journal of Linguistics vol.* 21, No. 4, December 2002). 스페인어 미디어, 라틴계 인구분포, 그리고 상업요인이 미국에서 스페인어를 유지시키고 승격시키는 데 담당하는 역할을 논의한다.
- Krashen, Stephen. 'Bilingual Education, the Acquisition of English, and the

Retention and Loss of Spanish', Roca, Ana, ed. *Research on Spanish in the United States: Linguistic Issues and Challenges* (Cascadilla, 2000). 외국어 교육에 대해 미국에서 가장 권위 있는 기관 중의 하나가 미국사회, 특히 비즈니스 업계가 미국에서 이민자 언어들의 세대적 상실을 막는 것에서 얻는 이익을 주장한다.

41
케이전은 무엇이고 어디서 왔을까요?

로빈 홀만

케이전(Cajun)은 어디에서 왔을까요? 이것이 실제로 프랑스어일까요? 오늘날 이것은 얼마나 중요하고 미래에는 어떻게 될까요?

프랑스어가 한때 루이지애나에서 일상생활에 쓰였던 언어라는 사실을 당신은 알고 있었습니까? 1682년 프랑스가 루이지애나를 식민지로 공포한 이후 1803년 토마스 제퍼슨 대통령이 나폴레옹으로부터 그것을 사들이기까지 루이지애나는 프랑스 영토—이후에도 14개의 다른 주 사이에서 나누어졌던 광활한 땅—였고, 현재에도 미국에서 프랑스어가 가장 많이 말해지는 곳입니다. 2000년 미국 인구조사(가장 최근의 언어데이터를 포함함)에 의하면, 백만 명 이상의 루이지애나 주민들이 그들의 조상이 프랑스인이라고 주장하고 약 20만 명이 가정에서 일종의 프랑스어를 사용한다고 말했습니다. 케이전 화자의 구체적인 수는 알려져 있지 않지만 추정치는 아주 다양합니다.

그러면 어떻게 이런 모든 프랑스어 화자들이 거기에 모이게 되었을까요? 어떤 사람들은 식민주의자들로 혹은 프랑스혁명을 피해 망명해 온 '정식' 프랑스어를 말하는 조상을 두었습니다. 다른 사람들의 조상은 종종 캐리비안 길을 통해 아프리카로부터 왔고 그들이 가지고 온 프랑스어는 아이티 언어와 비슷한 크레올이었습니다. 그러나 루이지애나에서 가장 널리 말해지고 우리가 가장 많이 듣는 프랑스어 버전은 — 아마 그것을 유명하게 만든 음식과 음악 때문에 — 케이전입니다. 놀랍게도 그것은 캐나다로부터 왔습니다.

어떻게 그렇게 되었는지를 여기서 설명하겠습니다. 1600년경 프랑스로부터 온 이민자들이 현재의 노바스코샤 해변을 따라 정착했는데 이곳은 그들이 아카디아라고 부르는 식민지였습니다. 프랑스와 영국 사이에서 고생하다가 결국 영국의 통제권으로 들어갔습니다. 그러나 아카디아사람들은 영국 왕에 충성을 맹세하는 것을 거부했고 1755년 '대격변' 동안 그들은 추방당했습니다. 보트에 강제로 태워져 보내지면서 많은 아카디아 사람들이 바다에서 죽었습니다. 인도 사람들의 도움을 받은 몇몇 사람들이 뉴브런즈윅 숲에 망명을 한 반면 다른 사람들은 더 멀리 남쪽 루이지애나까지 바다로 여행하여 정착하는 길을 열었습니다. 이 같은 비극적인 에피소드는 약 1세기 후에 아카디아의 한 소녀가 추방 당시에 그녀의 약혼자와 헤어져서 그녀의 여생을 그를 찾는데 보낸 이야기를 담은 롱펠로우의 시 〈에반젤린(Evangeline)〉이 나오기 전까지는 거의 관심을 받지 못했습니다.

노바스코샤로부터 루이지애나에 정착한 망명자들은 그들 스스로를 '아카디아 사람'이라 불렀고 지역에서는 '케이전'으로 알려졌습니다. 이들의 언어는 — 여전히 후손들에 의해 말해짐 — 프랑스어입니다. 그러나 '진짜'

프랑스어일까요? 사실 그렇습니다. 케이전 사람들은 항상 프랑스 사람들의 규칙에 따라 말하지 않을 수도 있겠지만 그렇다고 케이전 프랑스어가 다른 프랑스어 버전이 '표준' 프랑스어와 다른—모로코, 퀘벡, 혹은 서인도제도의 프랑스어 같은—이상으로 다르지는 않습니다. 케이전은 우리가 프랑스어라 부르는 진한 국에 그 자신의 향료를 첨가했을 뿐입니다.

아카디안 프랑스어는 프랑스에서 루이지애나로 바로 온 사람들이 사용하는 프랑스어와는 다소 차이가 있습니다. 왜냐하면 종족이 150년 동안 분리되어 발달했기 때문입니다. 그러나 이 둘은 오랜 시간에 걸쳐 섞였습니다. 대부분의 언어학자들은 더 이상 식민지 프랑스어와 아카디안 프랑스어를 구별하지 않지만 오늘날 남부 루이지애나에서 사용되는 프랑스어 버전을 지칭하기 위해 '루이지애나지역 프랑스어(일반적으로 케이전이라 불리어짐)'라는 용어를 사용합니다. 일반적으로 단일하지만 케이전은 특정 지역에서는 구별되는 발음과 관용어구를 가지는 형태로 아카디아 전역에서 약간 다양합니다.

다수의 케이전 단어와 구조는 물론 다른 나라에서 온 프랑스어 화자들에 의해 인식이 가능합니다. 그 차이는 영국영어와 미국영어의 차이와 비교될 수 있을 것입니다. 케이전은 유럽 프랑스어에서 폐어가 된 몇몇 단어들을 여전히 가지고 있고 새로운 상황을 기술하기 위해 새로운 단어들을 만들었습니다. 이것은 다른 언어들로부터 단어를 차용한 것도 포함합니다. 예를 들어, 촉토족으로부터 차용한 차오위(chaoui)는 유럽에는 존재하지 않는 동물인 너구리를 말합니다. 아프리카언어 또한 기여했는데 예를 들어, 케이전 사람들이 지역의 매운 스튜를 말하기 위해 빌려온 반투 단어 '공보(오크라)'가 그 예입니다. 케이전 사람들은 새우를 '세브렛' 이라고 부르는데 이 단어는 프랑스어에서는 이상하게 들리지만 노르만 방언의 '크레베트'가 그것을 대체했습니다.

오늘날 미국에서 다른 언어들이 그러하듯이 케이전 또한 불확실한 미래를 맞고 있습니다. 젊은 세대는 그들의 부모나 조부모들이 한 것만큼 프랑스어를 많이 듣거나 사용하지 않고 많은 케이전 사람들은 프랑스어를 거의 혹은 전혀 사용하지 않습니다. CODOFIL, Action Cadienne, 그리고 Les Amis de l'Immersion 같은 단체들이 기본적으로 학교들에 이중언어 교육프로그램을 강조함으로써 케이전 언어와 문화를 보존시키기 위해 노력하고 있지만 많은 사람들은 케이전 프랑스어를 멸종위기의 언어(idiom)로 생각합니다.

2005년 이후 자연적 재해와 인간이 만든 재해가 잠재적으로 프랑스어 상실의 비율을 증가시키면서 케이전 방식의 삶을 약화시켰습니다. 2005년과 2008년 사이 세 개의 대형 걸프해안 허리케인(카트리나, 리타, 그리고 구스타브)과 뒤따르는 2010년 대량 원유유출(딥워터 호라이즌의 석유굴착장치로부터)은 아카디아 지역의 생명, 가옥, 그리고 동물들이 새끼를 치는 땅에 심각한 피해를 입혔습니다.

이러한 재난은 멕시코 만에 열려있는 강의 지류에 의존하는 문화의 생존성에 의구심을 제기합니다. 어떤 사람들은 심지어 두 번째 '대격변'이 다가올 수 있다고 주장하기도 합니다. 그럼에도 다른 사람들은 케이전 사람들은 물리치기 힘들다고 지적합니다. 최근의 후퇴는 단지 그들의 오래된 가족기반 자기의존성과 험난한 환경에서 감내하기 위한 그들의 결단을 강화시키기 위한 것이라고 말합니다.

• 저자에 대해

로빈 홀만은 사우스캐롤라이나 주에 있는 찰스턴대학 프랑스어과 부교수이고 그곳에서 또한 언어교사들을 위한 대학원 프로그램을 지도하고 있다. 그녀는 콜로라도대학 프랑스 언어학으로 박사학위를 받았고 종종 중세 프랑스 언어와 문화 영역에서 출판물을 낸다.

• 추천도서

이 책에서

미국의 다른 언어들은 28장(위협받는 미국 원주민 언어의 구제), 38장(미국언어), 39장(미국 언어 위기), 40장(새로운 세계 스페인어), 42장(미국에서 독일어), 43장(걸러어), 그리고 52장(미국 원주민 언어들)에서 논의되고 있다. 다른 사회언어학적 주제는 10장(피진과 크레올)과 21장(언어 충돌)에서 말해지고 있다.

다른 곳에서

- Ancelet, Barry Jean. *Cajun and Creole Folktales: the French Oral Tradition of South Louisiana* (Garland Publishing, 1994). 케이전 프랑스어 민간설화의 세 범주, 동물과 마술이야기, 농담과 거짓말 같은 이야기, 전설적 인물과 역사이야기를 담고 있다. 각각의 이야기는 영어번역과 스토리텔러의 전기적 정보를 제공한다.
- Brasseaux, Carl A. *Acadian to Cajun: Transformation of a People* (UP of Mississippi, 1992, 2nd printing 1999). 19세기 아카디아 공동체 생활을 조사하면서 문화진화, 인구분포의 성장, 정치적 참여를 담고 있다. 전자책으로도 볼 수 있다(네트라이브러리, 2000).
- 'Cajun French at LSU' (http://appl003.lsu.edu/artsci/frenchweb.nsf/$content/Cajun+French+Definition?OpenDucument. 케이전을 정의하고 케이전 사투리의 진화와 다양성에 대한 정보를 제공하고 그것의 보전과 영구보존을 말한다.
- Kein, Sybil, ed. *The History and Legacy of Louisiana's Free People of Color* (LSU Press, 2000). 루이지애나 크레올의 기원, 남부 문학, 인종, 성의 이슈에서 크레올의 사용, 아프로-캐리비안과의 연결, 크레올 음악과 음식 등과 같은 문화, 언어적 토픽을 다루는 논문들의 모음집이다.
- Valdman, Albert, 프로젝트 디렉터 *Discovering Cajun French through the Spoken Word* (Indiana University Creole Institute, 2003). CD에 녹음된 자연적 케이전 스피치의 샘플이다.

42
독일어가 거의 미국어로 될 뻔했었나요?

낸시 네논

18세기 미국에서 독일 이민자들은 어떤 역할을 담당했을까요?
그들은 어린 미국을 독일어를 사용하는 나라로 만드는 데 가까이 갔었나요?
'Liberty cabbage(독일김치)'는 무엇이고 어떻게 이런 이름을 얻게 되었을까요?

미국의 공식언어가 거의 독일어가 될 뻔했었다? 그것은 사실이 아니지만 소위 말하는 뮬런버그 전설은 사라지지 않는 것 같습니다. 이야기가 전하는 것처럼, 1795년 미국이 독일어 사용 국가가 될 수 있을 뻔했다는 사실은 하원의장의 한 표 — 아이러니컬하게도 소문처럼 펜실베이니아의 이중언어를 사용했던 의장, 프레더릭 아우구스투스 콘래드 뮬런버그의 표 — 때문만은 아니었습니다. 진실은 무엇일까요? 글쎄요. 의회가 필라델피아에서 열렸을 때 독일어가 광범위하게 사용된 것은 사실입니다. 그리고 1794년 버지니아 농장주들이 몇몇 미국법의 독일어 번역을 탄원했던 것도 사실입니다. 그러나 손에 땀을 쥐게 하는 상황의 그 한 표가 영어를 살아남게 했나요? 그런 일은 없었습니다.

그러면 독일어가 영어를 거의 추월할 지경까지 왔었다는 생각이 어디서 나왔을까요? 완전히 설득력이 없는 것은 아닙니다. 빠르게는 1683년 독일인들이 미국으로 이민 오기 시작했고 그때부터 1차 세계대전까지 독일어는 펜실베이니아에서 영어 다음으로 가장 널리 사용된 언어였습니다. 모든 사람들이 이러한 독일어의 두드러진 등장을 좋아하지는 않았습니다. 혁명당의 한 원로 정치가가 물었습니다. "왜 영국인에 의해 건설된 펜실베이니아가 곧 그 수가 엄청나게 불어나서 우리가 그들을 앵글로화시키기 보다는 대신에 우리를 독일화시킬 사람들이고 우리의 얼굴색을 가지는 이상으로는 우리의 언어나 문화를 받아들이지 않을 그런 외국인의 식민지가 되어야 합니까?"

이러한 공격이 그 누구도 아닌 벤저민 프랭클린의 펜에서 나왔다는 사실을 알게 되면 놀랄 것입니다. 그의 적대감은 독일어를 사용하는 비즈니스 경쟁자들의 성공에 의해 생겨난 것처럼 보입니다.

반외국인 정서가 19세기에 지속되었지만 독일어는 미국 전역의 사회조직에서 그들의 유산을 기리는 독일계 미국인들 사이에서 계속적으로 번창했고 독일어 출판물이 넘쳐났습니다. 그러나 이 모든 것들은 1차 세계대전과 함께 끝났습니다. 모든 주들은 사실상 학교에서 독일어를 없앴습니다. 중서부에 있는 만 팔천 명 정도가 전쟁 중에 영어유일주의를 어긴 것에 대하여 벌을 받았고 독일음식 제조업자들은 그들의 제품에 'Liberty Cabbage(독일식 김치)'라고 재 표기함으로써 애국주의에 대항했습니다.

2차 세계대전 중에는 독일계 미국인과 독일 문화에 대한 태도가 그렇게 혹독하지는 않았습니다. 아마도 미국에 온 최초의 독일 이민자들처럼 전쟁전이나 전쟁 동안 미국에 온 많은 독일어 화자들은 종교박해를 피해 도망 왔기 때문일 것입니다. 테오도르 아도르노와 같은 학자, 토마스 만과 같은 작가, 알베르트 아인슈타인 같은 과학자들이 미국의 지적 풍토를 풍요롭게 했고 콘래드 바이트이나 오토 프레밍거 같은 영화배우와 제작자들이 미국의 대중문화에 많이 등장했습니다. 아이러니컬하게도 히틀러로 인해 유럽의 망명자나 추방자들은 할리우드의 일부분이 되었고 수년 동안 할리우드는 일종의 악마를 위한 구어적 약칭으로서 독일 악센트를 사용했습니다. 1940년대 이후 〈카사블랑카〉로부터 시작해서 이후의 계속되는 많은 영화에서 나쁜 사람은 항상 W발음을 V발음으로 내는 사람들이었습니다. 물론 이러한 고정관념에 많은 예외는 있습니다. 마를렌 디트리히의 노래는 그녀의 독일어 악센트로부터 많은 섹시한 느낌을 촉발시킵니다. 그리고 아놀드 슈왈제네거의 오스트리아 억양은 미국의 문화적 — 그리고 정치적 — 환경과 밀접하게 엮이게 되었습니다.

냉전시대 동안 독일어 — 동독 적군과 서독 아군 둘 다의 언어로서 — 에 대한 수요는 높았습니다. 오늘날 유럽연합의 경제적·정치적 원동력으로서의 통일 독일의 선도적 지위는 독일어를 배우도록 새로운 학생들을 유혹하고 대학에서 세 번째로 가장 많이 공부하는 언어가 되었습니다.

미국에 있는 얼마나 많은 사람들이 독일 유산을 물려 받고 있는지 놀라울 정도입니다. 가장 잘 알려진 사람들은 아마 소위 펜실베이니아 더치일 것입니다(이 사람들의 조상은 네덜란드에서 미국에 온 것이 아니라 독일에서 왔습니다. 그들은 자신들을 '도이치(Deutsch)' — '독일인'을 의미하는 독일어 — 라고 부르지만 영어를 사용하는 그들의 이웃들은 그것을 보다 익숙한 단어로 바꾸었습니다). 펜실베이니아 이외에 독일계 조상을 둔 많은 사람들이 때때로 '독일어벨트'라고 알려져 있는 오하이오 주로부터 미주리 주 그리고 미시간 주에서 네브래스카 주에 걸친 미국 심장부에 살고 있습니다. 심지어는 셰넌도어에 '밸리 더치'라고 말해지는 독일어 화자의 집단이 있습니다. 그리고 1990년에 소위 '텍사스 도이치'가 텍사스 주에서 세 번째로 큰 민족 집단으로 들어났습니다. 사실, 2008년 미국 커뮤니티조사에 의하면 5천 3십만 미국인이 독일계 후손이라고 주장했는데 이것은 미국 인구의 16% 이상이고 아일랜드, 영국, 이탈리아 조상을 둔 후손보다 더 많습니다.

이 모든 것 위에, 독일어는 놀라운 어휘로 아우토반에서 체펠린에 이르기까지, 프랭크퍼터에서 패런하이트(화씨)에 이르기까지, 비너슈니첼에서 벨트슈메르츠에 이르기까지, 영어를 풍부하게 만들었습니다. 그리고 독일어가 미국의 공식언어인 영어에 대해 심각하게 도전한 적은 없다 할지라도 이 두 언어의 인연은 깊습니다.

• 저자에 대해

낸시 네논은 사우스캐롤라이나 주 찰스턴대학의 독일어과 부교수이자 독일어 슬라브어학과 학과장이다. 그녀는 로드아일랜드에 있는 브라운대학과 버클리 캘리포니아대학에서 학위를 했으며 튀빙겐대학과 베를린자유대학에서 공부했다. 그녀의 연구와 저서는 20세기 문화, 문학, 그리고 영화에 초점이 맞추어져 있다. 진행되고 있는 프로젝트는 세계전쟁들 사이에서 흑인계 미국인들의 독일 재현을 실험하고 있고 최근에 빅토 트리바스의 1931년 영화 〈Niemandsland〉에 관련하여 출간했다.

추천도서

이 책에서

미국의 다른 언어들은 28장(위협받은 미국 원주민 언어의 구제), 38장(미국언어), 39장(미국 언어 위기), 40장(새로운 세계 스페인어), 41장(케이전), 43장(걸러어), 그리고 52장(미국 원주민 언어들)에서 논의되고 있다. 다른 사회언어학적 주제는 10장(피진과 크레올)과 21장(언어 충돌)에서 다루고 있다.

다른 곳에서

- Adams, Will Paul. *The German-Americans: An Ethnic Experience* (German Information Center, 1993). 북미 사람들 시리즈의 한 부분. 이 책은 미국에서 독일인 이민과 동화에 대한 역사적이고 문화적 개관을 제공하는데 미국 독일인들의 훌륭한 연대기를 담고 있다. 막스 케이드 독일계 미국인센터를 통해 온라인으로도 볼 수 있다. www.ulib.iupui.edu/kade/adams/cover.html.
- Arndt, Karl J. R. 'German as the Official Language of the United States of America?' *Monatshefte*, vol. 68, No. 2 (summer 1976). pp. 129-50. 식민지 미국과 혁명전쟁 당시 독일어 프레스에 대한 아주 읽기 쉽고 자세한 개관. Arndt는 뮬런버그의 전설을 18세기 루터교파 목사 H. C. 헬무트에 의한 주장에 대한 잘못된 해석으로 본다. 헬무트의 주장은 독일어가 공용어인 공동체에서 법적인 문제 또한 독일어로 다루어 질 수 있어야 한다는 것이었다.
- Busman, H., ct al. 'Pennsylvania Dutch' *Routledge Dictionary of Language and Linguistics* (Routledge, 1996) p. 353. 미국 동부에 있어서 독일어의 특성과 계속적인 잔류에 대한 집약적 역사서이다.
- Crystal, David. 'A planning myth' *The Cambridge Encyclopedia of Language* (Cambridge University Press, 2nd edition 1997). p. 367.(결코 진실이 아니었던) 유명한 투표에 대해 집약적으로 서술하고 있다.
- Gilbert, Glenn G. ed. *The German Language in America. A Symposium* (University of Texas Press, 1971). 학문적 컨퍼런스에서의 논문집.
- Barron, Dennis. 'Urban legend: German almost became the official language of the U.S.', www.watzmann.net/scg/german-by-one-vote.html. 배론은 뮬런버그 신화를 무너뜨리고 독일어 화자들이 펜실베이니아에서 혹독한 겨울 동안 원망 받았다는 것을 보여준다.

www.census.gov/compendia/statab/2011/tables/11s0052.pdf.

43
걸러어는 무엇일까요?

엘리자베스 마르티네즈-깁슨

걸러어(Gullah)는 어디서 왔을까요? 오늘날 이 언어를 사용하는 사람이 있나요?

당신이 크레올이나 피진 혹은 미국 사투리와 언어에 전문적인 언어학자이지 않은 한—혹은 당신이 미국 남부해안선에 살았거나 방문한 적이 있지 않은 한—당신은 아마 걸러나 기치(Geechee)언어를 들어 본 적이 없을 것입니다. 들어 본 적이 있는 사람도 그것을 미국 원주민 언어나 흑인 영어의 한 버전으로 생각합니다. 그것은 사실 17·18세기에 남대서양 해안의 노예 공동체에서 발달한 영어와 아프리카 언어의 혼합 크레올입니다. 미국이 나라로서 존재하기 이전에 이미 걸러어는 노스캐롤라이나 주에서 플로리다 주 북부에 이르는 북아메리카의 해안선에서 사용되고 있었습니다. 놀랍게도 이 언어는 3백 년 이상이나 살아남았고 계속적으로 걸러 커뮤니티의 정체성의 주요한 한 부분을 차지합니다.

얼마나 많은 사람들이 걸러어를 사용하는지에 대한 정확한 숫자는 나와있지 않지만 믿을 만한 추정치는 적어도 3십만 명이 기본어로 사용하고 있고 최소한 7천 명의 유일한 언어라는 것입니다. 이들의 대부분은 사우스캐롤라이나 주와 조지아 주 해안의 조그만 섬에 아주 고립된 채 살고 있는 노인들입니다. 또한 기본언어로는 영어를 사용하고 그들의 친구와 가족 사이에서는 걸러어를 사용하는 해안선 안쪽의 본토에 사는 꽤 많은 사람들이 있습니다. 만약 당신이 그것을 들으면 그들이 자메이카어나 버마어나 트리니다드어 같은 캐리비안의 영어에 근거한 크레올을 사용한다고 생각할 수 있을 것입니다. 당신이 듣는 것 중의 일부를 이해할 수 있을 것입니다. 왜냐하면 이 언어가 많은 영어 단어를 포함하기 때문입니다. 그러나 더 많이 들을수록 더 분명하게 걸러어는 영어의 사투리가 아니라 사실 다른 언어라는 사실을 깨닫게 될 것입니다.

걸러어의 기원에 대한 많은 이론이 있습니다. 어떤 사람들은 걸러어는 엘리자베스여왕 시대 영어의 '타락한' 형태라고 생각했습니다. 다른 사람들은 이것을 '망가진 영어'나 백인이 그들의 노예와 대화할 때 사용한 '베이비 토크'라 생각했습니다. 또 다른 사람들은 노예들이 자기의 주인들이 알아듣지 못하도록 의도적으로 만든 언어라고 생각했습니다. 1949년 로렌조 다우 투너가 《걸러사투리에서의 아프리카주의》를 출간하기까지는 아프리카언어 안에서 걸러어의 기원은 분명하지 않았습니다.

최근의 몇몇 연구들은 걸러어와 시에라리온의 크레올어인 크리오 사이의 많은 유사성을 보여줍니다. 그들은 'bigyai(욕심)', 'pantap(~의 위에), 'alltwo(둘 다)', 그리고 'swit(맛있는)'과 같은 몇몇 단어들을 공유하고 걸러어에서의 많은 개인 이름이 시에라리온에서 사용되는 언어들로부터 옵니다. 이러한 관련성은 시에라리온의 대통령이 1988년 사우스캐롤라이나 주를 방문하는 동안 검증되었습니다. 그는 한 순간 걸러 대중 앞에서 크리오로 말했고 대중들은 번역 없이 그의 말을 이해했습니다.

비록 관련성이 있기는 하지만 걸러어는 크리오나 어떤 구체적인 아프리카 언어와도 같지 않고 흑인 사투리 영어와도 같지 않습니다. 많은 단어가 영어이기는 하지만 어휘와 문법과 발음의 주요 요소를 몇몇 서아프리카 언어들로부터 가져왔습니다. 그것은 공통의 언어 없이 다른 부족과 다른 나라로부터 온 노예들에 의해 만들어진 일종의 범아프리카의 혼합물입니다. 서로 간의 의사소통을 위한 그들의 욕구가 최종적으로는 크레올이 된 피진어 형성으로 이끌었습니다. 이론가들 중에는 걸러라는 단어가 아프리카지역(앙골라)의 이름이고 또한 18세기 초 사우스캐롤라이나주에 노예로 들여 온 부족집단의 이름 N'gola(잉골라)에서 왔다고 믿는 사람들도 있습니다. 걸러어의 아프리카 관련성은 그것의 발음, 특히 영어에서 빌려 온 단어 중에서 특정 자음에 대한 대체 발음들에서 가장 뚜렷하게 나타납니다. 예를 들어, 'th'가 dey(they)에서 처럼 'd'로 되고 'v'가 willage(village)에서처럼 'w'로 되거나 가끔 Debil(Devil)에서 처럼 'b'로 됩니다.

걸러어는 주로 구어이지만 문자의 형태로도 있습니다. 예를 들어, 거슈윈의 뮤지컬 〈포기와 베스(Porgy and Bess)〉에 기초한 1925년의 소설 《포기》는 걸러어를 사용하는 인물들을 보여줍니다. 조엘 챈들러 해리스의 《브레어 래빗(*Bre'r Rabbit*)》에서 엉클 리머스의 언어가 또한 걸러어입니다. 그리고 2005년 《신약성서(*De Nyew Testment*)》가 미국 서점에 등장했습니다.

그러면 영어를 사용하는 사람들 사이에서 어떻게 이 언어가 이렇게 오랫동안 살아남았을까요? 어떤 언어학자는 고립 때문이었다고 믿습니다. 첫째, Sea섬에 사는 가장 큰 걸러어 공동체는 미국 본토로부터 물리적으로 분리되어 있습니다. 1950년대까지는 심지어는 본토로 연결되는 다리도 없었습니다. 둘째, 열대성 병에 대한 공포 — 아프리카인들이 저항심을 가졌던 — 가 백인들을 한 해의 대부분 동안 그들의 노예들을 고립 속에 남겨두고 해안선을 따라 저지대로부터 떨어져 살도록 하였습니다. 이것은 일치된 의견은 아니지만 흑인 공동체의 수적 강세 — 그리고 걸러 사람들의 공동체 삶에 대한 강렬한 감정 — 는 그들이 그들의 언어, 고유한 정체성, 그리고 문화 전통을 보존하는 것을 도왔습니다.

이러한 전통은 여전히 살아있고 강력합니다. 그리고 걸러 사람들은 걸러어를 그들의 아프리카 과거와 연결시키는 고리로 보고 그들의 멜로디가 있는 언어에 자부심을 가집니다. 그러나 새로운 세대가 미국 주류 사회로 들어가면서 걸러어 사용자들은 점점 더 보기가 힘들어 집니다. 언어학자와 역사가는 문화가 보존되고 걸러어가 앞으로도 살아있는 언어이기를 확실히 하기 위해 의지가 확고한 커뮤니티와 함께 일하고 있습니다. 언어와 문화의 가장 풍부한 자원 중의 어떤 것들은 사우스캐롤라이나의 두 곳에서 발견할 수 있습니다. 찰스턴대학에 있는 에이버리연구센터와 성헬레나섬에 있는 펜센터가 바로 그런 곳입니다.

• 저자에 대해

엘리자베스 마르티네즈-깁슨은 스페인어 언어학 박사이고 교수이다. 그녀는 19년 동안 걸러지역의 심장부인 찰스턴대학에 있다. 그녀는 플로리다대학에서도 가르쳤다. 마르티네즈-깁슨 박사는 스페인어 음성학과 음운론, 스페인어 형태론과 통사론, 스페인어 역사, 일반언어학, 그리고 스페인어와 미국방언의 언어다양성을 가르쳤다. 2009년 그녀는 아너스 대학 시리즈 '학제간 창조적 교환'을 위해 찰스턴 방언과 걸러어 수업을 가르쳤다. 그녀는 찰스턴대학에서 학제간 언어학 소수 프로그램을 만들고 지도했다.

추천도서

이 책에서

미국의 다른 언어는 28장(위협받은 미국 원주민 언어의 구제), 38장(미국언어), 39장(미국 언어 위기), 40장(새로운 세계 스페인어), 41장(케이전), 42장(미국에서 독일어), 그리고 52장(미국 원주민 언어들)에서 논의되고 있다. 다른 사회언어학적 주제는 10장(피진과 크레올)과 21장(언어 충돌)에서 말해지고 있다.

다른 곳에서

- Turner, Lorenzo D. *Africanisms in the Gullah Dialect* (University of South Carolina Press, 1949, reprinted 2002). 터너는 미국에서 걸러어와 문화에 대한 최초의 연구자다. 이 선구적 책은 걸러어와 걸러 사람들에 대한 언어적 역사적 관점을 제공한다.
- Opala, Joseph. *The Gullah: Rice, Slavery and the Sierra Leone-American Connection* (U. S. Park Service, 2000). 시에라리온과 걸러 문화 사이의 연결에 대한 집약적 설명을 담고 있다.
- Holloway, Joseph E. *Africanisms in American Culture* (Indiana University Press, 1990).
- Holloway, Joseph E. and Winifred K. Vass. *The African Heritage of American English* (Indiana University Press, 1993). 걸러어를 포함하여 흑인 언어와 문화 그리고 아프리카에서 그것들의 뿌리에 대한 연구이다.
- www.beaufortcountylibrary.org/htdocs-sirsi/gullah.htm. 걸러어에 대한 일반적인 정보. 언어 샘플, 레시피, 더 자세한 연구를 위한 자료의 참고문헌을 담고 있다.
- wwww.africanheritage.com/Seirra_Leone_and_America.asp. 사우스플로리다대학의 웹사이트는 조셉 오팔라의 걸러어(위에서 언급됨)에 대한 요약적 정보와 더 많은 것을 제공한다.
- www.searslandcreole.org. 신약성서에 대한 최신 걸러어 번역에 관한 정보이다.

44
사투리는 죽어가고 있나요?

월트 울프럼

미국을 비롯한 여러 곳에서 대중문화가 사투리를 없애고 있나요?
지금의 세계에 새로운 사투리가 나타날 수 있을까요?
당신은 사투리를 사용하나요?

당신은 'bought'라는 단어를 어떻게 발음하나요? 미국만 해도 '오우(awe)'에서 '아(ah)', 거의 '아우(ow)' 발음에 가까운 남부 시골 발음, 골수 뉴욕인들을 풍자하기 위해 코미디언들에 의해 사용된 '워우(wo)'('쿼우피(cwoffee), 퉈우크(twok)'에서처럼)에 이르기까지 최소한 4개의 구별되는 모음의 지역발음이 있습니다.

당신이 마시는 탄산음료가 팝(pop)인가요 소다(soda)인가요 토닉(tonic)인가요 코콜라(co-cola)인가요? 아니면 혹시 애팔래치아 산속의 노인들이 사용하는 도프(dope)인가요? 도시를 돌면서 고속도로로 올라갈 때 당신은 순환선(beltline)을 운전하나요, 순환도로(beltway)를 운전하나요, 루프(loop)를 운전하나요, 외벽(perimeter)을 운전하나요? 은행기계(bank machine)에서 현금을 찾나요, 자동은행원(automated teller)에게서 찾나요, 현금기계(cash machine)에서 찾나요, ATM에서 찾나요?

누구나 사투리를 알아차립니다. 어쩔 수가 없습니다. 그러나 대부분의 경우 우리는 그것들을 다른 사람에게서 알아차립니다. '우리는 우리가 사는 곳에서 사투리를 사용하지 않습니다. 우리는 일반적인 영어를 사용합니다.' 보스턴과 버밍햄(앨라배마와 영국) 사람들, 메디신 해트와 멜버른(플로리다와 오스트레일리아) 사람들이 꼭 같이 위와 같이 생각합니다. 물론 모두가 bought와 caught와 같은 단어에 있는 모음을 다르게 발음하면서 이렇게 생각합니다. 혹은 동일한 샌드위치를 다른 이름—서브(sub), 그라인더(grinder), 호기(hoagie), 히어로(hero)—으로 부르면서 이렇게 생각합니다.

사투리는 애팔래치아, 리버풀, 아웃백과 같은 대부분의 사투리 압박을 받는 곳에서만 있는 것이 아니라 어디에나 있습니다. 문제는 한 사투리나 특정 사투리를 사용하지 않고 영어를 말하는 것은 불가능하다는 것입니다. 모두가 악센트를 가지고 있습니다. 당신이 bought나 caught(혹은 baht와 caht)에 있는 모음을 발음할 때 사투리가 나타납니다. 어쩔 수 없습니다. 우리가 좋아하든 아니든 우리 모두는 사투리 게임의 플레이어입니다.

그러나 지금은 다른 세계입니다. 사람들이 물 흐르듯 옮겨 다니고 자주 여행하고 휴대폰으로 서로 이야기하는 글로벌 커뮤니티가 아닌가요? 유동성과 미디어로 인해 사투리는 죽어가고 있지 않나요? 다시 생각하십시오. 사투리 연구자들은 북부, 중부, 남부와 같은 미국의 주요 사투리 지역들에서 지난 2세기 동안 그러했던 것처럼 현재도 사투리가 아주 잘 살아있다는 것을 보임으로써 죽어가고 있다는 일반적인 잘못된 믿음과 싸웁니다. 사투리 뉴스는 더욱 놀랍습니다. 미국 북부와 남부 말은 서로 유사해지는 것이 아니라 사실 더 벌어지고 있습니다. 버펄로나 시카고 같은 북부의 대도시에서 이러한 모음의 변화는 우리가 다른 지역에서 듣는 발음과 다른 발음을 습득하고 있습니다. 그래서 커피(coffee)는 카피(cahffee)가 되고 락(lock)은 거의 랙(lack)과 비슷한 발음으로 되고, 뱃(bat)는 벳(bet)에 가까운 발음이 되고 있습니다. 알아챘었습니까? 알아채지 못했더라도 걱정할 것은 없습니다. 변화는 아주 미미하고 대부분은 직감으로만 알 수 있습니다. 그러나 이러한 변화는 실제 일어나고 있습니다. 그리고 이것은 미국 북부 도시들의 말을 남부나 서부의 말과는 아주 다르게 만들고 있습니다.

어떻게 이럴 수가 있을까요? 오늘날의 압축된 세계에서 사투리들이 계속적으로 발전하고 언어공동체가 고립되었을 때 일어났던 방식으로 계속적으로 분화되는 것은 비논리적인 것처럼 보입니다. 그러나 언어는 항상 변하고 가끔씩은 자신의 마음을 가진 것처럼 행동합니다. 예를 들어, 우리 모두는 같은 TV 프로그램을 시청합니다. 그러나 우리들 대부분은 TV 뉴스 앵커를 우리의 악센트의 모델로 삼지 않습니다. 그것은 너무 비인간적입니다. 우리는 일상생활에서 우리와 상호작용하는 사람들의 인도를 따릅니다. 그들이 바로 우리가 얼마나 커뮤니티에 잘 어울리는지를 평가하는 사람들입니다.

그리고 지역 사투리를 포함하여 지역의 강한 공동체 감정에 의해 궁지에 몰려 글로벌 문화가 지체되는 많은 지역이 있습니다. 그래서 노동자 계층의 피츠버그 사람들은 ― 스티일러스(Steelers) 대신에 ― 피츠버그 스틸러스(Stillers)를 응원하고, ― 다운타운(downtown) 대신에 ― 다안탄(dahntahn)에 가는 것을, 다른 미국인들이 러버밴드(rubber band: 고무밴드)라고 부르고 영국인들이 일래스틱밴드(elastic band: 고무밴드)라고 부르는 것 대신에 그들의 종이에 검밴드(gum band: 고무밴드)를 두르는 것에 긍지를 가집니다. 피츠버그 사람이 되는 것의 일부분은 피츠버그 말을 사용하는 것입니다.

한때 고립된 산이나 섬에서 사용된 말들이 지금은 쏟아지는 관광객들의 홍수로 죽어가는 것처럼 어떤 사투리는 죽어가고 있지 않나요? 어떤 것들은 그렇습니다. 그러나 그들이 '타국사람(furriners)'이라 부르는 것과 헷갈리지 않을 것을 확실히 하는 하나의 방식을 가지고 그들의 사투리를 계속적으로 사용하는 (작은 규모에 있어서 피츠버그와 같은) 시골 공동체들이 있습니다.

아마 가장 놀라운 소식은 더 큰 번영과 문화영향을 끼치는 특정 지역들 — 시애틀과 노스캘리포니아와 같은 — 이 전에 존재하지 않았던 사투리 특성을 발달시키면서 그들의 새로운 지역 정체성을 표현하기 시작했다는 것입니다.

결국 어떤 전통적 사투리는 사라질 수 있겠지만 카니발 게임 '와카몰'과 같아 보일 수 있는 과정에서 그것들은 새로운 사투리에 의해 대체되고 있습니다. 마크 트웨인의 유명한 말이 미국과 다른 지역에서의 영어 사투리들에 잘 적용됩니다. "그들의 죽음에 대한 루머는 크게 과장되었습니다." 사투리들은 잘 살아 있습니다. 그리고 지역적이고 사회문화적인 풍경의 중요한 부분입니다.

• 저자에 대해

월트 울프럼은 노스캐롤라이나 주립대학 영어학과 윌리엄 C. 프라이데이 석좌교수이고 그 자신을 방언 유랑자라고 묘사한다. 그는 광역도시지역의 흑인방언들에서부터 조그마한 고립된 섬과 산에 있는 공동체에서 말해지는 방언에 이르기까지 광범위한 방언들을 연구했다. 그는 20권 이상의 책과 300편 이상의 논문을 썼으며 많은 TV 다큐멘터리를 만들었다. 울프럼 박사의 미디어 제작에 대한 더 자세한 정보는 www.talkingnc.com과 www.ncsu.edu/linguistics에서 가능하다.

추천도서

이 책에서

방언은 4장(사투리와 언어), 20장(영국영어, 미국영어, 그리고 다른 버전의 영어), 그리고 30장(미국 남부영어)에서 논의되고 있다. 언어멸종은 3장(세계의 언어들), 27장(언어죽음), 28장(언어구제), 53장(라틴어)에서 논의되고 있다. 언어진화 방법에 관한 보다 일반적인 장은 8장(언어변화), 10장(피진과 크레올), 13장(문법), 51상(영어의 기원), 그리고 54장(이탈리아어)을 포함한다.

다른 곳에서

- Labov, William, Sharon Ash and Charles Boberg. *The Atlas of North American English: Phonetics, Phonology and Sound Change* (Mouton de Gruyter, 2006). 다양한 모음 소리의 발음에 기초한 북미 방언들에 대한 중요한 새로운 작업. 이 책은 주로 전문적 학자를 위해 쓰였다. 이 프로젝트에서 나온 몇몇 결과들에 대한 보다 접근 가능한 개관은 TELSUR(전화조사), www.ling.upenn.edu/phonoatlas에서 볼 수 있다.
- Wolfram, Walt and Ben Ward, eds. *American Voices: How Dialects Differ from Coast to Coast* (Blackwell, 2006). 이 전집은 북미에서 다수 방언과 소수 방언에 대한 간략하지만 관심 있는 프로파일을 담고 있다. 미국영어에서 사라지고 있는 방언, 새로운 방언과 영어의 사회문화적 다양성에 대한 설명이 주요 연구자들의 프레젠테이션에 담겨 있다.

45
언어를 사랑하면서 생계를 꾸려갈 수 있을까요?

프레더릭 잭슨

외국어를 좋아하는 사람들에게는 어떤 종류의 직업들이 있을까요?
그런 직업들을 위한 준비를 위해 당신은 무엇을 해야 할까요?

아마 이런 일이 당신에게 있었을 것입니다. 당신이 정말 언어를 좋아한다고 해 봅시다. 당신의 인생에서 특정 시기에, 예를 들어 학생일 때, 군복무 기간에, 평화봉사단에서, 혹은 해외여행 동안 — 당신은 한 언어가 어떻게 사용되는지, 그리고 그 언어를 배우는 것이 정말 재미있는지를 알았습니다. 그러나 당신이 그 언어를 좀 더 깊이 있게 공부하길 원하거나 혹은 다른 언어를 배우려고 생각했을 때 누군가가 걱정스럽게 (혹은 불쌍하게) 당신을 쳐다보면서 말했습니다. "외국어? 하!! 그걸로 어떻게 먹고 살겠니?" 당신은 심지어는 가난하게 살기로 작심했느냐는 질문을 받을 수도 있습니다.

글쎄요, 대답은 언어를 아는 것이 당신이 생계를 꾸려가는 데 그리고 어쩌면 꽤 잘사는 데 도움을 줄 수 있는 많은 방법이 있다는 것입니다.

생계를 꾸려가는 방법을 크게 두 가지 범주로 나누는 것이 도움이 됩니다. 첫째는 언어기술을 중심으로 하거나 그것에 의존하는 직업입니다. 그것을 '언어직업'이라고 불러 봅시다. 둘째는 언어능력이 당신이 온전하게 다른 어떤 일을 할 수 있도록 하는 주요한 도구인 그런 직업입니다. 이것을 '직업에서 언어'라고 합시다.

언어직업은 한 언어나 그 이상의 언어에서의 탁월한 능력에 직접적으로 기초합니다. 바로 생각나는 이런 직업 중의 하나는 그 언어를 가르치는 것이고 학교나 대학이나 다른 훈련기관들에는 언어교사를 위한 자리가 많이 있습니다. 미국의 어떤 주들은 지역에서 공급되는 것이 부족해서 다른 나라들로부터 교사들을 수입합니다. 만약 당신이 언어와 문화를 좋아한다면 당신은 그것을 가르치는 것을 생각해 볼 수 있을 것입니다. 아주 보람 있는 직업이 될 것입니다.

물론 다음으로 번역과 통역이 있습니다. 두 직업 모두 아주 훌륭한 언어능력과 함께 관련된 문화에 대한 심도 있는 이해와 관련된 문제의 전문성 및 전문적 훈련을 요구합니다. 두 직업 모두 광범위하게 다양한 일을 제공합니다.

번역가는 다양한 종류의 문서—예를 들어, 과학 논문, 법적 계약, 문학 작품, 의심스러운 이메일, 심지어는 땅콩버터를 위한 광고(광고 문구를 다른 언어로 번역하는 것은 종종 미묘한 문화적 차이의 충돌을 피해야 하기 때문에 '공식적' 자료를 번역하는 것만큼 어렵습니다)—를 번역하도록 요청받을 수 있습니다.

통역가는 단일어 사용 환자를 위해 환자의 언어를 알아듣지 못하는 의사에게 증상을 묘사하는 것을 도울 수 있고, 기업간부나 외교관이 외국인 상대와 타협하는 것을 도울 수 있고, 통역가와 통역가를 필요로 하는 사람을 연결하는 전화시스템에서 봉사할 수 있고, 유엔이나 유럽연합과 같은 국제적 회담이나 컨퍼런스에서 모든 참석자들이 서로를 이해할 수 있도록 하는 것을 도울 수도 있습니다. 정말로 훌륭한 번역가나 통역가를 찾는 것은 쉽지 않기 때문에 다국적 기업과 비정부조직 이외에도 국가와 지역정부 기관들에 자리가 많이 있습니다.

'언어직업'의 어떤 직업도 확실한 고도의 언어능력 없이는 수행될 수 없습니다. 그러나 훌륭한 언어능력을 가진 대부분의 사람들은 다른 종류의 일을 합니다. 우리가 '직업에서의 언어'라고 부르는 것이 그것입니다. 이런 일은 아주 많습니다. 비즈니스 하는 사람, 사회복지사, 법집행관, 배우, 의료진, 마케팅 담당자, 저널리스터, 역사가 등, 관련된 문제의 전문성이 핵심이고 언어는 당신이 좀 더 나은 업무수행을 하도록 당신에게 영향을 주는 도구인 그런 직업들입니다. 제2외국어를 가지고 비즈니스 하는 사람은 국제 경제에서 이점을 가지기 때문에 언어능력을 가진 신입사원이 보다 높은 연봉으로 들어오는 것은 흔한 일입니다. 과학자는 영어로 쓸 수 없는 외국 연구자의 연구를 읽을 수 있습니다. 도서관 사서는 다른 나라에서 온 책들을 가지고 일할 수 있습니다. 환경운동가는 우림지를 보호하기 위해 더욱 효과적으로 싸울 수 있습니다. 의사와 간호사는 환자가 필요로 하는 것을 이해할 수 있습니다.

그리고 정부가 있습니다. 모든 나라의 외교관은 그들의 직업에서 진급하기 위해서 최소한 한 언어 — 일반적으로는 둘 혹은 세 개의 언어 — 에 아주 능숙할 필요가 있고 미국 군대도 직업군인들에게 유사한 요구조건을 만들었습니다. 정보요원과 법집행관, 법원, 국토안보부, 그리고 심지어 인구조사기관과 같은 순수 행정조직까지 언어기술을 요구하는 수백 개의 자리가 있습니다. 1999년의 한 조사는 80개 이상의 중앙정부 기관이 100개 이상의 언어에서 전문적 기술을 가진 사람을 필요로 한다는 사실을 보여주었습니다. 현재 이러한 필요는 분명 더 높아지고 있고, 가르치고 번역하는 것과 같은 언어에 초점을 맞춘 직업에서뿐만 아니라 언어기술이 일하는 사람과 그가 일하는 기관의 효율성을 높이는 직업에서도 필요성은 더 높아지고 있습니다.

언어에 관심 있는 사람들을 유혹하는 또 다른 분야는 언어학입니다. 이 책의 여러 장들은 이 분야 내에서의 몇몇 전문적 분야를 기술합니다. 전문적 언어학자는 문법과 사전을 만드는 것에서부터 전자 커뮤니케이션, 기계번역, 인공지능에 대한 연구, 대학에서 새로운 언어학자를 훈련시키는 것에 이르기까지 많은 중요한 종류의 일에 그들의 지식을 사용하고 있습니다. 언어학자는 효과적인 정치적 담화, 대인관계, 의사-환자의 대화, 법정에서 언어의 사용에 있어 문화적 차이 등에 대해 조사하고 전문가적 조언을 줍니다. 언어학자 데보라 테넌 교수는 사람들이 직장에서, 가정에서, 혹은 가족 내에서 어떻게 서로를 오해할 수 있는지에 대해 몇 권의 통찰력 있는 책을 썼습니다.

언어학자와 다른 사회과학자들 사이에 급속히 증가하고 있는 또 다른 관심 분야는 멸종위기의 언어 — 아마 오늘날 사용되고 있는 7,000개 정도의 언어의 거의 절반 — 를 완전히 사라지기 전에 그것들이 인간의 역사, 발전, 인식에 대해 우리에게 말하는 것을 녹음하고 기술하는 노력인 언어 문서화입니다.

그래서 만약 당신이 언어를 배우는 것을 시작했고 그것을 좋아한다는 것을 알게 되면 당신의 마음을 따르십시오. 그것을 잘 배우는 데 필요한 시간을 주십시오. 이렇든 저렇든 당신의 능력은 보상을 받을 것입니다.

• 저자에 대해

프레더릭 잭슨은 메릴랜드대학 국립외국어센터 원로 연구과학자이다. 그 이전에 그는 국무성의 군인을 훈련시키는 외국서비스연구소(FSI)의 외국연구학교에서 일했고 여기서 그는 또한 미국정부의 관계 부처 간의 언어원탁회의(Interagency Language Roundtable(IRL), www.govtilr.org)의 코디네이터로 일했다. 그는 하와이대학에서 제2외국어로서 영어 분야 석사학위와 언어학 박사학위를 받았다. 그는 언어교사교육과 미크로네시아와 동남아시아 본토의 언어들에 관한 연구를 출판했고 국내외 컨퍼런스에서 무수한 발표를 했다.

추천도서

이 책에서

언어기술을 가진 사람들을 위한 전문적인 기회에 대해 논의하고 있는 다른 장은 2장(언어학자는 무엇을 하는가), 22장(이중언어 사용), 39장(미국의 언어 위기), 46장(사전), 47장(통역과 번역), 49장(법의학언어학), 56장(러시아어), 그리고 59장(아랍어)를 포함한다.

다른 곳에서

- Crump, T. C. *Translating and Interpreting in the Federal Government* (American Translators Association, www.atanet.org, 1999). 국립건강원에서 한 직업 번역가에 의해 준비된 이 책은 80개의 연방정부기관에 있는 100개 이상의 직업에 대해 기술한다.
- *Journal of Language Documentation and Conservation*. (University of Hawai'i.) http://nflrc.hawaii.edu/ldc. 언어문서화라는 새로운 분야 안에서 일어나는 많은 가장 최신의 노력에 대해 보고하는 무료 온라인 저널이다.
- Rifkin, B. 'Studying a Foreign Language at the Postsecondary Level' *The Language Education*, vol. 1.2 (2006). 대학생들에게 어떻게 외국어를 공부해야 하는지, 어떻게 성공적으로 그것을 하는지, 그리고 졸업 후에 언어를 가지고 무엇을 하는지에 대한 조언을 제공한다.
- Tannen, D. *You Just Don't Understand: Women and Men in Conversation* (Ballantine, 1990). 태넌 교수의 초기 저술 중의 하나로 어떻게 대화가 종종 엇나가는지에 대한 책이다. 일반 독자를 위해 쓰였다.

- Camenson, B. *Careers for Foreign Languages* (McGraw-Hill, 2001). 이 짧은 책과 바로 아래에 제시되는 두 책은 외국어에서 핵심적 기술을 포함하는 직업에 대한 자세한 정보를 제공한다. 당신이 상상하는 것보다 훨씬 많은 직업이 있다.
- Seely, H. N. and J. L. Day. *Careers for Foreign Language Aficionados and Other Multilingual Types* (McGraw-Hill, 2001).
- Rivers, W. *Opportunities in Foreign Language Careers* (VGM Career Horizons, 1998).
- 'Careers for Foreign Languages', http://flc.osu.edu/resources/careers/default.cfm. 사이트는 오하이오 주립대학 언어자원센터에 의해 유지된다. 관심 있는 언어학생들이 살펴볼만한 많은 링크를 가지고 있다.
- 'Ten Jobs You Didn't Know You Could Do with a Foreign Language', www.responsesource.com/releases/rel_display.php?relid=3744&hilite=.
- Interagency Language Roundtable, www.govtilr.org/ILR_career.htm.

46
사전은 어떻게 만들어질까요?

에린 맥케인

사전학자는 누구일까요? 사전 한 권을 만드는 데 몇 명의 사전학자가 필요할까요?
어떤 것을 넣고 어떤 것을 빼야 하는지 어떻게 결정할까요?
사전은 왜 우리에게 무엇이 옳고 무엇이 잘못되었는지를 말하지 않을까요?

우리의 언어가 얼음 대신에 단어들로 만들어진 거대한 반짝이는 덩어리, 빙하라고 생각해 봅시다. 빙하처럼 언어도 가끔씩 엄청난 전진을 가지면서 일반적으로 아주 천천히 변합니다. 영어도 아주 천천히 움직이고 변하고 있습니다. 물론 가끔씩 새로운 단어의 놀라운 출현도 있지만 대부분의 경우 변화는 아주 천천히 점진적으로 이루어지기 때문에 거의 지각할 수 없습니다. 이쪽에 약간의 의미변화, 저쪽에 단어에 새로운 어미 등을 누가 눈치 채겠습니까? 글쎄요, 사전학자들이 눈치 챕니다. 사전학자들은 언어 변화를 따라가고 그것들을 그들의 사전에 기록합니다. 그러나 그들은 항상 한 발 늦습니다.

가까운 몇 세기 전만 하더라도 잘 배운 사람이 혼자 손으로 사전을 만드는 것이 가능했습니다. 그러나 오늘날은 거의 모든 사전들이 재능 있는 사람들이 모인 팀에 의해 만들어집니다. 각각의 새로운 사전과 이미 존재하는 사전의 새로운 판을 위해 그들은 엄청난 양의 문어와 구어를 신문, 잡지, 책, 연극, 영화, 연설, TV, 라디오 쇼, 인터뷰, 인터넷 등으로부터 수집하고 어떻게 사용되고 있는지 알기 위해 그것들을 면밀히 검토합니다. 그들은 어떤 단어가 전에 사용되지 않았는가? 어떤 단어가 의미변화되었는가? 어떤 단어가 단지 특정한 방식으로만 사용되고 있는가? 단어의 역사, 발음, 문법적인 특이점이나 약점은 무엇인가? 등을 살핍니다.

이것들이 사전학자들을 과학자처럼 보이게 한다고 생각한다면 정답입니다. 그들 대부분은 그들의 기본적인 작업을 데이터수집으로 봅니다. 그들은 사람들이 특정 시점에 실제로 언어를 어떻게 사용하는지를 사진처럼 정확하게 포착하려고 노력합니다.

그러나 사전을 사는 대중의 입장에 있는 많은 사람들은 언어를 다룸에 있어 과학적인 중립성에 불편함을 느낍니다. 그들은 사전이 사람들이 실제로 어떻게 언어를 쓰고 말하는지를 기술하는 것을 원하지 않습니다. 그들은 어떤 말은 옳고 어떤 말은 틀렸다고 단호하게 믿습니다. 그리고 그들은 사전학자의 업무는 어떤 것이 옳고 그른지를 우리에게 말해 주는 것이라고 생각합니다. 그들은 모호한 말을 제거하고 'irregardless'나 'muchly' 같은 다른 단어들을 박멸한 규범적 사전을 원합니다.

만약 당신이 이러한 사람들 중의 한 명이라면 대부분의 현대 사전들은 기본적으로 서술적이라는 사실을 알게 되면 실망할 것입니다. 그들은 우리가 무엇을 말해야 하고 써야 하는지를 정하지 않습니다. 그들은 사람들이 실제로 무엇을 하는지를 우리에게 말합니다. 심판처럼 사전학자들은 규칙을 만들지 않습니다. 사전학자들은 단지 그들이 보는 방식대로 단어들을 이름 할 뿐입니다.

이것은 규범적 관점이 완전히 없어졌다는 것을 의미하지는 않습니다. 단어에 대한 사람들의 태도 또한 사전의 합법적 한 부분입니다. 예를 들어 《뉴 옥스퍼드 미국사전(*New Oxford American Dictionary*)》은 독자가 사랑스럽지 못한 단어 'irregardless'를 사용하는 것을 금하지 않지만 그것은 '조심스러운 영어 사용자들에 의해 회피되는' 단어라고 분명하게 표기하고 있습니다. 사람들이 'fletcherize'(당신이 삼키기 전에 최소한 32번을 씹어야 한다는 의미)같은 단어를 더 이상 사용하지 않고 18세기 윌리엄스버그에 있는 사람들처럼 말하지 않기 때문에 언어는 항상 변한다는 사실을 당신은 압니다. 그래서 만약 조사결과가 많은 훌륭하고 조심스러운 작가들이 'irregardless'를 사용하고 '만약 그들이 원했더라면 누구든 그것을 찾아봤을 수 있다(Anybody could look it up, if they wanted to)' — 당신이 he나 she를 기대하는 곳에 they를 사용 — 와 같은 문장을 만드는 것을 발견하면 규범주의자들이 승인하지 않는다 할지라도 사전은 그것이 표준영어가 되고 있다고 당당하게 말할 것입니다.

완전히 새로운 사전의 범주 — 온라인사전 — 도 있습니다. 여기서 당신은 편집과정을 통해 단어의 증거를 만드는 것을 기다릴 필요 없이 사전학자들이 할 수 있는 것만큼 빠르게 단어의 증거를 볼 수 있습니다. Wordnik.com(내가 만든 사이트)에서는 자동과정으로 수억 개의 단어들 중 당신이 관심 있는 단어를 그들이 얼마나 잘 나타내는가에 기초하여 문장을 선택하도록 합니다. 이 사이트는 사용자가 코멘트를 남기고 발음을 녹음하고 단어에 꼬리표를 달고 심지어는 온라인 사진 사이트인 Flickr.com으로부터 이미지를 보는 것까지도 허용합니다. UrbanDictionary.com이나 Wiktionary.org와 같은 순수 크라우드소스된(crowdsourced) 사이트들은 사용자에게 2

센트를 지불하도록 합니다. 이 모든 사이트들의 장점은 전통적인 사전들보다 더 많은 정보를 훨씬 빠르게 볼 수 있도록 한다는 것입니다. (그리고 Wordnik이나 Wiktionary는 단어의 품사와 동의어 같은 전통적인 사전의 정보 또한 동시에 제공합니다.) 그러나 당신은 주어지는 정보를 거르기 위해 당신 자신의 지식과 비판적 사고 기술을 사용할 필요가 있습니다. 예를 들어, 한 단어의 사용법이 많은 문장들에 의해 열거되지만 이 모두가 개인 블로그에서 주어지는 것이라면 그 단어는 모든 문장이 월스트리트저널에서 온 문장에서 사용된 단어보다 더 비형식적일 것이라는 사실을 고려해야 합니다.

그래서 사전을 규범책이라고 생각하지 마십시오. 그것은 지도에 훨씬 더 가깝습니다. 그것은 단어들이 서로간의 관계에서 어디에 있는지를 보여주고 지형이 거친 곳이 어디인지를 지적합니다. 그리고 지도처럼 사전도(특히 온라인 사전은) 단지 반짝이는 새로운 단어('locavore', 'staycation', 'crowdsourced'와 같은 단어)를 가지고가 아니라 오래된 단어들의 새로운 사용('콤팩트디스크에 데이터를 저장하다'는 의미로 사용되는 '굽다'처럼)이나 단어의 새로운 부분('signage'나 'moping'을 단지 보다 재미있는 방식으로 말하는 것에 불가한 'mopeage'에 있어서 접미사 -age와 같은)을 가지고 변화하는 언어의 지형도를 보여주기 위해 지속적으로 업데이트됩니다. 사전 제작자는 가능한 한 지도만큼 좋은 사전을 당신의 손에 주는 것이고 길을 만드는 것은 당신에게 달려 있습니다.

• 저자에 대해

에린 맥케인은 새로운 온라인 사전 Wordnik의 설립자이다. 앞서서 그녀는 미국 사전을 위한 옥스퍼드대학 출판부의 편집장이었고 *VERBATIM: The Language Quarterly*의 편집위원이었다. 그녀는 또한 *Weird and Wonderful Words, More Weird and Wonderful Words, Totally Weird and Wonderful Words* 와 *That's Amore*(이 또한 단어에 관한 책)의 저자이다. 2011년 그녀의 첫 소설, *The Secret Lives of Dresses*가 출간되었다. 그녀는 시카고대학에서 학사와 석사학위를 받았고 어린아이들의 사전에서 동사구('act up,' 'act out' 그리고 물론 'look up'과 같은 동사들)를 다루는 것과 관련해 석사논문을 썼다. 그녀는 캘리포니아에 살고 있다. 당신은 당신이 발견한 새로운 단어의 증거를 그녀에게 이메일로 보낼 수 있다.
feedback@wordnik.com.

추천도서

이 책에서

시간이 지나면서 언어가 어떻게 진화하는가의 문제는 8장(언어변화), 10장(피진과 크레올), 13장(문법), 44장(미국 방언 변화), 51장(영어의 기원), 53장(라틴어), 그리고 54장(이탈리아어) 에서 논의된다. 언어규칙에 대한 개념은 19장(규범주의)와 20장(영국영어와 미국영어)에서 계속적으로 다루어진다. 언어에 관심 있는 사람들을 위한 직업적 기회는 22장(이중언어 사용), 39장(미국의 언어 위기), 45장(언어 관련 직업), 47장(통역과 번역), 그리고 49장(법의학언어학)에서 논의되고 있다.

다른 곳에서

- Winchester, Simon. *The Professor and the Madman: A Tale of Murder, Insanity, and the Making of the Oxford English Dictionary* (Harper Perennial, 1999 ; *The Surgeon of Crowthorne*이라는 제목으로 영국에서 출판됨).
- Winchester, Simon. *The Meaning of Everything: The Story of the Oxford English Dictionary* (Oxford University Press, 2003). 사이먼 윈체스터의 위 두 권의 책은 영어에 대한 최고의 사전인 옥스퍼드 영어사전에 대한 훌륭한 입문서이다. 교수는 옥스퍼드 영어사전을 제작하는 데 관여한 사람들에 대한 사실적 이야기를 소설가적 재능을 가지고 썼다. 모든 것의 의미는 진행되고 있는 프로젝트의 전반적 영역을 아우르면서 보다 자세한 내용을 담고 있다.
- Murray, K. M. Elisabeth. *Caught in the Web of Words: James Murray and the*

Oxford English Dictionary (Yale University Press, 2001). 여전히 관심 있는 사람들은 옥스퍼드 영어사전의 초기 편집자 제임스 머레이의 전기를 읽어 보길 추천한다. 이 책은 그의 손녀에 의해 쓰였다.

- Landau, Sidney I. *The Art and Science of Lexicography* (Cambridge University Press, 2nd edition 2001). 이 책은 어떻게 사전이 만들어지는지에 관한 기본적인 사항에 관심 있는 사람들을 위한 최고의 출발점이다.

47
사전이 있는데 왜 번역가가 필요할까요?

케빈 헨젤

통역가가 되기 위해서는 무엇이 필요할까요?
좋은 사전이 있으면 번역은 누구나 할 수 있는 것이 아닐까요?

누군가가 대통령이나 국무총리의 뒤에 서서 외국 방문객의 말을 그의 귀에 대고 통역하는 것을 보면 나는 항상 감동받습니다. 한 언어를 다른 언어로 번역―듣고 말하는 것을 동시에―하는 데 어떤 재능이 있어야 할까! 당신은 사전을 사용할 수 없습니다. 그리고 로봇처럼 그냥 말을 내뱉을 수도 없습니다. 통역가의 임무는 의미를 전달하는 것입니다. 많은 의미가 목소리의 톤이나 단어나 구의 뉘앙스에 의해 표현되기 때문에 그의 임무는 단어를 단어로 번역하는 것을 훨씬 넘는 일입니다.

그리고 책임은 어떻습니까! 법정에서 피의자가 재판관이나 배심원이 사용하는 언어를 모른다고 상상해 보십시오. 만약 통역가가 잘못 통역하면 정의가 어떻게 실현되겠습니까? 모든 사람들이 두 언어 사이를 쉽게 옮겨 다닐 수는 없지만 그렇게 할 수 있는 사람이 있을 필요는 있습니다. 바로 그 사람이 전문적 통역가입니다.

통역가가 말을 다루는 반면 글을 다루는 전문적인 번역가가 동일한 이유로 필요합니다. 예를 들어 비즈니스현장에서 단어나 구의 선택이 얼마나 중요한가를 생각해 보십시오. 혹은 백악관과 크렘린 사이의 유명한 '핫라인'에서 그것의 중요성을 생각해 보십시오. 그런데 많은 사람들이 생각하는 것과는 다르게 — 미국 대통령 책상 위에 있는 밝은 붉은 색 전화를 러시아 지도자의 책상 위에 있는 유사한 것에 연결하지는 않습니다. 대신에 그것은 말의 메시지라기보다는 글의 메시지를 전달하는 암호화된 고속 데이터입니다 — 그리고 이것은 통역가보다는 번역가를 필요로 합니다.

그러면 전문적인 번역가나 통역가가 되려면 무엇이 필요할까요? 나는 지금 '전문적'이라는 말을 강조하고 있습니다. 왜냐하면 단순히 두 언어를 아는 것만으로는 충분하지 않기 때문입니다. 그것은 단지 출발점일 뿐입니다.

제2언어를 말하는 기술을 넘어서서 통역가는 관련되어 있는 두 문화, 두 언어에서 사용하는 은어나 사투리, 그리고 통역하는 주제 내용 등을 알아야 합니다. 정말로 잘하기 위해서는 상당히 좋은 기억력이 필요하고 통역분야에서 많은 훈련을 가져야 합니다.

번역가는 다소 다른 기술을 필요로 합니다. 그러나 다시 말하지만 두 언어에 대한 많은 지식은 단지 시작입니다. 왜냐하면 번역은 아주 복잡할 수 있기 때문입니다. 번역가가 다루어야 할 기술적 용어들을 생각해 보십시오. 변호사는 직무집행영장을 철(file)합니다. 내과의사는 비후형심장근육병증(hypertrophic cardiomyopathy)을 치료합니다. 이러한 용어들은 매우 주눅들게 할 것이고 번역을 위해 사전을 찾아보는 것만으로는 충분하지 않을 것입니다. 당신은 그것들이 무엇을 의미하는지 이해해야만 합니다. 이것이 많은 전문적인 번역가나 통역가가 특수기술분야에서 상급 학위를 가지는 이유입니다. 많은 사람들은 훈련 받은 엔지니어, 건축가, 의사, 변호사들입니다. 번역가가 한 언어에서 다른 언어로 번역할 때 그 과정은 먼저 한 언어에서의 개념을 이해하고 그런 다음 다른 언어로 그 개념을 '번역'이나 '기술'하는 것을 포함합니다. 간단히 말해, 번역은 단어에 관한 것이 아닙니다. 그것은 단어들이 무엇에 관한 것인가에 관한 것입니다.

그러면 당신이 어떻게 이러한 직업 중의 하나를 가질 수 있을까요? 아마 당신이 전문화할 실질적인 분야인 엔지니어링, 의학, 재정과 같은 분야에서 이미 훈련되어 있다면 가장 이상적일 것입니다. 또는 벨기에와 같은 거의 모든 국민이 두 개 이상의 언어를 사용하며 성장하는 그런 곳에서 태어난다면 도움이 될 것입니다. 그러나 비록 당신이 어린아이 때부터 이중언어 사용자가 아니라 할지라도 열심히 하면 당신도 가깝게 갈 수 있습니다. 그런 다음 전문적으로 자격이 있게 되는 것은 훈련과 연습의 문제입니다. 당신은 최소한 석사학위가 필요합니다. 미국의 경우는 2년이고 유럽은 3년 이상입니다. 그리고 당신이 사회에 나가기 전에 실전 인턴쉽을 가져야 합니다. 마지막 단계는 미국번역협회와 같은 조직에 의한 자격증입니다.

예. 시간이 좀 걸립니다. 그러나 번역이나 통역은 흥미롭고 종종 돈이 되는 직업입니다. 언어서비스 산업은 미국 자체만으로도 135억 달러의 가치가 있고 2007년에서 2009년 사이 '대공황' 동안에도 실제로 매년 성장한 몇 안 되는 직업 중의 하나였습니다. 손쉽게 국경을 넘나드는 사람, 제품, 아이디어의 이동을 가진 유럽연합의 번창은 유럽에서 자격을 갖춘 통역가의 엄청난 수요를 만들어내고 있습니다. 번역가와 통역가를 위한 훈련 프로그램은 전 세계적으로 성장하고 있습니다. 그리고 이것은 좋은 현상입니다. 왜냐하면 모든 분야에서 자격을 갖춘 통역가나 번역가의 심각한 부족을 경험하고 있기 때문입니다.

만약 당신이 통역이나 번역업에 대해 더 알고 싶고 훈련 프로그램을 조사하고 싶고 당신의 비즈니스나 학교를 위한 전문적인 통역가나 번역가를 찾고 싶으면 미국통역협회의 웹사이트www.atanet.org가 한 자원이 될 것입니다. 이 사이트는 이 분야에 대한 많은 정보와 이 분야에 대해 알리는 블로그들(www.atanet.org/careers/blog_trekker.php)의 안내 이외에도 통역가와 번역가들에 대한 조사 가능한 온라인 데이디베이스 플러스 통역과 번역과 관련된 많은 주제들의 전문가 연락처를 제공합니다.

다른 언어를 사용하는 사람들이 있는 한 통역가가 있고 문자가 있는 한 번역가가 있습니다. 모든 사람들이 영어를 말한다는 근거 없는 믿음과는 반대로 세계가 점점 더 작아지는 이때 우리는 과거 어느 때보다도 더 많은 번역가와 통역가를 필요로 합니다.

• 저자에 대해

케빈 헨젤은 조지타운대학교 외국어서비스대학 대학원생이고 백악관과 크렘린 간의 대통령 핫라인의 기계번역직원의 전 책임 언어학자였다. 그는 현재 미국통역협회의 전국 미디어대변인이다. 따라서 그는 번역과 통역에 관련된 이슈에 대해 전국 공중파 라디오를 포함하여 국내외 미디어에 잘 알려진 조언자이다. 그의 러시아어 영어번역서는 물리학, 테크놀로지, 법 분야에서 출판된 34권의 책과 2,200개의 논문이 있다. 그는 최근에 국가안보분야에 특화하면서 지속적으로 번역가로 일하고 있다. 그의 작업은 구소련의 핵무기 해체와 재배치 프로그램으로부터 전 세계적 핵, 생화학무기의 상승을 저지하는 데 목표를 둔 미국정부 보조 프로그램에 이르기까지 폭넓다.

추천도서

이 책에서

언어능력의 전문적 사용을 위한 기회와 자격조건에 대한 다른 논의는 2장(언어가 하는 것), 22장(이중언어 사용), 39장(미국의 언어 위기), 46장(사전), 49장(법의학언어학), 56장(러시아어), 그리고 59장(아랍어)에서 논의되고 있다.

다른 곳에서

- McKay, Corinne. *How to Succeed as a Freelance Translator* (Lulu Press, 2006). 전문적 프리랜스 번역가를 위한 입문서로 디자인된 이 책은 번역과 통역에 관한 선두적 블로거 중의 한 사람에 의해 만들어졌고(http://thoufhtsontranslation.com) 초보 번역가와 경험 있는 번역가가 상업적 번역에서 성공하기 위한 방법에 대한 현실적 조언을 제공한다.
- Durbin, Chris. *The Prosperous Translator* (FA&WB Press, 2010). 크리스 듀빈과 유진 씨들의 온라인 조언 칼럼인 〈Fire Ant and Worker Bee〉에서 12년 이상 모은 번역분야의 톱으로 일하는 것에 대한 최고의 통찰, 난센스가 없는 조언, 그리고 재치 있는 논평 모음집이다.
- Jenner, Julie and Dagmar Jenner. *The Entrepreneurial Linguist* (EL Press, 2010). 오랜 번역가인 쌍둥이 줄리 제너와 다그마 제너의 이 책은 비즈니스 스쿨의 레슨을 번역과 통역업에 적용한다. 이 책은 전 세계 초보뿐만 아니라 자리 잡은 번역가와 통역가를 위해 쓰였다.

48
자동번역기에 의한 번역은 얼마나 정확할까요?

데이비드 사비낵

언제쯤 영화 「2001」에 나오는 'HAL'과 같은 컴퓨터가 나올까요?
왜 컴퓨터가 아직까지 외국어번역과 같은 작업에서 인간 대신 작업을 하지 못할까요?

20세기 중반에 컴퓨터가 발명되었을 때 사람들이 생각한 최초의 것들 중의 하나는 이것이 외국어를 번역하는 데 어떻게 사용될 수 있을까 하는 것이었습니다. 그러나 기계번역의 초기 노력은 아주 너그럽게 말해서 흐지부지되었다고 할 수 있습니다. 1960년대 후반과 1970년대 초반에 이러한 노력은 거의 완전히 소멸되었습니다. 당신은 아마 우스꽝스러운 오역에 관한 이야기를 들었을 것입니다. '마음은 원했지만 몸은 쇠약했다'를 '위스키는 강했지만 고기는 너무 구워졌다'로 만든 컴퓨터, 혹은 '자동양수기(hydraulic ram)'로 알려진 펌프기계를 '물염소'로 번역한 컴퓨터. 기계가 실제로 텍스트를 한 언어에서 다른 언어로 번역할 수 있지만 그것들을 사용하는 인간을 위한 성배 — 완전자동의 양질의 기계번역 — 는 여전히 찾기 힘듭니다. 무엇이 이러한 문제를 야기할까요?

범인은 언어일반의 복잡성입니다. 이 복잡성은 단어단계에서부터 시작합니다. 'Bark(나무껍질, 짖다)'라는 단어를 봅시다. 컴퓨터는 개가 나무로 덮이지 않은 것을 모르고 사람이 접근할 때 나무는 시끄러운 소리를 내지 않는다는 것을 모르기 때문에 컴퓨터는 주어진 문장에서 그것이 선택해야 하는 'bark'의 가능한 번역을 결정함에 있어 결점을 가집니다. 혹은 스페인어 동사 'comer(먹다, 씹다)'는 어떻습니까? 이 동사는 사용되는 문장에 따라 '먹다', '잡다', '간과하다', '부식되다', '희미해지다', '간지럽다', '뛰어넘다', '불분명하게 발음하다', '삼키다', 혹은 '가지다' 등을 의미합니다. 이런 가능성의 배열로부터 정확한 번역을 찾는 것은 컴퓨터의 산입능력에 엄청난 요구를 하는 것입니다.

이런 복잡성은 문장 수준에서는 더 심해집니다. 다음과 같은 문장을 한 번 봅시다. 'John saw the woman in the park with a telescope.' 이 말은 여섯 개 정도의 다른 해석 중의 하나를 의미할 것입니다. 첫째, 당신은 누가 망원경을 가졌다고 생각합니까? 공원에 있는 존? 아니면 여자? 혹은 공원에 있는 사람이 존입니까? 혹은 두 개의 공원이 있나요, 하나는 망원경이 있는 공원, 다른 하나는 없는 공원? 이런 문장에 직면하는 사람은 의도된 의미를 위한 단서로 주변의 문장을 살펴볼 줄 알지만 컴퓨터는 주춤할 것입니다.

기계번역에서 주요 문제는 모든 언어가 다른 방식으로 지식의 조각들을 분할하고 그들 사이에 일대일 대응은 없다는 사실입니다. 두 언어가 덜 닮으면 덜 닮을수록 둘 사이의 번역 문제는 더 어려워집니다. 영어는 세 개의 3인칭 단수 대명사, 'he', 'she', 'it'을 가지는 반면 터키어는 단지 하나, 'on' 만을 가집니다. 성별을 구분하는 단어가 부족한데 당신은 on을 어떻게 영어로 번역하겠습니까? 녹색과 푸른색을 구분하지 않는 언어들도 있는 반면 영어는 단지 '푸른색' 한 단어만을 가지는데 러시아어는 푸른색을 나타내는 두 단어를 가집니다. 그래서 만약 당신이 'She's wearing a blue dress'를 러시아어로 번역하길 원한다면 당신은 드레스를 볼 수 있지 않는 한 정확한 단어를 사용할 확률은 50% 입니다. 이렇게 두 언어 사이의 정확한 번역을 할 수 없는 경우들이 많습니다.

그러나 좋은 소식이 있습니다. 그것의 한계에도 불구하고 기계가 훌륭하게 일을 해내는 경우들도 있습니다. 특히 번역의 주제가 구체적일 때 말입니다. 예를 들어 캐나다 기상청은 이중언어로 날씨 보도를 위해 기계 번역기를 사용합니다. 상업세계에서 기술적 작가들은 매뉴얼과 부품 카탈로그를 쓰는 방법을 배워서 컴퓨터 기반 번역 — 일본어를 영어로 번역한다고 해 봅시다 — 을 한 다음 단지 조금의 수정만 하면 됩니다. 심지어 인터넷상에서 최소한 몇몇의 언어에 대해서는 한 번의 마우스 클릭으로 전체 웹페이지를 적당하게 괜찮은 번역 페이지로 바꿀 수 있습니다.

기계번역은 항상 완벽할 필요가 없다는 사실을 기억합시다. 약간의 잘못이 있다 할지라도 그것은 아주 유용할 수 있습니다. 예를 들어, 인간 번역가가 부족하고 번역되어야할 양은 엄청날 때 — 911사건 이후에 이런 경우들이 자주 있음 — 기계는 자료가 과도하게 일하는 사람들의 책상에 도달하기 전에 이것들을 '분류(triage)'하는 데 광범위하게 사용됩니다. 국방부와 정보 커뮤니티를 위해 만들어진 국가안전국의 '사이버 트랜스(Cyber Trans)' 소프트웨어가 바로 이 일을 합니다. 이것은 언어를 확인하고 잘못 쓰인 단어를 수정하고 일반적으로 훑어보면 될 정도의 충분히 좋은 질로 약 65개의 언어를 영어로 번역합니다.

그리고 미래는 밝아 보입니다. 911사건으로 추진력을 얻고 계속적인 정부의 지원에 의해 탄력을 받은 학문분야, 상업분야, 그리고 정부의 기계번역 전문가들이 기계번역에 새로운 접근을 시도하고 있고 지금까지 그 결과는 아주 고무적입니다. 예를 들어, 아랍어의 영어번역 질이 과거 5년 사이 급속도로 향상되었습니다. 기계들은 다언어 채팅방을 웹에 만드는 것을 가능하게 했고 다국적의 군인들이 상호 대화하는 것을 돕습니다. 전문 번역가가 더 낫고 '완전 자동화된 질 좋은 기계번역기'의 목표는 여전히 달성이 멀어 보이지만 우리는 아주 먼 길을 왔습니다. 꾸준한 진전이 질적으로 이루어지고 있고 기계번역의 사용이 급격히 성장하고 있습니다.

• 저자에 대해

데이비드 사비낵은 현재 언어 웨이버/SDL 인터내셔널에 원로 책임자이고 메릴랜드 주의 포트 조지 G. 미드에 있는 국가안전국에서 응용기계번역센터의 전임 책임자였다. 여러 개의 언어를 익힌 다언어사용자이고 남는 시간에 약간의 중세를 연구하는 그는 스탠포드대학 슬라브어학과에서 슬라브어 언어학 박사학위를 받았고 30년 이상 국방부에서 일했다.

추천도서

이 책에서

언어기술적 토픽에 대한 다른 논의는 37장(언어교수 기술), 38장(미국 언어 공동체 간의 상호작용 지도), 49장(법의학언어학), 그리고 50장(언어박물관)에서 볼 수 있다. 번역의 문제에 대한 더 한 층의 논의는 47장(통역과 번역)에서 보인다.

다른 곳에서

여기서 소개하는 출판물들은 저자에 의해 추천된 것으로 국가안전국/중앙안전서비스의 공식적인 의견이나 입장을 나타내는 것은 아니다.

- Nirenburg, Sergei, Harold L. Somers, and Yorick A. Wilks, eds. *Readings in Machine Translation* (MIT Press, 2003). 지난 50년 동안 기계번역과 그것의 잠재력과 한계에 대해 많은 생각을 한 사람들에 의한 몇몇 획기적인 논문들의 훌륭한 모음집이다.
- Somers, Harold, ed. *Computers and Translation: A Translator's Guide* (Johns Benjamins, 2003). 대부분의 책들은 기계번역과 관련된 기술, 이론, 용어, 평가, 그리고 분석적 이슈들을 다룬다. 이 책은 기계번역을 보다 생산적으로 사용하는 방법에 관한 기본서이다.
- Arnold, Doug, et al. *Machine Translation: An Introductory Guide* (Blackwells-NCC, 1994). www.essex.ac.uk./linguistics/external/clmt/MTbook에서 pdf나 html로 볼 수 있다. 이 책은 최신 데이터 기반 방법론의 범위에 한계를 가지는 약간 오래된 책이다. 그러나 쉽게 볼 수 있고 무료이다.
- Hutchins, John. 기계번역, 컴퓨터 기반 번역 기술, 언어학, 그리고 다른 토픽들에 대한 출판물로 www.hutchinsweb.me.uk에서 볼 수 있습니다. 존 허친스는 지난 20년 동안 MT분야의 지도적 역사가이자 기록자이다. 현재 그의 웹사이트는 자료들 — 그 자신과 다른 사람들에 의한 논문과 책들 — 의 백과사전적 장서집이고 이 모든 자료를 무료 pdf 파일로 다운받아 볼 수 있다. 사이트는 아주 잘 정리되어 있어서 일반적인 정보를 찾거나 여러분 자신의 관심 레벨에 맞추어 볼 수 있다.
- Styx, Gary. 'The Elusive Goal of Machine Translation' *Scientific American*, March 2006. 많은 대중을 위해 쓰인 이 논문은 기계번역의 의미 있는 발전에 큰 기대를 가진 많은 사람들에 의해 생각된 '통계적 접근'에 초점을 맞춘다.

49
범죄를 해결하기 위해 언어를 사용할 수 있나요?

로버트 로드먼

성문(voiceprint)은 무엇일까요?
익명의 편지의 글쓴이나 셰익스피어 연극의 작가를 알아내기 위해, 범인을 잡기 위해, 범죄 용의자의 무죄 입증을 위해 언어사용법이 분석될 수 있을까요?

언어를 가지고 작업하는 사람들은 당신이 생각하지도 못하는 많은 일들을 합니다. 이런 시나리오를 한번 생각해 보십시오. 가까운 미래의 어느 어둡고 폭풍우 치는 밤입니다. 당신은 파티 장을 떠납니다. 당신이 운전대 앞에 앉아 시동을 걸자 당신의 차가 "다섯을 세세요."라고 말합니다. 당신이 다섯을 세기 전까지 차는 출발하지 않을 것이기 때문에 당신은 큰소리로 다섯을 셉니다. 하나, 둘, 셋, 넷, 다섯. "미안합니다. 당신은 술을 너무 많이 마셨습니다."라고 차는 말합니다. 그리고 시동이 꺼집니다. 왜냐하면 당신의 목소리를 분석함으로써 차는 당신이 술에 취했다는 것을 알기 때문입니다.

당신 목소리는 당신에 대해 많은 것을 말해 줄 수 있습니다. 당신이 자라난 곳, 당신의 정서적 상태, 당신이 거짓말 하는지 아닌지, 심지어는 당신이 누구인지. 목소리 분석은 언어학자들이 하는 작업 중의 하나입니다. 법의학언어학이라고 알려진 분야가 있습니다. 이것은 법, 범죄, 그리고 법정과 관련된 문제에 언어과학을 적용하는 것입니다.

컴퓨터 목소리 분석에서 말은 전자신호로 나누어지고 화자에 관한 단서를 위해 시험됩니다. 아마 당신은 '성문'이라고 불리는 이런 종류의 컴퓨터 제품에 대해 들어 봤을 것입니다. 당신의 목소리는 시간이 지나면서, 혹은 병으로 바뀌기 때문에 성문은 지문이나 DNA 분석 — 이것들은 출생에서 사망까지 변하지 않음 — 만큼 정확하지는 않지만 범죄를 해결하는 데 아주 유용한 도구입니다.

최근 유명한 알카에다 지도자인 오사마 빈 라덴의 것이라고 짐작된 녹음이 911참사가 지난 1년 후에 그가 맞는지 컴퓨터 분석에 들어갔습니다. 빈 라덴의 말이라고 알려진 14개의 성문과 빈 라덴이 아닌 아랍인 남자들의 16개의 성문이 비교되었습니다. 어떻게 되었을까요? 그 확실하지 않았던 목소리는 빈 라덴이 아닌 사람들의 그룹과 더 잘 맞았습니다. 이것은 컴퓨터스피치 분석이 익명의 목소리의 정체를 입증하거나 부정하는 데 얼마나 유용하게 사용되는지를 증명한 하나의 예입니다.

유사한 상황은 노스캐롤라이나 주의 한 군인이 동료직원의 보이스메일에 인종차별적 욕설을 남겼다고 고소당해 계급이 강등되었을 때 발생했습니다. 고소당한 군인은 법정조사를 요청했습니다. 이 장의 저자에 의한 분석이 고소당한 군인의 목소리는 인종차별적 욕설을 한 사람의 목소리가 아니라는 것을 담당 재판관에게 보여 주었습니다. 그 군인은 보상금을 받고 복귀했습니다.

그리고 또 글의 분석이 있습니다. 도그클럽 편지(The Dog Club Letters)

의 경우를 생각해 보십시오. 이것은 셜록 홈즈의 미스터리는 아닙니다. 도그클럽 위원회의 위원들이 익명의 협박 편지를 받았던 실제 사건입니다. 각각의 편지에서 개인적인 상세설명이 협박자가 실제 위원회 회원 중 한 명이라는 힌트를 주었지만 누구일까요? 법의학언어학자가 편지를 위원들의 샘플 글과 비교했습니다. 구두점, 대문자 사용, 스펠링을 포함한 위원들의 글 스타일의 분석이 협박편지를 쓴 사람이 위원회 서기라는 사실을 보여주었습니다. 그는 클럽에서 쫓겨났습니다.

도그클럽 편지에서부터 셰익스피어에 의해 쓰였을 수도 있고 그렇지 않을 수도 있는 연극에 이르기까지 저작권은 단어의 쓰임, 문장의 길이, 문법 사용 등과 같은 패턴을 비교함으로써 결정될 수 있습니다. 여하튼 이것은 법의학언어학자들이 200년 동안이나 쟁점화 되었던 페더럴리스트 페이퍼(Federalist papers)의 몇몇 부분을 누가 썼는지를 의심할 수 없도록 밝힌 방법입니다.

표절은 학교의 악입니다. 종종 인터넷에서 다른 사람의 글을 복사하는 학생들에 의해 행해집니다. 법의학언어학이 조사에 나섭니다! 페더럴리스트 페이퍼에 사용된 동일한 기술은 자료가 표절되었는지 아닌지를 알아보는 데 사용될 수 있습니다. 컴퓨터 소프트웨어가 학생이나 학자의 글을 읽고 구체적인 단어, 구, 절 — 심지어는 아이디어까지 — 의 복사를 알아보기 위해 수백만 개의 글들을 스캔합니다.

마지막으로 법의학언어학의 주요 관심은 법적 언어를 명료화하는 것이고 그래서 사람들이 장황하고 이해할 수 없는 전문용어들로 메워진 법의 의미를 이해할 수 있도록 하는 것입니다. 예를 들어, 전문가 증언의 문제에 대해 어떤 법은 다음과 같이 말합니다. '법정에 제시되는 전문가 증언은 내용과 형식이 소송의 어려움에 의해 영향 받지 않는 전문가의 독립적 산물이 되어야 하고, 되는 것으로 보여야 한다.' 법의학언어학자는 이것을 단순화시켜 '전문가 증언은 편견으로부터 자유로워야 한다.'라고 말합니다. 오늘날 언어학자들은 난해한 법률용어를 일반 영어로 자동번역하는 컴퓨터 프로그램을 설계하고 있습니다.

그래서 이 분야에서는 여러 가지가 진행되고 있습니다. 만약 당신이 좀 더 자세히 알기를 원한다면 인터넷 검색 엔진에 '법의학'과 '언어학'이라는 단어를 넣어 보십시오. 그리고 당신이 범죄와 싸우는 슈퍼히어로를 생각하면 망토나 불거진 근육은 잊으십시오. 대신 노트북을 두들기는 언어학자를 상상하십시오.

• 저자에 대해

로버트 로드먼은 UCLA에서 교육받은 언어학자로 현재 노스캐롤라이나 주립대학의 컴퓨터학과 교수이다. 그는 *Computer Speech Technology* (1999)의 저자이다. 로드먼 박사는 또한 법의학언어학자이며 언어와 법체계와 관련된 문제에 대해 사법부에 조언한다.

• 추천도서

이 책에서

언어능력의 전문적 사용을 위한 기회와 자격조건은 22장(이중언어 사용), 39장(미국의 언어 위기), 45장(언어와 관련된 직업들), 46장(사전), 47장(통역과 번역), 56장(러시아어), 그리고 59장(아랍어)에서 논의되고 있다. 다른 언어 기술적 주제는 37장(언어교수 기술), 38장(미국 언어 공동체 간의 상호작용 지도), 48장(기계번역), 50장(언어박물관), 53장(라틴어), 그리고 64장(에스페란토어)에서 볼 수 있다.

다른 곳에서

- Coulthard, Malcolm and Alison Johnson (eds). *The Routledge Handbook of Forensic Linguistics* (Routledge, 2010). 법의학언어학에서 주도적인 아이디어, 논쟁, 토픽, 접근법, 그리고 방법론에 대한 독특한 참고문헌이다.
- Olsson, John. *Forensic Linguistics* (Continuum, 2nd edition 2008). 이 책은 법의학언어학 분야에 대해 확실하게 소개하는 핵심 교재. 영국의 가장 중요한 법의학언어학자 중 한 사람에 의해 조심스럽게 구성되고 분명하게 쓰인 책이다.
- Schane, Sanford. *Language and the Law* (Continuum, 2006). 미국의 한 출중한 언어학자에 의해 쓰인 언어와 법의 공통점에 대한 입문서이다.
- Shuy, Roger. *Creating Language Crimes: How Law Enforcement Uses(and Misuses) Language* (Oxford University Press, 2005). 체포에서 공소장, 재판, 판결에 이르기까지 법 집행자의 모든 측면에서 언어의 중요성에 대한 무수한 사례를 보여주는 흥미로운 설명. 저자는 뛰어난 미국 법의학언어학자이다.
- Solan, Lawrence and Peter Tiersma. *Speaking of Crime* (University of Chicago Press, 2005). 이 조그만 책은 미국의 형사 사법부 시스템 내에서 복잡한 언어의 역할에 대한 또 다른 흥미로운 실험서이다. 저자들은 린드버그 납치사건에서 빌 클린턴의 탄핵재판, 존 베넷 램지 사건에 이르기까지 무수한 사건들을 담고 있는데 이 사건들은 언어가 체포, 조사, 심문, 자백 그리고 재판에서 어떻게 기능하는지의 실제 사례들을 제공한다.

50
언어를 어떻게 박물관에 소장시킬 수 있나요?

아멜리아 머독

언어박물관에서는 어떤 것을 보고 배울 수 있을까요? 그런 곳이 있나요?

사실, 그런 곳이 있습니다. 워싱턴 D. C. 교외 메릴랜드 주 칼리지파크에 위치한 국립언어박물관은 2008년 5월에 문을 열었습니다. 얼마나 독특한 곳입니까! 우리 모두는 비행기, 그림, 표백한 뼈, 골동품 동전과 같은 물리적 대상을 보고 (가끔 만지는) 박물관에는 익숙합니다. 그러나 언어는 단지 소리, 단어, 책이라고 당신은 생각할 수 있을 것입니다. 이것들을 보관하고 전시하는 도서관이 이미 존재하지 않나요? 언어박물관에서 당신은 도대체 무엇을 할 거죠? 그리고 왜 그곳에 가는 거죠?

언어는 우리들 대부분이 더 많이 알기를 원하는 주제입니다. 언어가 어떻게 발달했는지, 어떻게 다른지, 몸이 언어기계로써 어떻게 가동되는지 등은 우리가 궁금해 하는 것들입니다. 박물관의 목적은 이런 질문들에 대답하는 것입니다. 박물관은 왜 언어가 중요한지를 확실하게 보여줄 것입니다. 그것은 우리가 언어에 관해 무엇을 아는지, 그것을 우리가 어떻게 아는지를 보여줄 것입니다. 그리고 그것은 당신이 언어지식을 즐겁게 탐구할 기회를 줄 것입니다. 박물관 안에 있는 앨런 워커 리드 도서관은 미국 최고의 언어 관련 정보의 종합적 소장소가 될 것을 목표하고 있습니다. 이러한 정보 중 어떤 것은 책이나 저널의 형태로 되어 있지만 대부분은 — 당신이 지구상의 어디에 있던 접속 가능한 — 온라인으로 되어 있습니다. 특히 언급 가치가 있는 것은 도서관의 스피치 샘플 — 수백 개의 언어들과 많은 방언들 — 입니다. 궁극적으로 지구상의 모든 언어의 샘플을 가지는 것을 목표로 하는 이 소장품은 언어연구를 위한 보기 드문 자원이 될 것입니다.

박물관은 또한 언어와 관련된 대상이나 정보의 상호작용 멀티미디어 전시를 특징으로 할 것입니다. 당신은 스피치 분석 과학이 가스연료를 사용했던 아주 초보적인 기술로부터 오늘날의 디지털 성문에 이르기까지 어떻게 진화했는지를 보고 들을 것입니다. 당신은 소리 스펙트럼으로부터 당신의 목소리 이미지를 집에 가져 갈 수 있을 것입니다. 혹은 목소리 합성기가 어떻게 작동하는지를 — 성가신 전화 목소리에서 스티브 호킹처럼 물리적으로 문제가 있는 사람이 말하는 것을 돕는 중요한 발명품에 이르기까지 — 배울 것입니다. 당신은 컴퓨터와 이야기할 수 있을 것이고 컴퓨터가 어떻게 당신의 말을 잘 이해하고 음성을 만드는지를 보게 될 것입니다.

지구상의 언어들이 어디에서 말해지는지를 보여주는 벽면크기의 지도가 있을 것입니다. 당신은 언어가 어떻게 발달하고 변하는지를 볼 것입니다. 그리고 그 언어들이 어떻게 다른지, 시공간적으로 어떻게 전파되는지, 그리고 어떻게 죽는지를 볼 것입니다.

세계지도를 완성시키는 것은 미국의 언어유산과 다양성 — 미국영어의 방언들뿐만 아니라 토착언어와 수세기 동안의 이민자들의 언어를 포함함 — 을 보여주기 위해 사운드 바이트와 비디오 클립을 사용한 상호작용 전시관이 있을 것입니다. 영어를 사용하는 방문객은 큰 그림에서 자신의 방언이 어디에 속하는지를 볼 수 있습니다.

수천 개의 언어와 방언에서 소리의 무한한 다양성을 만들기 위해 폐, 성대, 입술, 치아, 혀가 어떻게 함께 움직이는지 보여주는 인간 목소리 조직체의 애니메이션도 있습니다.

그리고 당신은 언어가 어떻게 습득되는지 — 아이가 모국어를 배우는 방법과 어린이와 성인이 나중에 부가적 언어를 배우는 아주 다른 방법 — 에 관해 당신이 아는 것을 보게 될 것입니다.

멋진 전시관들은 로마 알파벳과 다른 문자 체계 — 각각의 체계에서의 텍스트와 그것들을 생산하기 위해 사용된 도구들을 가지고 — 의 발달을 추적할 것입니다.

다른 전시관은 문명시작에서부터 사회에서 언어의 역할을 살펴볼 것입니다. 하나의 토픽은 언어공부와 법의 상호작용에 관한 것인데, 예를 들어, 다국어 사용 사회에서 소수민이 어떻게 경찰들의 수사나 법 시스템에서 동일한 대우를 받느냐는 것에 관한 것입니다. 다른 토픽은 상업, 정부, 테크놀로지에서 언어의 중요성이 될 것입니다. 모든 것들이 역사적 문서, 라디오와 TV 프로그램, 언어학적 분석이 코드와 암호를 푸는 방법과 같은 것들을 설명하는 전시 등을 통해 시연됩니다. 언어와 종교가 수세기 동안 상호 교류했다는 사실은 언어와 언어학의 연구에서 선교사들이 담당한 활약을 보여주는 전시관에서 확인할 수 있습니다.

당신은 초기 용어사전에서 기념비적 옥스퍼드 영어사전에 이르기까지 사전의 역사를 보고 들을 것입니다. 책 자체에 대한 설명과 더불어 그것을 만든 사람들－사무엘 존슨 박사(바로 그 '무해한 단순일꾼')에서부터 근대 사전을 만드는 것을 가능하게 한 헤아릴 수 없는 익명의 남녀에 이르기까지－의 삶이 설명될 것입니다. 박물관은 번역과 통역의 역사를 추적하고 어떻게 번역가나 통역가가 비즈니스, 외교, 정보세계에서 그들의 직무를 수행하는지를 보여줄 것입니다.

다른 주요한 주제는 멸종위기의 언어를 보존하는 것입니다. UN과 마찬가지로 미국과 다른 나라에 있는 대학과 교육기관들은 이런 언어들에 관한 정보를 수집하는 데 엄청난 노력을 기울이고 있습니다. 이런 모든 정보가 함께 모아지는 곳이 있을 필요가 있습니다. 박물관의 운영자들은 이것을 그들이 수행해야 할 역할의 하나로－그들의 언어 보존을 통해 민족문화를 보존하는 핵심적 보고로－보고 있습니다.

2011년 박물관은 두 개의 장기 전시관을 열었습니다. '문자언어, 그것의 전수'와 '1812년 미국언어의 등장'이 전시 주제였습니다. 앞으로 훨씬 더 많은 행사가 있을 것입니다. 현재의 제한된 공간에서도 박물관은 전 세계로부터의 열성적 방문객들을 받고 있고 좀 더 큰 공간으로 확장하기 위한 협상이 진행 중입니다.

이것은 박물관의 최종적 모습의 한 부분에 불과합니다. 성장하는 동안 국립언어박물관은 언어가 중요한 모든 사람들의－그리고 여기에 당신도 포함됩니다－아이디어와 참여를 환영합니다. 회원이 되어 박물관이 성장하는 것을 돕지 않겠습니까?

• 저자에 대해

아멜리아 머독은 미국 국립언어박물관의 창립자이자 명예 회장이고 지금은 퇴직했지만 미국정부 언어학자였다. 그녀는 중세 프랑스어의 전문가로 시작했다. 연방정부에 합류한 이후에 그녀는 이디시어를 탐구했다. 그녀의 오랜 직업 경험을 통해 언어분야는 학문적이고 교육적인 세계에서 문화적 주류로 확장해야한다는 것을 확신하게 되었다. 언어에 대한 세미나 전시를 만드는 것을 주도한 그녀의 경험은 언어박물관이 그것의 확장을 인도할 이상적 도구라는 것을 이해시키는 통찰을 제공했다.

추천도서

이 책에서

언어박물관은 이 책이 다루는 주제들과 유사한 다양한 주제를 다룬다. 박물관 가는 것을 좋아하는 사람들에게 특별히 관심을 끌 장들은 3장(세계언어 조사), 38장(미국언어들), 27장(언어사망), 28장(언어구제), 37장(언어교수 기술), 47장(번역과 통역), 그리고 49장(법의학언어학)과 개별언어에 관한 52~65장을 포함한다.

다른 곳에서

- Comrie, Bernard, ed. *The World's Major Languages* (Oxford University Press, 1990). 세계의 주요 언어들의 가장 흥미로운 사실들에 대한 권위 있는 프레젠테이션이 있다.
- Crystal, David. *The Cambridge Encyclopedia of Language* (Cambridge University Press, 2nd edition 1997). 언어의 모든 측면을 다루는 가치 있는 포괄적이고 사실적인 핵심 참고문헌이다.
- McWhorter, John. *The Story of Human Language* (The Teaching Company, 2005). 언어역사와 발달에 관한 뛰어난 36개의 시리즈 강의다.(각각 30분씩, DVD, 비디오테이프, 오디오 CD로도 나와 있음.)
- Wade, Nicholas, ed. *The Science Times Book of Language and Linguistics* (The Lyons Press, 2000). 아주 읽기 쉬운 에세이 모음. 국립언어박물관의 설립과 관련한 주제, 조직, 스타일에 대한 담화이다.

51
영어는 어디에서 왔을까요?

존 알게오

영어는 원래 게르만어족의 한 버전이었을까요?
만약 그렇다면 어떻게 영어로 되었을까요?
어떻게 바이킹과 프랑스 사람들이 관여했을까요?
영어의 역사에 대해 사전은 우리에게 무엇을 말해 줄 수 있을까요?

영어는 독일어와 같은 조상으로부터 왔지만 여기에는 많은 이야기가 있습니다. 5세기에 영국에는 켈트족들이 살았습니다. 그러나 그들 사이의 전쟁이 너무 치열해서 한 지방의 왕이 남쪽 덴마크와 북쪽 독일에 살고 있던 게르만 부족에게 도움을 요청했습니다. 왕은 그가 기대했던 것보다 훨씬 큰일을 겪었습니다. 게르만 부족들이 협력자로 왔지만 그들은 섬을 너무 좋아한 나머지 섬을 차지하기로 결정했습니다.

이 그룹에 있었던 두 중심 부족은 앵겔른(Angeln)과 색소니(Saxony)라 불린 지역에서 왔고 이것이 우리가 그들이 영국에 가져온 언어를 '앵글로-색슨(Anglo-Saxon)'이라 부르는 이유입니다. 유럽 대륙에 머물렀던 부족들의 말은 결국 근대 독일어, 네덜란드어, 그리고 스칸디나비아 언어가 되었고 '고대 영어'라고도 알려진 '앵글로-색슨'은 우리가 오늘날 사용하고 있는 영어가 되었습니다.

게르만 앵글로—색슨족은 그들의 새로운 영역에서 새로운 방식으로 말하기 시작했습니다. 그들이 영국의 변방으로 몰았던 부족들은 그들에게 몇 개의 켈틱 장소 이름을 남겼습니다. 그러나 더 중요한 것은 새로운 사람들이 기독교인으로 개종해서 많은 양의 라틴어가 그들의 언어에 들어 왔습니다. 다른 영향은 영국—그때까지 앵글랜드(Angleland) 혹은 잉글랜드라고 불림—이 다시 침입을 당했을 때인(이때는 앵글로-색슨의 스칸디나비아 사촌으로 전 영국을 약 이십 년 동안 지배했던 비이킹 침입자들에 의해) 9세기와 10세기에 보입니다. 이들은 앵글로-색슨족과 아주 밀접한 관계를 가졌고 그리하여 이들이 우리에서 일상생활의 몇몇 단어들—sister, sky, law, take, window, 그리고 대명사 they, them, their과 같은 단어들—을 전했습니다.

다른 언어의 영어에로의 최대의 첨가는 우리 모두가 영국 TV 시리즈—〈1066 and all that〉—로 잘 알고 있는 또 하나의 침략으로 일어났습니다. 이 해에 영국은 다른 그룹의 바이킹 후예들—프랑스의 해안을 따라 정착했고 그곳에서 프랑스어를 배운 북쪽의 사람들, '노르만족'—에 의해 정복당합니다. 그들이 지배했던 프랑스의 지역은 여전히 그들의 이름—노르망디—을 가지고 있습니다. 그들이 영국을 차지했을 때 그들은 프랑스어를 정부어로 만들어 영국은 3개 언어를 사용하는 나라가 되었습니다. 정부 관료는 노르만 프랑스어, 교회는 라틴어, 그리고 일반인들은 우리가 '중세 영어'라고 부르는 영어의 한 버전을 사용했습니다.

일반인들이 단연코 다수였고 14세기 후반까지 그들의 영어는 영국의 언어로서 프랑스어 위에 그 위치를 확고히 했습니다. 그러나 그것은 정복 이전에 앵글로-색슨족이 사용한 영어와는 다른 영어입니다. 수년에 걸쳐 영어는 법적, 정치적, 군사적, 문화적 이유로 엄청난 수의 프랑스 단어들 ― 재판관(Judge), 왕족(royal), 군인(soldier)과 같은 단어들과 과일(fruit)이나 소고기(beef)와 같은 다수의 음식 이름 ― 을 흡수했습니다. 그리고 문법도 변형적 어미들을 많이 상실하면서 급격하게 변했습니다.

15세기 말에 영국에 언어를 표준화시키는 것을 도운 인쇄술이 소개되었습니다. 그리고 16세기에 영국인들은 지구탐사를 시작했습니다. 그들은 새로운 이름으로 말해질 필요가 있는 새로운 것들에 직면했습니다. 그들은 북아메리카, 캐리비안, 아프리카, 남아시아, 오스트레일리아, 그리고 남해(South Seas)에 정착했습니다.

글로벌 언어가 되면서 영어는 다른 언어들에 영향을 미쳤습니다. 그리고 다른 언어들에 의해 영향을 받기도 했습니다. 대부분 우리의 핵심어휘들은 고대영어에서 직접적으로 왔습니다. mother(어머니), earth(지구), love(사랑), hate(미워하다), cow(소), man(사람), 그리고 glad(기쁜)와 같은 단어들이 그런 예입니다. 그러나 우리는 또한 많은 다른 언어들로부터 단어들을 빌려왔습니다. ― 그리스어(pathos), 웰스어(penguin), 아일랜드 게일어(galore), 스코틀랜드 게일어(slogan), 아이슬란드어(geyser) 스웨덴어(ombudsman), 노르웨이어(ski), 덴마크어(skoal), 스페인어(ranch), 포르투갈어(molasses), 이탈리아어(balcony), 네덜란드어(boss), 독일어(semester), 유대인어(bagel), 아랍어(harem), 히브리어(shibboleth), 페르시아어(bazaar), 산스크리트어(yoga), 힌두어(shampoo), 로마니 혹은 집시어(pal), 태밀어(curry), 중국어(gung-ho), 일본어(karaoke), 말레이지아어(gingham), 아이티어(tattoo), 통가어(taboo), 하와이어(ukulele), 오스트레일리아 다럭어(boomerang), 오스트레일리아 구구 이미디르어(kangaroo), 반투어(goober), 월로프어(jigger 혹은 chigger), 러시아어(mammoth), 헝가리어(paprika), 터키어(jackal), 알곤키말(possum), 다코타말(tepee), 나바호말(hogan). 큰 사전에 있는 단어들의 대부분은 — 아마 많게는 85%에서 90% — 다른 언어들에서 차용하거나 다른 언어에서 빌려온 부분들을 사용하여 영어로 개조했습니다.

현재까지 언어는 그것의 부족에서의 시작을 훨씬 넘어 확장했습니다. 그것은 영국인들에 의해 정착한 나라들에서는 모국어입니다. 그것은 대영제국의 부분이거나 미국의 영향 하에 있는 인도나 필리핀과 같은 나라들에서는 제2언어입니다. 그리고 그것은 비즈니스, 과학, 테크놀로지, 그리고 무역을 위해 세계적으로 사용되는 외국어입니다. 그리스어 비행기를 착륙시키는 스칸디나비아 비행기 조종사는 항공조종관과 영어로 말합니다. 그것은 또한 세계적 인터넷의 주요 언어입니다.

그러면 영어는 독일어에서 왔나요? 아닙니다. 독일어와 아주 가깝지만 북서유럽에 있던 한 조그만 게르만 부족의 언어로 시작한 것이 오랜 시간에 걸쳐 아주 다른 것으로 변했습니다. 세계의 거의 모든 나라에서 사용하게 된 여러 언어들의 혼합물입니다.

• 저자에 대해

존 알게오는 조지아대학의 명예교수이다. 그는 *British or American English?, A Handbook of Word and Grammar patterns* (2006), *The Origins and Development of English Language* (6th edition 2010)을 썼고, *The Cambridge History of the English Language: Volume 6, English in North America* (2002)와 *Fifth Years Among the New Words* (1993)의 편집자이다. 그는 북미사전협회, 미국방언협회, 그리고 미국이름회의 전 회장이었다. 그와 그의 아내 아델은 저널 *American Speech*에 10

년 동안 'Among New Words'를 기고했고 현재 *Dictionary of Briticisms* 을 위한 자료를 수집하고 있다.

추천도서

이 책에서

언어의 기원과 역사에 대한 다른 장은 5장(초기 언어들), 6장(언어 관련성), 10장(피진과 크레올), 그리고 57장(아이슬란드어)이 포함된다. 언어가 어떻게 진화했는가의 다양한 측면을 논의하는 장은 8장(언어변화), 13장(문법), 44장(미국 방언 변화), 53장(라틴어), 그리고 54장(이탈리아어)가 있다.

다른 곳에서

- Algeo, John. *British or American English? A Handbook of Word and Grammar Patterns* (Cambridge University Press, 2006). 두 핵심국가의 언어의 다른 버전 사이에 종종 인식하지 못한 많은 문법적 차이에 대한 소개를 한다.
- Algeo, John. *The Origins and Development of the English Language* (Wadsworth, 6th edition 2010). 영어어휘와 사용법에 있어 선사시대 인도-유럽어에서부터 오늘날의 발달에 이르기까지의 상세한 영어사를 알 수 있다.
- Hogg, Richard M., ed. *The Cambridge History of the English Language* (Cambridge University Press, 1992-2001). 주제에 선두적인 학자들에 의해 쓰인 6권으로된 영어의 역사서로 주제의 모든 측면을 다루고 폭넓은 참고문헌을 담고 있다.
- Leech, Geoffrey and Jan Svartvik. *English-One Tongue, Many Voices* (Palgrave Macmillan, 2006). 영어에 대한 전반적인 최근의 조사: 영어의 전 세계적 확장, 국제적이고 지역적 다양성, 불명확한 위치에서 최고가 되기까지의 역사, 사용법과 사용, 표준어와 크레올, 스타일과 진행되고 있는 변화, 정치와 논쟁 등을 담고 있다.

52
미국 원주민 언어는 몇 개나 될까요?

메리엔 미턴

미국 원주민 언어는 유럽이나 아시아나 아프리카 언어들과 어떤 관련성이 있을까요? 모든 원주민 언어들이 서로 관련되어 있을까요? 그것들은 사라지고 있을까요? 그것들을 구하려고 하는 것은 의미가 있을까요?

놀랄 만큼 많은 수의 사람들이 미국의 토종 언어는 하나밖에 없다고 생각합니다. '인디언어'가 그것인데, 이 생각은 진실에 조금도 가깝지 않습니다.

사실 우리는 유럽인들이 도착하기 전에 멕시코의 북쪽에서 거의 300개의 언어가 사용되었다는 사실을 압니다. 많은 수가 사라졌지만 여전히 절반정도는 알려져 있습니다. 이들은 50에서 60개 사이의 다른 어족으로 이루어져 있습니다.

어떤 어족은 규모가 꽤 큽니다. 예를 들어, 애서배스카-에야크-틀링깃 어족은 알라스카에서 미국 남서부지역에 이르는 광범위한 영역에 흩어져 있는 커뮤니티에서 사용하는 39개의 구별되는 언어를 포함합니다. 미국

대륙에서 가장 널리 사용되는 만 명 이상의 화자를 가진 토착어 나바호 언어가 이 어족에 속합니다.

알직이라고 불리는 또 하나의 어족은 래브라도에서 버지니아에 이르는 대서양 바다 경계를 따라 사용된 언어들로, 그것의 가장 큰 가지인 알곤킨어로 가장 잘 알려져 있습니다. 순례자와 월트 랠리를 만난 사람들이 알곤키 사람들이었고 미국영어에 caribou(북미산 순록), skunk(오소리), moccasin(모카신), hominy(옥수수죽), 그리고 raccoon(너구리)과 같은 단어를 준 것도 알곤키 사람들입니다. Shawneer(쇼니족), Fox(팍스족), Potawatomi(포토와토미족), Cree(크리족), Cheyenne(샤이엔족), 그리고 Blackfoot(블랙풋족)과 같은 원주민들에 의해 사용되는 알곤킨어는 캐나다의 대부분과 아래로 미국 그레이트 플레인즈에 이르기까지 사용되고 있습니다.

세 번째로 잘 알려진 그룹은 수-캐토우반 어족입니다. 유럽언어들과의 첫 번째 접촉의 시기에 이 언어들 대부분의 화자들은 현재의 알베르타와 사스카테완 남쪽으로부터 멀리는 알칸사와 미시시피에 이르는 대초원에서 살았습니다. 미네소타라는 이름은 수 단어(글자 그대로의 의미는 '맑은 물')입니다. 또 다른 친숙한 수 단어는 teepee(원뿔형 천막)(글자 그대로의 의미는 '거주하는 것')입니다.

이로쿼이어족은 8개의 근대언어를 가지는 다소 작은 집단입니다. 퀘벡, 온타리오, 뉴욕 주에서 여전히 사용되고 있는 모학어와 17세기 남부 애팔래치아의 넓은 지역에서 사용된 체로키어가 여기에 속합니다. 여러 다른 원주민들처럼 대부분의 체로키인들도 1838-39년에 '눈물의 길'이라고 불리는 길을 따라 서쪽으로 옮겨가도록 강요당해서 현재로는 가장 큰 체로키 커뮤니티는 오클라호마 주에 있습니다. 이로쿼이어는 우리에게 캐나다뿐만 아니라 스키넥터디, 온타리오, 오하이오, 그리고 켄터키 같은 지명을 주었습니다.

북미지역은 심지어 동일한 친척을 전혀 가지지 않는 고립 언어를 가집니다. 현재 뉴멕시코에서 사용되는 주니어가 고립어입니다.

미국 원주민 언어들은 일반적으로 세계의 다른 지역의 언어들과 전혀 관계가 없는 것을 보여 줍니다. 그러나 최근에 흥미로운 가설이 나왔습니다. 애서배스카-에야크-틀링깃 어족과 시베리아의 예니세이어족 간의 연결이 그것입니다.

북미 원주민 언어들은 서로 아주 다르지만 어느 것도 고대 서구에서 나타났던 '원시'어와 닮은 것은 없습니다. 많은 언어들이 '방출'자음(엑스트라 팝핑 — 잡음 현상 — 소리를 가지고 만들어짐)과 구별되는 성조(다른 피치로 말해진 동일한 음절이 완전히 다른 것을 의미할 수 있음)와 같은 영어화자에게는 익숙하지 않은 소리를 사용합니다. 이 언어들의 문법 또한 너무 복잡해서 때때로 한 단어가 영어에서 복합문장만큼이나 많은 의미를 가지는 경우도 있습니다.

예를 들어, 모호크 단어 wa'tkenikahrá:ra'ne'는 '그들이 그것을 보았다'를 의미합니다. 이 단어는 여러 부분으로 구성되어 있습니다. 첫째는 접두사 wa'-이고 이것은 이 일이 실제로 일어났다는 화자의 평가를 나타냅니다. 접두사 t-가 따라 오고 이것은 위치의 변화를 나타냅니다. 세 번째 접두사 keni-는 영어의 대명사 '그들'과 같지만 좀 더 구체적입니다. 그것은 '저 두 여자'를 의미합니다. 다음은 명사 -kahr-('눈(eye)')가 오고 동사 원형 -r-('~에 있다)와 두 개의 접미사 -a'n-('~로 오다' 혹은 '~이 되다')와 그 일이 한꺼번에 일어났다는 것을 우리에게 말하는 -e'가 따릅니다. 결국 이 단어의 글자 그대로의 의미는 '그 여자들이 그것에 보이도록 왔다'

입니다. 다시 말해서 '그들의 눈이 그것 위에 떨어졌다' 혹은 '그들이 그것을 보았다.'

만약 당신이 2002년 영화 〈윈드토커(Windtalkers)〉를 봤다면 2차 세계대전 당시 미국 해병대는 일본군이 이해하지 못하도록 하기 위해 그들의 비밀코드로 나바호 언어를 사용하는 나바호 화자를 보유했었다는 사실을 알 것입니다.

각각의 미국 원주민 언어들은 세계를 보는, 경험을 단어로 옮기는, 미묘하고 근원적인 차이를 표현하는 그들 고유한 방식을 우리에게 보여줍니다. 예를 들어, 만약 '그 순록'을 에스키모어로 말하기를 원한다면 영어 '그'에 해당하는 한 단어를 찾을 수가 없을 것입니다. 당신은 '그'의 많은 옵션들 중에서 선택해야 할 것입니다. 서 있는 혹은 움직이는 순록? 만약 움직인다면 다가오고 있는가? 멀어지고 있는가? 만약 서있다면 볼 수 있는가? 볼 수 없는가? 만약 볼 수 있다면 당신 가까이에 있는가? 당신이 말하고 있는 사람 가까이에 있는가? 아니면 멀리 있는가? 당신 위에? 당신 아래에? 당신이 일찍이 말했던 그 동일한 순록을 말하는가? 이 모든 선택 사양들이 한 단어에 들어 있습니다. 그러나 단순히 영어 '그'로 번역됩니다.

불행하게도 세계는 이런 원주민 언어의 멜로디와 고유한 관점을 상실하고 있습니다. 몇몇 언어는 그것의 화자가 전쟁이나 전염병으로 사라짐으로 인해서 혹은 화자들이 다른 언어를 선택함으로 인해 이미 사라졌습니다. 우리의 유산은 이러한 언어들에 의해 풍요로웠지만 이것들 중의 12개 이하 정도만이 이번 세기에 살아남을 것 같습니다. 환경적 재앙처럼 이것도 크나큰 손실입니다.

• 저자에 대해

메리엔 미턴은 산타바바라 캘리포니아대학 언어학과 교수이다. 그녀의 연구는 형태론(단어구조), 문법과 담화의 관계, 언어유형분류체계, 언어접촉, 그리고 언어변화, 특히 문법구조가 진화하는 체계 등을 포괄한다. 그녀는 모학, 투카로라, 세네카, 라코타, 중앙 알라스카 유픽, 나바호, 그리고 여러 오스트로네시아어를 포함하여 다수의 북미 원주민 언어의 화자들과 함께 일했다. 그녀는 또한 그들의 전통적 언어를 문서화하고 젊은 세대에게 언어를 가르치기 위해 화자를 훈련시키는 것을 목적으로 하는 프로젝트로 많은 커뮤니티와 함께 일했다.

추천도서

이 책에서

언어그룹들이 어떻게 관계하는가에 대한 장은 6장(어족), 51장(영어의 기원), 60장(아프리카 언어들), 그리고 63장(인도의 언어들)이 포함된다. 미국 언어는 28장(위협받는 미국원주민언어의 구제), 39장(미국의 언어 위기), 40장(새로운 세계 스페인어), 41장(케이전), 42장(미국에서 독일어), 그리고 43장(걸러어)에서 논의되고 있다.

다른 곳에서

- Grenoble, Lenore A. and Lindsay J. Whaley, eds. *Endangered Languages: Language Loss and Community Response* (Cambridge University Press, 1998). 전 세계적으로 언어상실의 다양한 측면들에 대한 논문들의 모음집으로 어떻게 언어가 사라지고, 언어가 사라졌을 때 무엇을 잃게 되고, 어떻게 공동체가 유산언어의 상실에 반응하는가의 문제 등을 담고 있다.
- Karl, James and Ben Potter, eds. *The Dene-Yeneiseian Connection* (Anthropological Papers of the University of Alaska New Series, vol 5, no. 1-2, 2010). 언어학자, 고고학자, 물리적 인류학자, 민족지학자들이 알래스카에 중심을 둔 애서배스카-에야크-틀링깃 언어들과 시베리아의 예니세이 언어들과의 유전학적 관련성에 대한 가설을 시험한다.
- Mithun, Marianne. *The Language of Native North America* (Cambridge University Press, 1999/2001). 북미에 토착적인 언어들과 어족들을 대상으로 이러한 언어들에서 발견되는 특수한 구조와 복잡하고 정제된 영역 등에 대해 서술하는 백과사전적 개요

서이다.

- Silver, Shirley and Wick R. Miller. *American Indian Languages: Cultural and Social Contexts* (University of Arizona, 1997). 문화 사회적 측면에 초점을 맞춘 아메리카의 언어들에 대한 입문 교재이다.

53
라틴어는 정말 죽었을까요?

프랭크 모리스

이방인이 로마를 점령한 후 사람들이 라틴어를 사용하는 것을 멈추지 않았나요? 왜 학자를 제외하고 누군가가 죽은 언어에 대해 신경을 써야 할까요?

우리는 라틴어가 전문 사학자, 철학자, 고고학자에게 결정적으로 중요하다는 것에 분명히 동의할 수 있고 이 사실이 우리들(전문가가 아닌 우리들)에게는 라틴어는 실제로 죽었고 없어졌다는 것을 더 확실히 증명하는 것이 아닌가요? 분명히 아닙니다! 사실 라틴어는 오늘날의 세계에서 활발하게 활동 중입니다. 라틴어를 사랑하는 우리는 그것이 얼마나 생기 있는지를 보여줄 수 있는 다양한 증거들의 긴 리스트를 가지고 있습니다.

첫째로 라틴어 어휘는 현대 언어에 많이 쓰이고 있습니다. 이탈리아어, 스페인어, 프랑스어, 그리고 포르투갈어 단어의 약 80%가 그들의 모어인 라틴어에서 전수되었습니다. 심지어는 라틴어에 직접적으로 관계가 거의 없는 언어들에서도 놀라울 정도로 높은 퍼센트의 라틴어 단어가 있을 수 있습니다. 예를 들어, 영어단어의 대략 60%—그리고 다음절(multisyllabic) 단어의 90%—는 라틴어로부터 빌려왔거나 라틴어에서 유래했습니다. '노동(labor)', '동물(animal)', '적자(deficit)', '불면증(insomnia)', '자극(stimulus)', '기도(vigil)' 과 같은 단어들이 그 예인데 이것들은 단지 몇 개의 예에 불가합니다.

라틴어는 현실 세계의 사람들 사이에서 아이디어를 나누는 데 사용됩니다. 존 폴 2세가 장례식 미사를 라틴어로 하는 것을 본 것도 얼마 되지 않습니다. 그의 후계자 선거를 위한 공고, 하베머스 파팜(Habemus Papam '우리는 교황을 가집니다')을 들었습니다. 그리고 새롭게 선출된 베네딕트 16세가 추기경회의에서 한 라틴어 연설을 들었습니다. 이 모든 것들이 로마로부터 인터내셔널 TV로 생중계되었습니다! 바티칸 이외에도 라틴어 구어는 350년 이상 동안 졸업생 중 한 명이 라틴어로 연설하는 것이 특징인 하버드대학 졸업식과 같은 행사에서 상징적이면서도 주요한 역할을 담당합니다.

그리고 만약 라틴어에 대한 우리의 관심이 덜 숭고한 것이라면 핀란드나 다른 곳에서 라틴어로 매주 방송되는 라디오 방송으로 눈을 돌릴 수 있습니다. 혹은 전세계적으로 수세기 동안 개인적인 대화를 라틴어로 함께 해온 열성인들을 방문할 수 있습니다. 현재는 그들이 인터넷으로 매일 라틴어 대화를 즐기기 때문에 우리는 더 자주 그들에 합류할 수 있습니다.

사실 라틴어는 어디에나 있습니다. 우리는 법정에서 사용되는 라틴어를 봅니다.—habeas corpus('당신은 시체를 가지고 있어야 한다'), nolocontendere('나는 증언하기를 원하지 않는다'), subpoena(명령에 따르도록 '벌칙을 가함'), alibi('다른 곳'). 매일 우리는 라틴어로 우리의 글을 축약합니다.—e.g.(exempli gratia('예를 들어')), i.e.(id est('다시 말해서')), etc.(et cetera('기타 등등')), n.b.(nota bene('잘 썼다')). 우리를 감동시키고 인도하기 위해 라틴어 모토를 사용합니다.—해병대 대원들을 위한 semper fidelis('충성을 명세함'), 모든 미국인들을 위한 e pluribus unum('많은 사람들로부터 하나 됨'). 우리는 브랜드 이름이나 광고에 라틴어를 사용합니다.—Lava('씻다'의 라틴어)비누, Magnavox('멋진 목소리')라디오. 우리는 의약에서 bacterium(병균), coma(혼수상태), nausea(메스꺼움), rigor mortis(사후경직), 생물학에서 phylum(문), species(종), larva(유충), nucleus(핵), 해부학에서 biceps(이두박근), cranium(두개골), sinus(부비강), 천문학에서 Mars(화성), Ursa Major(큰곰자리), nova(노바) 수학에서 calculus(미적분), parabola(포물선), isosceles(2등변의), minus(마이너스), 학교에서 campus(캠퍼스), curriculum(커리큘럼), alumnus(동문), 스포츠에서 gymnasium(체육관), stadium(스타디움), discus(디스크), 그리고 일상의 말에서 ad hoc(즉석), alma mater(모교), de facto(사실상의), ex officio(직권에 의한), ex libris(~의 장서에서), non sequitur(불합리한 추론), per capita(일인당), quid pro quo(보상으로 주는 것), status quo(현재 상황), vice versa(거꾸로)와 같은 라틴어 단어들을 이해합니다.

더 나아가 라틴어는 항상 대중문화에 그 자리를 잡아왔습니다. 예를 들어, 해리포터 책에서 저주나 칭찬이나 마법을 위한 라틴어 표현에 즐거워집니다. avis('새')는 새떼를 만들어냅니다. impedimenta('장애, 발 위에 있는 것들')는 장애물들을 만들어 냅니다. obscure('나는 숨긴다, 나는 커버한다')는 어떤 것을 숨깁니다. 몬티 파이튼 영화 〈브라이언의 일생(Life of Brian)〉에서 로마 백부장의 걸걸한 라틴어 문법 수업은 영화 제목의 주인공 브라이언으로 하여금 그의 낙서에서 잘못된 문법을 수정하도록 하고 Romani ite domum('로마인들은 집으로 돌아가라')를 동네 벽에 100번 쓰도록 합니다.

마지막으로 다양한 미디어의 헤드라인은 행복한 이야기를 전해줍니다. '라틴어가 돌아오고 있다'(에듀케이션 월드), '죽은 언어를 되살리고 있는 학교들'(CNN.com/education), 그리고 '라틴어: 살아있고 잘 지내고 있는 언어'(워싱턴포스트). 사실, 미국의 모든 학교들의 레벨에서 라틴어와 고대 그리스어의 수강은 가파르게 증가하고 있습니다. 최근의 현대언어학회에 의한 조사에 따르면 학부에서 라틴어의 수강은 1995년에서 2002년까지 13% 증가했습니다. 중등교육에서 라틴어 수강은 1990년에서 2000년까지 8%가 성장했고 중학교에서는 1985년 이래로 두 배로 증가했습니다. 최근의 응용언어학센터에 의한 조사는 1997년과 2008년 사이 전반적 외국어 수강률은 감소했지만 초등교육 수준에서의 라틴어 수강은 모든 초등학교 프로그램에서 3%에서 6%로 두 배 증가했음을 보여줍니다.

이러한 라틴어와 그리스어에 대한 관심의 놀라운 재기는 무엇을 의미할까요? 하나의 동력은 소위 '기본으로 돌아가자'는 운동입니다. 행정가, 교사, 학부모가 라틴어를 공부하는 것은 마음을 다스리고, 서구문명과 그것의 가치에 대한 통찰을 제공하고, 영어 어휘를 늘리고 좀 더 나은 영어 사용을 가져다주는 문법에 대한 이해를 제공하고, 다른 언어들을 공부하기 위한 기초를 제공한다고 믿습니다. 그들은 라틴어 공부를 표준화된 테스트에서의 높은 점수와 연결시키는 연구들을 보여줍니다. 예를 들어, 2005년 SAT에서 2년 내지 그 이상 라틴어를 공부한 중등학교 학생들이 다른 모든 학생들의 중간 값보다 높은 중간 값 점수인 173점을 받았습니다. 1996년에서 1999년 사이 GRE점수에 대한 분석은 270개 분야에서 시험을 치른 학생들 가운데 고전학과의 학부생들이 말하기 점수에서 일등을 차지한 사실을 보여줍니다.

라틴어가 재기하는 데는 단지 기본으로 돌아가자는 것이나 성취도 테스트에서 높은 점수 이상의 어떤 것이 있습니다. 새로운 청중이 늘었고 보다 폭넓은 교과목 적용이 개발되었습니다. 혁신적인 교육 자료와 교수 방법론이 단지 전통적인 엘리트만이 아니라 모든 학생들이 라틴어나 고전학에 접근 가능하도록 만들고 있습니다. 교사들은 라틴어와 언어학이나 수학, 과학, 사회학, 문학, 예술, 음악, 신화학과 같은 영역 간에 연결을 만들기 위해 그리스와 로마의 광범위한 문화유산을 이용합니다. 그러나 라틴어의 재등장의 궁극적 이유는 그것을 가르치는 새롭고 보다 상호 자용적 방법에서 학생들이 라틴어와 로마를 공부하는 것이 즐겁다는 사실을 안다는 것입니다. 교사에게 쉬는 시간을 없애서라도 자신들이 라틴어 수업을 계속할 수 있게 해달라고 애걸하는 학생들에 대한 보고가 있습니다.

그럼 라틴어가 정말 죽었나요? 멀리 봐서는 그렇지 않습니다. 수십 년간 라틴어를 학교에서 자주 가르치지 않았던 — 학교 행정가들과 다른 사람들이 라틴어를 낡고 거의 죽은 언어로 생각했을 수 있는 때 — 시기가 있었습니다. 그러나 그런 날들은 분명히 지나갔습니다. 라틴어는 돌아오고 있습니다. 그리고 그것은 강하게 돌아오고 있습니다.

• 저자에 대해

프랭크 모리스는 신시네티대학 고전학과에서 박사학위를 받았고 1978년부터 2010년 퇴임 때까지 사우스캐롤라이나 주 찰스턴에 있는 찰스턴대학에서 라틴어와 그리스어를 가르쳤다. 찰스턴대학 교수로 가기 전에 그는 플로리다 주 오렌지파크고등학교에서 라틴어와 그리스어를 가르쳤다. 그는 계속적으로 찰스턴 라틴어 프로그램의 책임자로 봉사하고 있고 1980년대 중반 이후로 초등학교에서 라틴어를 가르치는 교사를 훈련시키고 있다.

추천도서

이 책에서

라틴어는 3장(세계의 언어들), 27장(언어죽음), 28장(언어구제), 그리고 38장(미국의 언어들)의 주제인 멸종 위기의 언어 이슈에서 있어서 하나의 생생한 사례연구이다. 54장(이탈리아어)에로 계속되는 라틴어의 오랜 역사는 8장(언어변화), 10장(피진과 크레올), 13장(문법), 44장(미국 방언 변화), 그리고 51장(영어의 기원)에서 논의되는 언어진화의 방식을 실증한다.

다른 곳에서

- LaFleur, Richard A., ed. *Latin for the Twenty-First Century: From Concept to Classroom* (Foresman, 1998). 라틴어 교육에 있어 동향에 대한 조사.
- Pearcy, Lee T. *The Grammar of Our Civility* (Baylor University Press, 2005). 미국에서 고전학 교육의 역사.
- http://yle.fi/radio/tiede/nuntii_latini. 라틴어 라디오방송을 위한 자료.
- www.promotelatin.org는 많은 정보적인 링크들을 제공하는데, 예를 들어 라틴어 대화를 위한 www.promotelatin.org/index.php?option=com_content&view=article&id=61&Itemid=68 등이 있다.

54
이탈리아어는 누가 사용할까요?

데니스 루니

라틴어가 언제 근대 이탈리아어로 바뀌었을까요?
모든 이탈리아 사람들이 동일한 언어를 사용할까요?
이탈리아에는 얼마나 많은 사투리들이 있을까요?

이탈리아 반도의 언어역사는 언어의 분열이라는 것에 의해 당신이 상상할 수 있는 것 이상으로 잘 정의됩니다. 1861년 근대적 모습의 이탈리아가 건립된 직 후 한 정치가가 “이탈리아를 만들었으니 이제 우리는 이탈리아 사람을 만들어야 한다.”라고 당시의 상황을 아주 잘 반영했습니다. 이탈리아 사람을 만든다는 것은 무엇보다도 새로운 나라의 시민들 — 수백 개의 방언들을 사용하고 있던 사람들 — 에게 하나의 목소리, 공식적인 국가 언어를 주는 것을 의미했습니다. 이 과업을 완수하는 데는 또 다른 한 세기가 걸렸습니다.

초기 이탈리아 문자는 서기 960년의 사법 문서에서 나타납니다. 토지 경계의 문제를 두고 이루어진 분쟁에 관한 문서는 대부분 교회 라틴어로 되어 있지만 거기에 들어 있는 사법적 해설은 원고 자신의 토속어로 된 진술입니다. "그 땅들을 [베네딕트회 수도승들이 소유했었다는] 것을 나는 압니다." 수도승의 필경사는 'Sao ko kelle terre…' — 오늘날 표준언어에 너무도 유사한 네 단어인 so che quelle terre — 로 시작하는 이 말을 충실하게 음성학적으로 기록하고 있습니다. 첫 번째 밀레니엄의 말에 라틴어는 현재 우리가 이탈리아어라고 부르는 것으로 변하고 있었습니다.

그러나 물론 두 언어는 아주 오랫동안 공존했습니다. 이것이 작가들, 특히 교육받은 작가들에게 문제를 제기했습니다. 그들은 학자들과 교회에 의해 숭배 받고 오래 존속한 언어인 라틴어로 글을 써야 했을까요? 아니면 토착어로? 이 문제는 나중에 '언어의 문제'로 알려졌고 근대에 이르기까지 완전히 해결되지 않았습니다. 14세기 초, 단테는 《신곡》을 라틴어로 쓸 것을 고려했으나 결국은 사람들의 언어, 특히 자기 마을, 플로렌스와 그 주변 지역, 토스카나의 방언을 선택했습니다. 단테의 《신곡》은 이후의 대부분의 언어에 관한 논쟁의 시금석이자 출발점이 되었습니다. 단테처럼 르네상스 인본주의 학자들에게 첫 번째 갈등은 라틴어와 토착어 사이에 있었습니다. 만약 토착어를 선택하면(대부분의 작가들이 그랬듯이) 두 번째로 결정해야 할 것이 있었습니다. 어느 지역의 언어를 쓸 것인가? 플로렌스 방언? 아니면 베니스, 로마, 밀란, 혹은 다른 도시나 지역의 방언?

플로렌스의 명망과 정치적 세력이 이런 언어적 결정에 중요하게 영향을 미쳤습니다. 단테와 페트라르카, 보카치오 등을 포함하는 다른 토스카나 작가들에 의해 자리 잡힌 강력한 선례는 많은 다른 지역의 이탈리아 작가들에게 영향을 미쳤습니다. 1525년 베네치아 사람 피에트로 벰보는 토스카나를 모델로 하여 표준 이탈리아 어휘, 문법, 그리고 구문론을 제안했습니다. 다른 방언들 위에 군림하는 토스카나의 지배는 '플로렌스말이 로마인의 입에 [있어야 한다.]'는 속담에 반영되어 있습니다.

언어모델을 두고 이루어진 논쟁은 19세기에 영향력 있던 작가 알렉산드로 만조니가 그의 위대한 역사소설 *The Betrothed*(약혼자)를 위해 당시 플로렌스의 방언을 선택했을 때까지로 거슬러 갑니다. 이것은 밀란 방언이 그의 토속어였던 만조니에게 — 그가 색채감 있게 말하는 것처럼 — '[토스카나의] 아르노 강에서 그의 옷을 씻을' 것을 요구했습니다. 1860년에 만조니는 학교에서 사용되는 표준어로 토스카나의 방언을 정립하는 교육 정책을 성공적으로 로비했습니다. 20세기 중반까지 대부분의 이탈리아 사람들은 단테의 중세 플로렌스로부터 업데이트된 형태의 언어를 사용했습니다.

1920년대와 1930년대에 이탈리아 파시스트 정부가 정권을 잡았고 이탈리아어에 모든 외국영향을 제거하는 큰 성과가 없었던 캠페인을 전개했습니다. 예를 들어, 샌드위치라는 단어는 '사이에 있는 조그만 것'을 의미하는 새롭게 만들어진 단어 트라메지노(tramezzino)에 의해 몰아내졌습니다. 1938년 법령은 경의를 표하는 대명사 레이(lei, '당신')의 사용을 금지시키고 '보다 이탈리아적' 대명사 보이(voi)로 대신할 것을 요구했습니다. 그러나 레이와 샌드위치는 살아남았고 이탈리아어는 20세기 후반과 21세기를 통해 지속적으로 다른 언어들, 특히 영어 — 혹은 보다 구체적으로 영미어 — 로부터 단어들을 흡수하고 있습니다. 예를 들어, 새로운 영어단어 'to google(검색하다)'은 최근에 — 이탈리아 동사 어미를 첨가하여 — 이탈리아의 컴퓨터 문자의 단어로 합류되었습니다(googleare). 이탈리아 사람들은 이웃 프랑스 사람들만큼 그들의 언어에 대한 외국영향에 그렇게 예민하지 않고 이탈리아어 이외에도 많은 언어들이 이탈리아에서 사용되고 있습니다. 이들 중의 15개(독일어, 프랑스어, 프로방스어, 슬로베니아어, 알바니아어, 그리스어를 포함) 언어가 1999년 언어소수자로 공식적인 지위를 보장받았습니다.

지역 방언들과 다른 언어로부터 단어의 영향을 받았다면 현재 이탈리아 전역을 통해 보편적으로 이해되는 '진정한' 이탈리아어가 있나요? 예, 있습니다. 나라의 6천만 인구 중 대략 5천7백만 국민들이 표준어로 의사소통하고 있고 수백만 명의 이탈리아어 화자들이 다른 나라에서도 그렇게 하고 있습니다. 아르헨티나 사람들은 표준 이탈리아어의 한 버전을 사용하고 부에노스아이레스를 세계에서 두 번째로 큰 이탈리아어 도시로 만들었습니다. 표준 이탈리아어는 또한 유럽연합, 스위스, 그리고 바티칸 시의 공식언어입니다. 대중매체의 상승은 반도의 언어적 풍요를 주는 대략 100개의 방언을 멸종위기로 몰면서 표준어를 나라의 저쪽 끝까지 퍼뜨렸습니다. 1955년과 1995년 사이 방언만을 사용했던 화자의 퍼센트는 66%에서 6.6%로 떨어졌습니다. 이 모든 것이 언어의 분열이고 끝나지 않았습니다.

다른 모든 언어들처럼 이탈리아어도 국가 표준어가 만들어지고, 많은 방언들과 외국어 차용에 의해 풍부해지면서 엄청나게 변했습니다. 그리고 계속해서 변할 것입니다. 그러나 궁극적으로 그것의 기원은 토스카나에 있고 아마 단테는 오늘날의 이탈리아어를 이해하는 데 약간의 어려움만을 가질 것입니다.

• 저자에 대해

데니스 루니(채플 힐 노스캐롤라이나대학, 비교문학 박사, 1987)는 피츠버그대학 이탈리아어교수이며 고전학에 겸직교수이다. 그는 *Freedom Readers: The African American Reception of Dante Alighieri and the 'Divine Comedy'* (2011)를 출판했다. *Compromising the Classics: Romance Epic Narrative in the Italian Renaissance* (1996)는 1996-1997 이탈리아문학연구에 대한 MLA 명예상을 수상했다. 그는 *Phaethon's Children: The Este Court and Its Culture in Early Modern Ferrara* (2005)의 공동 편집자이고 *'My Muse will have a Story to Paint': the Selected Prose of Ludovico Ariosto* (2010)의 편집자이자 번역가이다.

추천도서

이 책에서

53장에서 기술되고 있는 것처럼 라틴어에서 성장해 나온 이탈리아어의 역사는 동일한 종류의 이슈를 커버하고 있는 8장(언어변화), 13장(문법), 44장(미국 방언 변화), 그리고 51장(영어의 기원)에서 보인다. 개별언어에 대한 다른 장들은 52~53장과 55~65장을 포함한다.

다른 곳에서

- Lepschy, Anna Laura and Giulio Lepschy. *The Italian Language Today* (Routledge, 2nd edition 1994). 근대 표준 이탈리아어에 초점을 맞추면서 언어의 역사에 대한 간략한 아웃라인을 제공한다. 현재 이탈리아어의 참고적 문법을 담고 있다.
- Maiden, *Martin. The Linguistic History of Italian* (Longman, 1995). 이탈리아어의 구성요소들의 역사적 발달에 관한 이야기. 언어에 대한 일정한 지식을 전제로 한다.
- Migliorini, Bruno; Gwynfor Griffith에 의해 간소화되고 재구성되고 수정됨. *The Italian Language* (Faber, 1984). 기원에서부터 20세기에 이르기까지 이탈리아어의 역사에 대한 종합적인 책이다.
- www.accademiadellacrusca.it. 피에트로 벰보의 규칙에 기초하여 표준 이탈리아어 사전을 만들기 위해 16세기에 건립된 활발한 언어학교의 웹사이트이다.

55
포르투갈어와 스페인어는 어떻게 다를까요?

앤 카르발호

**스페인어와 포르투갈어는 동일한 언어의 방언일까요?
이 둘의 차이는 무엇일까요? 이들은 어떻게 생겨났을까요?**

글쎄요, 만약 포르투갈어와 스페인어가 동일한 언어의 다른 버전이 아니라면 이들은 자매임이 분명하고 그것도 아주 가까운 자매입니다. 만약 우리가 방언을 상호간에 이해되는 다른 버전의 구어로 정의한다면 이들은 사실 동일언어의 다른 버전이라고 말할 수 있습니다. 비행장에서 아르헨티나 사람에게 말하는 브라질계 포르투갈어를 사용하는 화자를 발견하는 것은 어렵지 않습니다. 각자가 자신의 모국어를 사용하고 단지 간간이 단어의 의미를 분명히 하기 위해 멈출 필요가 있는 것을 제외하면 서로 이해하는 데 문제가 없습니다. 슬랭을 사용하거나 너무 빠르게 말하지 않는 한 대부분의 경우 아주 잘 소통합니다.

의사소통이 되는 이유는 스페인어와 포르투갈어가 약 80%의 어휘를 공유하고 단어순서나 동사시제와 같은 대부분의 문법적 구조를 공유하기 때문입니다. 종종 의사소통이 안 되는 경우는 발음의 차이 때문입니다. 아래의 두 문장을 보십시오. 첫째는 스페인어이고 둘째는 포르투갈어입니다.

Mis hermanos cantan bien.

Meus irmãos cantam bem.

동일한 다섯 개의 단어가 다르게 쓰였고 다르게 발음된 경우라는 것은 너무나 명백합니다('내 남동생은 노래를 아주 잘 부른다.'는 의미). 어떤 사람이 포르투갈어 — 포르투갈에서 왔던 브라질에서 왔던 상관없이 — 를 말하는 것을 들었을 때 바로 나타나는 차이는 포르투갈어에서는 irmãos나 cantam 같은 단어에 자주 사용하는 비음인데 스페인어 발음은 반대로 비음이 덜하다는 사실입니다.

또한 문장구조와 단어형성에 있어 약간의 차이가 있고 두 언어에서 발음은 같지만 의미가 다른 단어들이 있습니다. 예를 들어, 포르투갈어에서 'pegar'라는 단어는 '데려오다(pick up)'를 의미하고 스페인어에서는 '치다(hit)'를 의미합니다. 이것을 아이를 돌보는 일을 책임 맡고 있는 보모의 맥락에 넣어 생각해 보면 혼란을 쉽게 상상할 수 있을 것입니다.

단어와 문법에서의 엄청난 양의 겹침은 읽기에서 — 물론 발음이 문제가 되지 않는 영역 — 스페인어 화자가 포르투갈어를 거의 어려움 없이 읽을 수 있다는 것을 의미합니다. 최근의 한 연구는 포르투갈어에 대한 사전 경험이 없는 교육받은 스페인어 모국어 화자가 포르투갈어만으로 쓰인 학문적 글의 내용을 최대 95%까지 이해할 수 있다는 사실을 발견했습니다.

그러나 언어로부터 방언을 구별시키는 다른 기준도 있습니다. 속담에서 말하듯이 언어는 그 뒤에 군대를 가지고 있지만 방언은 그렇지 못합니다. 그리고 포르투갈어는 12세기 포르투갈의 건립 이래로 자체의 군대를 가지고 있습니다. 포르투갈어는 1536년 이래로 포르투갈인들의 눈에 독립언어의 지위를 부여하는 공식적 문법책을 가지고 있습니다. 스페인어처럼 포르투갈어도 이베리아반도를 차지했던 로마인들에 의해 사용된 라틴어 구어로부터 왔지만 그것은 산맥에 의해 스페인으로부터 분리된 반도의 서쪽에서 퍼졌습니다. 이 분리가 두 언어 사이의 차이를 가져왔습니다.

우리는 이것들이 이베리아반도의 유일한 언어들이 아니었다는 것을 잊지 말아야 합니다. 또 다른 라틴어의 자손 카탈로니아어는 스페인의 동쪽 해안을 따라 약 8백만 명이 사용하고 오랫동안 축적된 문헌유산을 가지며 스페인어와 포르투갈어와는 다른 언어라는 사실이 널리 인증되고 있습니다. 포르투갈 바로 위쪽, 스페인의 북서쪽 맨 끝에 있는 것이 약 3백만 명이 사는 산지인 갈리시아입니다. 이들은 일부 사람들이 포르투갈어의 사투리라고 부르는 것을 사용하지만 그 자체로 하나의 언어라고 생각하는 사람들도 있습니다. 나는 갈리시아어를 기본적으로 포르투갈어로 기술하지만 스페인어에 강한 영향을 받았습니다. 그리고 물론 로마인들이 들어오기 전에 반도를 차지하고 제국을 오랫동안 유지했던 바스크인이 있습니다. 이들은 어떤 다른 유럽언어와도 유전적으로 관련이 없는 언어인 에우스케라(Euskera)를 사용합니다.

포르투갈어는 본토인 유럽을 포함하여 다섯 개의 대륙에서 사용되고 있고 세계에서 가장 널리 사용되는 언어들 중 5위의 자리를 차지한다는 사실을 들으면 놀랄 것입니다. 포르투갈어는 떠오르는 경제적 실세이자 남아메리카에서 스페인어를 사용하지 않는 몇 안 되는 나라 중의 하나인 브라질의 언어입니다. 아프리카에서는 모잠비크, 앙골라, 기니비사우, 카보베르데에서 포르투갈어를 발견할 수 있습니다. 아시아에서도 그것을 들을 수 있습니다. 티모르 동쪽 섬들, 중국 남쪽 마카오, 인도의 서해안 고아에서 들을 수 있습니다. 포르투갈어는 또한 미국의 비영어권에서 11번째로 가장 일반적으로 사용되는 언어입니다. 만약 당신이 스페인어를 이미 알고 있으면 포르투갈어는 너무 유사해서 당신의 보고에 그것을 첨가하는 것은 어렵지 않을 것입니다. 그렇게 되면 당신은 세상의 더 많은 사람들과 대화할 수 있을 것입니다.

• 저자에 대해

앤 마리아 카르발호는 애리조나대학 포르투갈, 스페인어학과 부교수이고 그곳에서 또한 포르투갈어 프로그램을 지도한다. 그녀는 접촉언어들의 사회언어학, 특히 우루과이 북부 이중언어 사용 공동체에서 스페인어와 포르투갈어의 접촉을 연구한다. 사회언어학 이외에도 그녀는 스페인어 화자의 포르투갈어 습득에 관해 출판했다. 카르발호 박사는 버클리 캘리포니아대학에서 박사학위를 받았다.

추천도서

이 책에서

개별적 언어에 대한 다른 장으로는 52~54장과 56~65장이 포함됩니다. 40장(새로운 세계 스페인어) 또한 관심이 있을 수 있을 것이다.

다른 곳에서

- Carvalho, A. M., J. L. Freire, and A. J. B. Silva. 'Portuguese for Spanish Speakers' (http://portspan.cercll.arizona.edu, 2010). 이 웹사이트는 스페인어 화자 중 포르투갈어를 배우는 데 관심이 있거나 그들의 포르투갈어 실력을 향상시키는 데 관심이 있는 사람들을 위한 무료 활동을 제공한다. 문화, 언어, 읽기와 쓰기를 위한 교육자료센터에 의해 지원되는 이 사이트는 사용자들에게 현실적 독서, 문법적 설명, 그리고 포르투갈어의 구조 측면에서 연습 등을 제공한다.

- Kelm, Orlando. 'Portuguese Reading Workshop for Speakers of Spanish'. (www.laits.utexas.edu/orkelm/port/reading/readintro.html, 1997). 스페인어와 포르투갈어 사이의 스펠링 차이, 문법적 유사점과 차이점, 그리고 문장과 읽기 연습 등을 담고 있는 훌륭한 온라인 자원이다.
- Simões, Antonio. *Pois Não: Brazilian Portuguese Course for Spanish Speakers, with Basic Reference Grammar* (University of Texas Press, 2008). 이 책은 포르투갈어 대학 1년차에 해당하는 수업으로 포르투갈어와 스페인어를 비교한다. 브라질 화자에 의해 녹음된 CD도 포함하고 있다.
- Thogmartin, C. and J. Courteau. *A Checklist of Phonological, Grammatical and Lexical Contrasts between Spanish and Portuguese* (U.S. Department of Education, 1985). 이 책은 스페인어와 포르투갈어 간의 가장 주요한 차이에 대한 간략하고 쉽게 이해할 수 있는 현실적인 리스트를 제공한다. 누구든 두 언어 사이의 주요 차이를 이해하고자 하는 사람에게 아주 유용할 것이다.
- Ulsh, J. L. *From Spanish to Portuguese* (Foreign Service Institute, 1971). Ulsh의 세미나 페이퍼는 스페인어에 어느 정도 자신이 있는 사람이나 포르투갈어와 친숙함을 발전시키기 위해 실력을 더 쌓기를 원하는 사람들에게 유용할 것이다.

56
러시아어를 공부해야 할까요?

벤저민 리프킨

러시아어는 다른 언어들보다 덜 아름다울까요?
냉전시대가 끝났는데 비 러시아어 사용자가 러시아를 배워야 할 이유가 있을까요?

러시아어 교수인 내 동료 중의 한 사람은 그가 비행기를 탈 때마다 러시아어 미스터리 소설을 읽는 것을 좋아한다고 나에게 말합니다. 그가 흔하지 않은 문자로 쓰인 책을 읽는 것을 본 그의 옆자리 승객은 일반적으로 "당신 러시아어를 가르칩니까? 그것 너무 어렵죠!" 혹은 "러시아는 너무 황량합니다!" 혹은 "러시아어는 좀 추한 언어이지 않나요?" 혹은 "당신 학생들은 러시아어를 가지고 무엇을 할 수 있나요?" 심지어는 "러시아인들? 그 사람들 대부분의 시간을 보드카를 마시면서 보내지 않나요?"와 같은 질문을 합니다.

이러한 근거 없는 믿음에 대해 몇 가지를 말해 보겠습니다.

첫째, 러시아어는 당신이 생각하는 만큼 어렵지 않습니다. 알파벳이 다르기는 하지만 만약 당신이 남자기숙사나 여자기숙사에서 산 경험이 있거나 대학에서 수학을 공부한 적이 있다면 당신이 이미 많은 문자를 알고 있다는 사실에 놀랄 것입니다. 러시아문자는 그리스문자에서 온 것입니다. 33개의 자모가 있고 단지 10시간 정도이면 모두 익힐 수 있습니다. 러시아어는 인도-유럽어족으로 영어의 사촌이라는 사실을 잊지 마십시오. 그래서 많은 관련성이 있습니다. 예를 들어, 러시아어에서 동사 '보다(to see)'의 원형은 영어 단어 비디오(video), 비전(vision), 보이는(visual)과 관계있는 vid입니다. 물론 러시아어 단어들은 sputnik, babushka, intelligentsia처럼 영어에 영향을 미쳤습니다. 러시아어를 배우는 학생은 또한 이 언어의 원형, 접두사, 접미사 등의 아주 논리적인 체계에 의해 도움을 받습니다. 예를 들어, 당신이 '쓰다(to write)'라는 단어가 pisat'라는 것을 배우면 이 동사의 원형에 다양한 접두사를 붙임으로써 전체 동사의 시리즈가 예측 가능합니다. 접두사 vy-(out)를 더하면 vypisat'(작성하다(to write out))가 만들어지고, pro-('through')를 더하면 propisat'(처방하다(to prescribe))가 만들어지고, pod-('under')을 더하면 podpisat'(사인하다(to sign))가 만들어지고, pri-(붙다(adhering to))를 더하면 pripisat'(돌리다(to attribute))가 만들어지고, s-(from')를 더하면 spisat'('복사하다(to copy)')가 만들어지고, do-('~까지(up to)' 혹은 until)을 더하면 dopisat'(글쓰기를 끝내다(to finish writing))가 만들어집니다.

두 번째 근거 없는 믿음과 관련해서, 러시아는 어떤 의미로든 황량한 나라가 아니라는 것입니다. 예, 겨울이 길기는 하지만 겨울은 아름답습니다. 대부분의 러시아는 겨울에 눈이 오지만 햇볕도 있습니다. 황금의 둥근 지붕들이 눈으로 레이스를 장식하고 겨울 햇볕에 어슴푸레 빛나고 있는 러시아의 많은 교회들을 상상해 보십시오. 종종 울창한 숲 가까이 강가에 터를 잡은 러시아의 마을들은 아름답습니다. 모스크바와 상트페테르부르크는 세계 최상의 국제적 도시들입니다. 그리고 러시아 문화를 대표하는 아래의 이름들을 생각해 보십시오. 몇 명만 예 들어 보면, 도스토예프스키, 톨스토이, 체호프, 파스테르나크, 아흐마토바, 루블레프, 레핀, 샤갈, 말레비치, 칸딘스키, 포포바, 차이코프스키, 무소륵스키, 스트라빈스키, 프로코피에프, 쇼스타코비치, 에이센스테인, 타르코브스키 등이 있습니다. 만약 당신이 예술에 있어서 러시아의 역할에 대해 확신이 없으면 모스크바의 볼쇼이극단과 상트페테르부르크에 있는 에르미타주 박물관을 둘러보십시오. 심지어는 모스크바와 상트페테르부르크에 있는 지하철 체계까지도 눈부십니다.

러시아어의 발음과 관련된 세 번째 근거 없는 믿음과 관련하여(글쎄요, 미는 듣는 사람의 귀에 달렸지만) 누구든 www.russianpoetry.net에서 읽는, 예를 들어, 알렉산더 푸슈킨의 시 '나는 한때 당신을 사랑했습니다'를 들으면 러시아어가 특히 아름답다는 생각과 달리 다른 생각을 하는 것은 어렵습니다. 사실 이 사이트는 러시아 원어, 영어번역, 그리고 많은 러시아어로 된 시 낭송의 녹음을 보유하고 있어 러시아시의 아름다움을 경험할 수 있는 좋은 곳입니다.

러시아어의 아름다움 중에는 그것이 우정에 대해 열정적인 사람들에 의해 사용된다는 사실로부터 초래합니다. 러시아어를 배우고 러시아를 여행하기 위해 시간을 투자하는 사람들은 러시아 사람들의 우정이 얼마나 돈독한가에 의해 놀랄 것입니다. 그것은 국가적 특성입니다. 날씨는 춥지만 사람들은 아주 따뜻하고 친절합니다.

네 번째 근거 없는 믿음은 냉전이 끝난 지금 러시아어를 배우는 외국인은 그것을 전문적으로 사용할 수 없다는 것입니다. 진실은 러시아어 화자에 대한 수요가 증가하고 계속적으로 증가할 것이라는 사실입니다. 러시아 경제는 성장하고 있고 전에 없이 외국계회사들이 투자하고 있습니다. 러시아는 사우디아라비아 다음으로 석유와 천연자원을 보유한 나라입니다. 러시아의 태평양 해안의 나호드카와 북극의 무르만스크에 새로운 파이프라인이 건설되면 에너지 분야는 러시아의 경제에 점점 더 중요하게 될 것입니다. 부분적으로 에너지 분야 시장과 미국, 독일, 일본, 영국 등을 포함한 나라들의 투자덕분에 러시아의 중산층은 기하급수적으로 증가하고 있습니다. 불행하게도 러시아는 코카서스와 중앙아시아에 몇몇 불안정한 지역에 가까이 있습니다. 러시아는 러시아어와 문화에 정통한 사람들을 계속적으로 고용하는 미국정부에 지정학적, 전략적 중요성을 유지합니다.

러시아는 거대합니다. 그것은 칼리닌그라드에서 캄차카에 이르는 9시간대에 있는 지구 표면의 1/6에 걸쳐 뻗어 있습니다. 11시간대에 있었지만 정부가 최근에 2개의 시간대를 없앴습니다. 대략 1억 4천만 러시아인들이 러시아어를 그들의 모국어로 생각하는데 이것이 러시아어를 세계에서 가장 많이 말해지는 언어 중의 하나에 들게 합니다. 러시아어는 우크라이나, 벨라루스, 코카서스뿐만 아니라 중앙아시아의 구소련지역에 있는 많은 사람들을 포함하여 러시아 밖에 있는 수백만의 사람들에 의해 모국어 혹은 제2언어로 말해지고 있습니다. 유럽의 모든 주요 도시와 북미 주요 도시들에는 대규모의 러시아어 화자 공동체가 있습니다.

이제 우리는 마지막 이야기인 보드카에 관한 이야기로 왔습니다. 아마 이런 생각에는 어느 정도 진실이 담겨 있을 수 있습니다. 전설에 의하면 키예프의 왕자 블라디미르는 기독교를 슬라브족의 공식적인 종교로 선택했는데 부분적 이유가 이슬람교가 술을 금했기 때문이라는 것입니다. 왕자가 말하는 것처럼, '술은 러시아인의 즐거움'입니다. 그러나 모든 러시아 사람들이 보드카를 마시는 것은 아니며 대부분의 러시아 사람들은 차를 마십니다. 차는 의심의 여지없이 최고의 국민 음료이고 차 마시기는 국민적 취미입니다.

그래서 만약 당신이 새로운 언어를 시작할 준비가 되었다면 러시아어에 대해 생각해 보십시오. 그리고 다음에 러시아 악센트로 말하는 사람을 보면 차 한 잔을 드리세요. 당신은 평생의 친구를 얻게 될 것입니다.

• 저자에 대해

벤자민 리프킨은 뉴저지대학 근대언어학과 교수이자 인문·사회과학대학 학장이다. 그는 미국 슬라브어, 동유럽언어교사협회의 전임회장이고 미국 러시아어교사위원회의 임원으로, 오랜 회원이다. 그는 또한 러시아어의 학습과 교수에 관한 수많은 논문과 레벨이 다른 학습자들을 위한 교수자료의 저자이다. E-mail: Rifkin@tcnj.edu

• 추천도서

이 책에서

개별적 언어에 대한 다른 장으로는 52~55장과 57~65장이 포함된다. 전문적인 언어능력의 사용을 위한 기회와 요구조건은 22장(이중언어 사용), 39장(미국 언어 위기), 45장(언어 관련 직업), 46장(사전), 47장(통역과 번역), 그리고 49장(법의학언어학)에서 논의되고 있다.

다른 곳에서

• Billington, James. *Face of Russia* (TV Books, 1998). 러시아문화에 대한 논평이다.
• Massie, Suzanne. *Land of the Firebird* (Hearttree Press, 13th edition 1980). 러시아문화에 대한 논평이다.
• Rzhevsky, Nicholas, ed. *The Cambridge Companion to Modern Russian Culture*

(Cambridge University Press, 1999). 현대 러시아문화에 대한 논평이다.

- www.russnet.org. 러시아어를 배울 수 있는 상호작용적(웹기반) 자료. 특히 http://modules.russnet.org/why 에서 논문 '왜 러시아어를 배우는가?'를 읽어 보시오.
- http://slavica.com/teaching/rifkin/html. 러시아어 공부를 위해 볼 수 있는 자료들의 리뷰이다.

57
아이슬란드어는 왜 흥미로울까요?

패디 로우 주니어

왜 언어학자들이 아이슬란드어를 사랑할까요?
이 언어는 영어와 관련이 있을까요?

팝 가수 비요크(Björk)가 그녀의 대부분의 노래를 그녀의 모국어가 아니라 영어로 부른 것은 참 슬픈 일입니다. 아이슬란드어는 세상의 주요 언어들에서는 들을 수 없는 발음을 가지는 아주 흥미로운 언어입니다. 아이슬란드어와 영어는 관련이 있습니다. 둘 다 게르만어족이고 고대영어 화자는 근대 아이슬란드어의 조상인 고대 스칸디나비아 말을 이해할 수 있습니다. 그러나 오랜 시간에 걸쳐 너무나 많은 변화가 있었기 때문에 관련성을 찾기 위해서는 당신은 언어학자가 되어야만 합니다. 아이슬란드의 영웅전설 중의 하나는 이러한 상호 이해성의 상실을 1066년 '못된 왕 윌리엄'(노르망디의 윌리엄 — 우리들 대부분이 '정복자 윌리엄'으로 알고 있는)이 영국을 정복한 탓으로 돌립니다.

두 언어 중 수세기를 지나면서 더 많이 변한 것은 영어입니다. 오늘날의 아이슬란드어는 9세기에 바이킹들이 아이슬란드에 언어를 가져왔던 것에서 많이 다르지 않습니다. 이것을 한 번 생각해 보십시오. 우리는 천 년 전의 고대 영시 《베오울프》를 읽기 위해서는 대학 강의를 수강해야 하고 심지어는 단지 몇 백 년밖에 안 되는 셰익스피어의 연극도 우리에게는 어렵습니다. 그러나 현대 아이슬란드 사람은 천백 년 된 중세의 이야기들을 여전히 쉽게—사전 없이—읽을 수 있습니다. 언어의 발음은 시간이 지나면서 변했지만 다른 것들은 거의 그대로 입니다. 예, 영어의 변화에도 불구하고 때때로 두 언어의 관련성을 보는 것은 여전히 가능합니다. 예를 들어, 현대 아이슬란드어 문장 Það er klukka-n tólf(문자 그대로 '그것은 시간 12시이다')는 현대 영어의 '12시이다(It's twelve o'clock.)'에 해당합니다.

현대 아이슬란드 사람들은 여전히 과거에로 접근 가능하다는 사실이 어떻습니까? 글쎄요, 그들은 다른 언어들에 일어난 변화들에 크게 영향받지 않고 수세기 동안 상대적 고립 속에 살았습니다. 언어가 변하는 한 형태는 단어의 어미가 사라지는 것입니다. 영어가 어떻게 'thou hast'와 같은 구에서 '-st' 어미를 잃게 되었는지 생각해 보십시오. 이것은 스웨덴어와 노르웨이어에서도 일어났습니다. 이 언어들은 아이슬란드어의 자매이지만 그들의 문법은 꽤 간소화되었습니다. 반면, 아이슬란드어는 그것의 초기 형태를 많이 잃지 않았고 풍부한 복잡함을 유지하고 있습니다. 이러한 낡은 형태가 만약 당신이 아이슬란드 사람이 아니면 아이슬란드어를 배우기 어렵게 만들지만 이것이 언어학자들이 아이슬란드어를 사랑하는 이유이기도 합니다. 아이슬란드어는 초기 게르만어족의 과거로의 창을 제공합니다.

아이슬란드 사람들도 그들의 언어를 사랑하고 현재의 그 상태를 유지하기를 원합니다. 글로벌 커뮤니케이션 미디어들은 이 언어가 근대화되도록 압력을 가하고 있지만 아이슬란드 사람들은 저항하고 있습니다. 20세기 후반까지 독일어는 Telephone(이것의 '순수 독일어'에 해당하는 Fersprecher를 Telephone으로 대체함)과 같은 근대적인 국제 용어들을 받아 들인 것과는 달리 아이슬란드 사람들은 계속적으로 자신의 단어들 혹은 단어의 부분으로부터 새로운 단어를 만들고 있습니다. 예를 들어, Telephone은 '전선 말'을 의미하는 talsími, telegraph는 ritsími 혹은 '전선 쓰기'로 그들은 외부로부터 들어오는 새로운 단어에 대한 아이슬란드 언어를 제공하기 위해 지속적으로 사전을 생산하고 있습니다.

언어는 또한 사람들의 이름을 다루는 방식에 있어서 전통을 따릅니다. 대부분의 아이슬란드 사람들은 모든 가족 구성원들에 의해 세대를 통해 공유하는 이름인 성을 가지지 않습니다. 대신에 사람들은 지은 이름과 자신의 아버지의 이름을 딴 이름을 가집니다. 예를 들어, 오누이 이름이 Eiríkur와 Þoríds이고 이들의 아버지 이름이 Haraldur이면 각기 Eiríkur Haraldsson 과 Þoríds Haraldsdóttír 라고 불릴 것입니다. Eiríkur의 아들이자 Haraldur의 손자인 Tryggvi는 Tryggvi Eiríksson라고 불릴 것입니다. 그리고 당신이 전화번호부에서 그들을 찾을 때 당신은 그들의 이름을 가지고 알파벳순으로 Haraldur, Eiríkur, Þoríds, Tryggvi를 찾게 될 것입니다.

그들의 긴 겨울 저녁 때문에 아이슬란드 사람들은 1인당 독서량이 지구상의 다른 어떤 사람들보다 더 많습니다. 에다(Eddas)라고 알려진 그들의 고대(고대 스칸디나비아 말) 시와 고대 산문인 영웅전설(Sagas)이 이 나라의 초기 역사 대부분을 보전하는 것들입니다. 이것들은 또한 리하르트 바그너가 《니벨룽겐의 반지》에 엮어 넣은 게르만족 신화에 대해 도움을 받은 자료 중의 한 부분입니다.

에다는 당신이 말을 이해하기 위해 번역이 필요할지라도 그것의 아름다움으로 인해 들어 볼 가치가 있는 아이슬란드의 가장 유명한 시 중의 하나인 'Völuspá'(Sybil의 노래)을 담고 있습니다.

영웅전설은 여러 시리즈로 존재하지만 두 개가 특히 주목할 만합니다. 《노르웨이 왕들의 전설(*The Sagas of the Kings of Norway*)》은 무서울 정도로 독립적인 초기 아이슬란드 사람들이 어떻게 그리고 왜 노르웨이를 떠났고 그 왕들이 아이슬란드로 이주하였는지를 전하고 있습니다. 《아이슬란드인들의 영웅전설(*The Sagas of Icelanders*)》은 섬에 정착한 가족들과 그들이 어떻게 되었는지를 전하고 있습니다. 이들 중에 가장 유명한 것은 아마 《냘의 영웅전설(*Njal's Saga*)》일 것입니다(추천도서를 참고하십시오).

당신이 영웅전설을 읽어 보길 원할 수 있는 이유 중의 하나는 이것이 바이킹들이 빈랜드(Vinland)라고 부른 최초의 아메리카의 발견을 기록하고 있다는 사실입니다. 좀 더 자세한 내용을 위해 《리프 에릭슨 사가(*The Saga of Leif Erikson*)》나 《에릭 드 레드 사가(*The Saga of Erik the Red*)》를 읽어 보십시오. 아닙니다. 콜럼버스가 아메리카를 최초로 발견한 것은 아닙니다. 솔직히 말해서 고대 아이슬란드인들이 발견한 것도 아닐 수 있습니다. 그러나 그들이 발견에 대해 쓴 최초의 사람들입니다. 그리고 현재 이러한 것들은 책으로 나와 있습니다.

또한 현대 아이슬란드 언어로 된 풍부하고 다양한 문학이 있습니다. 할도르 락스네스는 20세기 초반 아이슬란드에서 궁핍한 소작농의 삶을 그린 그의 소설 《자립적 사람들(*Independent People*)》로 1955년 노벨 문학상을 수상했습니다. 그의 다른 많은 작품들 중에는 수전 손택이 "지금까지 쓰인 가장 재미있는 책 중의 하나"라고 부른 《빙하 아래(*Under the Glacier*)》가 있습니다. 영어로도 나와 있는 수상작 아이슬란드 탐정 스릴러로 아날두르 인드리다손의 《항아리 도시(*Jar City*)》와 《무덤의 침묵(*Silence of the Grave*)》 그리고 일사 시귀르다르도티르의 《마지막 의식(*Last Rituals*)》이 있습니다. 얼마나 많은 다른 문화가 아주 많은 다양성을 가지고 천 년의 문학을 당신에게 제공할 수 있겠습니까?

• 저자에 대해

버지니아 주 폴스 처치에 사는 패디 로우 주니어는 버클리 캘리포니아대학에서 독일 언어학으로 박사학위를 받았다. 그의 전문분야는 외국어 유창성 테스트이고 그는 독립 학자이자 작가이다. 그는 고대 아이슬란드어(고대 스칸디나비아어(Old Norse)라고도 알려져 있음)를 가르쳤고 아주 오랫동안 아이슬란드어의 방언들과 문학에 매료되었다.

추천도서

이 책에서

아이슬란드어의 역사적 역할은 6장(언어 관련성), 8장(언어변화), 13장(문법), 44장(미국 방언 변화), 그리고 51장(영어의 기원)에서 논의된 진화과정의 한 예이다. 개별언어에 대한 장으로는 52~56장과 58~65장이 있다.

다른 곳에서

- Smiley, Jane. Robert Kellogg가 서론을 씀. *Sagas of the Icelanders: A Selection* (Penguin Books, 2001). 782쪽인 이 책은 아홉 개의 영웅전설(이들 중에는 북미에서 발견된 빈랜드 영웅전설이 있음)과 일곱 개의 고대 아이슬란드 이야기의 훌륭한 모음집이다.

아래는 더 읽어볼 만한 제목들이다.

- Brønsted, Johannes. *The Vkikngs* (Penguin, 1960).
- Cook, Robert, translator. *Njal's Saga* (Penguin, 1997).
- Forte, Angelo, Richard Oram, and Frederik Pedersen. *Viking Empires* (Cambridge University Press, 2005).
- Hjálmarsson, Jón R. *History of Iceland: From the Settlement to the Present* (Iceland Review, 1993).
- Larrington, Carolyne. translator. *The Poetic Edda: A New Translation by Carolyne Larrington* (Oxford University Press, 1996).
- Sturluson, Snorri. translated by Jean I. Young. *The Prose Edda: Tales from Norse Mythology* (University of California Press, 2001).

58
히브리어와 이디시어의 차이는 무엇일까요?

닐 제이콥스

히브리어와 이디시어는 동일한 언어일까요?
왜 유대인은 두 언어를 모두 알아야 할까요?
왜 사람들은 이 두 언어를 혼동할까요?

누군가가 당신에게 어떤 일을 하냐고 묻고 당신이 "나는 이디시어를 가르친다."고 답할 때 분명한 말로 "이디시어가 무엇이냐"고 물어질 것에 대비하세요. '구약성서의 언어' 혹은 '단지 당신이 사용하는 언어에 섞을 수 있는 유대인 슬랭 단어들' 혹은 '문법을 가지지 않는 독일어' 혹은 '히브리어의 다른 이름'. 이 중의 어느 것도 정확한 답이 아닙니다. 기본적인 단어와 문장 구조를 얼핏 보기만 해도 이디시어와 히브리어는 아주 다른 언어라는 것을 누구나 쉽게 알 것입니다. 아래는 당신이 '그는 책을 읽었다'를 어떻게 말하는지를 먼저 이디시어를, 다음은 현대 이스라엘 히브리어를 음성학적으로 번역한 것입니다.

Er hot geleyent dos bukh.

Hu kará et ha-sefer.

그러면 왜 사람들은 — 일반적으로 비유대인들, 그러나 항상 그런 것은 아님 — 두 언어를 혼동할까요? 이것은 중요하고 흥미로운 질문입니다.

외부인이 혼동할 수 있는 한 가지 이유는 대부분의 유대 말을 사용하는 집단들이 오랜 기간 동안 두 언어를 모두 사용했다는 사실입니다. 다른 이유는 두 언어가 모두 오늘날 종종 '히브리' 알파벳이라 부르는 것으로 쓰인다는 사실입니다. (역사적으로 말하면 '유대'가 더 정확한 표현이 될 것입니다.) 그래서 알파벳을 모르는 사람은 히브리어로 쓰인 문서나 거리 표지판을 이디시어로 쓰인 그것들로부터 구별할 방법이 없습니다. 혼동을 야기한 세 번째 가능한 이유는 두 언어가 상당히 많은 공통된 단어(기본적으로 히브리어 단어와 구들이 이디시 언어의 부분이 되었음)를 가진다는 것입니다.

마지막 혼동 원인은 두 언어 사이의 상호작용은 유대인 집단 간에 그리고 역사적 시기에 따라 다르다는 것입니다. 전체 유대인의 천 년의 역사에서 많은 유대인들이 오랜 시간 이디시 언어로 말을 하면서 히브리어를 읽었다는 사실입니다.

히브리어는 셈어족의 한 구성원으로 아람어(예수가 사용한 언어)에 아주 가깝고 다소 거리는 있지만 아랍어와도 비슷합니다. (현대 이스라엘 히브리어는 성서시대에 말해진 고전적 히브리어와는 많이 다르고 이 둘은 또한 둘 사이의 수세기 동안의 학자적 언어인 랍비 히브리어와도 많이 다릅니다. 그러나 이 문제는 다른 글을 위한 주제입니다.) 이디시 언어는 기원을 찾기가 더 어렵습니다. 대부분의 어휘가 그런 것처럼 기본적인 문법 구조는 게르만어에서 왔습니다(일반적으로 약 70%로 추정함). 나머지 30%는 히브리어, 아람어, 그리고 슬라브어에서 왔는데 이것들은 이디시어 문법에도 다양한 흔적을 남겼습니다.

이러한 어휘의 다양한 유래를 두고 어떤 사람들은 이디시어를 그 자체로 하나의 언어라기보다는 기원언어들로부터 온 언어조각들의 잡동사니로 보았습니다. 20세기 위대한 유대인 학자 맥스 와인라이크는 이디시어를 다양한 기원에서 온 어휘요소들을 그 자체의 독자적인 문법에 적용한 '융합언어'로 보다 정확하게 기술합니다. 이런 융합은 한 언어가 다른 언어로부터 어휘를 빌려올 때 흔하게 나타납니다. 예를 들어, 영어는 기계적 혹은 전자적 오작동을 나타내기 위해 이디시 단어 glitsh(문제가 되는 영역, 실수)를 받아 들였습니다. 이디시어에서 복수는 glitshn이지만 영어 화자는 영어의 규칙적 복수형(glitches)으로 빌려온 이 단어를 '귀화'시켰습니다.

히브리어와 이디시어 사이의 이 같은 언어공존은 유대문화에서 오랜 역사를 가집니다. 서기 70년 로마가 예루살렘의 두 번째 성전을 파괴하기 전에도 종교적 목적으로는 히브리어를 여전히 사용했지만 대부분의 유대인들의 일상적인 구어는 그들 자체적인 아람어의 버전이었습니다. 수세기에 걸쳐 흩어진 유대인 집단의 디아스포라는 유대인이 아닌 그들의 이웃들의 구어에 영향을 받고 그들 자신의 새로운 토착언어(속어)를 발전시켰습니다. 유대계 페르시아어, 유대즈모(가끔 라디노어라고도 불림), 유대계 아랍어 등이 그것입니다. 동시에 히브리어(혹은 유대계 아람어)는 종교적 목적에서뿐만 아니라 주요한 문서를 위해 그리고 다른 디아스포라 공동체와의 연결을 유지하기 위한 공용어로 사용되었습니다. 일종의 다언어사용이 유대인들 사이에 표준이 되었습니다. 일상적인 삶이 히브리어/아람어와 유대 토속어 사이를, 그리고 종종 토속어와 주변의 비유대계 사람들의 언어 사이를 적절하게 왔다 갔다 하는 능력을 요구했습니다.

이디시어는 초기 유대인 토속어가 중동에서 발생한 것과 거의 같은 방식으로 19세기와 20세기 사이에 유럽에서 발생했습니다. 독일의 라인 강을 따라 중세 유대인 집단은 하나의 새로운 유대인들의 가지 ─ 독일어에 영향 받은 그들 자체의 언어를 가진 에쉬케나지 유대인 ─ 으로 진화했습니다. 19세기경 그들 최대의 팽창 시점에 중앙 유럽과 동부 유럽에서의 이디시어는 유럽 언어/문화 영역에서 두 번째로 큰(러시아 다음으로) 지리적 영역을 차지했습니다. 2차 세계대전 전날 전세계적으로 이디시어 화자의 수는 천백 만에서 천삼백만 명으로 추정되고 이는 이디시어를 당시 네 번째 혹은 세 번째로 가장 널리 사용되는 게르만어로 만들었습니다. 대학살 당시 살해된 육백만 명의 유대인 중 오백만 명은 이디시어 사용자였습니다.

이디시(Yidish, '유대인의'를 의미함)는 이 말을 사용하는 사람들 사이에 상대적으로 새로운 이름입니다. 초기에 유대인들은 이디시어를 Loshn-koydesh(신성한 언어)라고 불린 히브리어와 아람어로부터 구별하기 위해 '우리언어' 혹은 mame-loshn(어머니 언어)라고 불렀습니다. 전통적 아쉬켄나즈 종교 공부에서는 두 언어 사이에 하나의 정해진 작업절차가 있었습니다. 성스러운 텍스트가 먼저 원래의 히브리어나 아람어로 크게 읽혀지고 그런 다음 이디시어로 토론이 이루어졌습니다. 하나의 문화공간 안에 공존하면서 히브리어는 수세기 동안 지속적으로 이디시어에 영향을 미쳤고 놀랄 필요 없이 이디시어 패턴은 때때로 에쉬케나지 Loshn-koydesh에서 그것들의 방법을 찾았습니다. 근대에 이르기까지 히브리어는 만연했습니다. 초기 이디시어로 출판된 책들은 제목을 히브리어로 달았습니다.

유럽 근대역사에서 이디시어와 같은 토속어의 성공적인 투쟁이 국가언어가 되고 학문적 논의나 저널리즘, 국가문학 등으로 사용되었다는 데 주목할 만합니다. 흥미롭게도 20세기 초 히브리어 또한 번창하는 국가언어로 재정립되는 것을 보여주었습니다. 구어적 히브리어와 이디시어의 지배영역 밖에서 조차도 두 언어는 각각이 지속적으로 오늘날 유대인 말의 민족지학 — 예를 들어, 미국 유대영어 — 안에서 역할을 담당하고 있고, 고대로부터 오늘에 이러기까지 유대인들의 삶에서 언어적 복잡성을 지속적으로 경험하고 있습니다.

• 저자에 대해

닐 제이콥스는 오하이오 주립대학 게르만 언어 문학과의 이디시어와 에쉬케나지 연구 프로그램에 소속된 교수이다. 그는 유대 언어학의 영역에서 폭넓게 출판하고 있고 《유대인어: 언어학입문》(2005/2009)의 저자이다. 그의 교수와 연구의 다른 영역으로는 후기 이디시 유대인의 민족어, 유대인 카바레, 유대인 지리학, 세파르디 유대인의 큐라소에서의 파피아멘투이다. 그는 게르만어학회에서 활발하게 활동 중이고 두 번이나 부회장으로 선출되었다.

추천도서

이 책에서

이 장에서 논의된 주제와 다양한 방식에서 관련된 장은 6장(어족), 7장(아담의 언어), 9장(국제어), 28장(언어구제), 그리고 59장(아랍어)이 포함된다. 개별언어에 대한 장은 52~57장과 60~65장이다.

다른 곳에서

- Fishman, Joshua. 'The sociology of Yiddish: A foreword', in Joshua Fishman, ed., *Never say die! A Thousand Years of Yiddish in Jewish Life and Letters*, pp. 97

(Mouton, 1981).

- Glinert, Lewis, ed. *Hebrew in Ashkenaz: A Language in Exile* (Oxford University Press, 1993).
- Weinreich, Max. 'The reality of Jewishness vs. the ghetto myth: the sociolinguistic roots of Yiddish', in *To Honor Roman Jakobson: Essays on the Occasion of his Seventieth Birthday, 11 October* 1966 (Mouton, 1967), 3: pp. 2199-2221.
- Weinreich, Max. 'Internal bilingualism in Ashkenaz', Irving Howe and Eliezer Greenberg, eds., *Voices from the Yiddish* (University of Michigan Press, 1972), pp. 279-288.

59
모든 아랍사람들이 동일한 언어를 사용할까요?

제리 램페

아랍어는 어떻게 생겼을까요?
우리가 그것을 공부해야 할까요? 그것을 배우는 것이 얼마나 어려울까요?
아랍어를 가지고 당신은 무엇을 할 수 있을까요?

오늘날 아랍어는 우리 주변 아주 가까이에 있습니다. 뉴스에서 우리는 무자헤딘, 인티파다, 알카에다와 같은 단어들을 듣습니다. 후무스나 팔라펠과 같은 중동 음식은 좋은 음식이라고 생각합니다. 그리고 만약 당신이 자세히 보면 아랍문자로 쓰인 아랍어를 읽고 말할 수 있는 사람을 찾는 조그만 광고들을 볼 것입니다 — 어떤 이유에서인지 종종 스포츠 면에서.

아랍어는 서양인들의 귀에는 이색적 소리로 들립니다. 그러나 그 소리에 익숙해질 필요가 있습니다. 왜냐하면 아랍어는 더 이상 언어학자나 미식가만을 위한 것은 아니기 때문입니다. 그것은 앞으로 오랜 기간 우리 삶의 부분이 될 것으로 전망됩니다.

아랍어는 페르시아 만에서 대서양에 이르는 지역에 사는 2억 5천만 명

이상의 사람들에 의해 사용되고 있습니다. 아랍어는 이슬람교의 성전인 코란의 언어로 7억 이상의 인구가 그들의 일상생활의 정신적 요소로 이 언어를 가지고 있습니다. 22개 국가가 아랍어를 그들의 기본언어로 하고 있고 유엔은 1974년 아랍어를 유엔 공식언어 중 하나로 만들었습니다. 여러 척도에서 아랍어는 세계에서 가장 중요한 언어 중 하나입니다.

그러나 아랍어는 그것을 더 잘 알아야 할 나라들에서 아주 등한시되었습니다. 대표적인 예가 미국입니다. 당신은 아마 FBI와 정부의 다른 기관들(80개 이상의 기관들)에서 아랍어에 유창한 미국인을 엄청나게 필요로 한다는 사실을 들었을 것입니다. 그리고 이라크에서 봉사하는 군인들과 일반인들은 이라크 사람들과 소통할 수 있는 언어나 문화적 기술을 가지고 있지 않습니다. 아랍어는 현재 미국 국가 안보에 가장 결정적인 언어이지만 다양한 직업군(번역가, 통역가, 외교가, 비즈니스 상담가, 시장분석가, 정보분석가, 그리고 물론 교사와 연구자 등)을 채울 아랍어 능력을 가진 사람은 턱없이 부족합니다.

당신은 아마 아랍어를 배우는 것이 어렵다고 말하는 것을 들었을 것입니다. 어떤 부분이 어려울까요? 글쎄요, 문자 체계가 익숙해지는 데 약간 시간이 걸릴 것입니다. 왜냐하면 단어와 문장이 오른쪽에서 왼쪽으로 쓰이기 때문입니다. 이 말은 당신이 책의 뒤쪽이라고 생각할 수 있는 부분이 사실은 앞이라는 의미입니다. 단지 28개의 알파벳과 알파벳의 아래 위에 붙는 몇 개의 점들로 이루어져 있습니다. 나는 이 문자들을 '벌레와 달팽이'라고 묘사하는 것을 들은 적이 있는데 서양인의 눈에 그것들은 지렁이처럼 보일 수 있습니다. 그러나 그것들은 실제로 아주 아름답고 사실 아랍과 이슬람세계의 예술의 기본적 형태로 구성되어 있습니다. 만약 당신이 체계적으로 공부한다면 그것들을 익히는 데 한 주 이상은 걸리지 않을 것입니다.

또한 아랍어 발음은 즉석에서는 어려울 수 있습니다. 왜냐하면 영어에는 없는 많은 발음이 있기 때문입니다. 식도 뒤쪽에서 나는 몇몇의 소리는 간혹 독일어를 생각나게 합니다.

아랍어에서 가장 어려운 것은 아마 사람들과 잘 어울리기 위해서 언어의 두 버전을 알아야 한다는 사실일 것입니다. 하나는 MSA로 알려진 근대 표준 아랍어로 아랍세계의 문학과 미디어 언어입니다. 이외에 당신은 방언인 아랍어의 구어버전으로 이 나라의 일상적 말에서 사용되는 언어가 필요합니다. 대부분의 사람들은 이집트 방언이나 레바논 방언을 배웁니다. 왜냐하면 이것들이 서양에서 가장 자주 가르치는 두 버전이고 아랍어를 배우는 대부분의 미국학생이나 유럽학생은 이집트나 레바논에 있는 유학프로그램에 참여하기 때문입니다.

왜 당신은 근대 표준어와 방언 둘 다 필요할까요? 만약 당신이 MSA만 사용하면 공식적인 상황이나 영화나 미국에서 이 말을 듣는 대부분의 아랍인들에 의해서는 이해될 것입니다. 그러나 많은 아랍인들은 일상에서 이 말을 사용하지 않기 때문에 당신이 가는 시골의 방언을 배우지 않는 한 당신은 그들을 이해하지 못할 것입니다. 사실 아랍어 사용 세계에서 방언은 지역마다 너무 달라서 심지어 아랍인들도 그들이 여행할 때 늘 서로를 이해하지는 못합니다.

따라서 아랍어를 배우는 데 시간과 노력이 들 것입니다. 그러나 아주 가치 있는 일입니다. 아랍어는 한 세기가 된 언어이고 아주 풍성한 문화의 한 본질적 부분입니다. 그것을 배우는 것은 진정으로 풍요롭게 되는, 마음을 여는 경험이고, 아랍어를 열심히 공부하는 것은 다양한 분야의 흥미로운 직업으로 당신을 이끌 수 있습니다. 비 아랍세계가 좀 더 자주 학교에서 아랍어를 가르쳐야 하지 않을까요?

• 저자에 대해

제리 램페는 30년 이상 아랍과 이슬람학을 가르친 독립적 상담가이다. 최근 그의 프로젝트는 원로 아카데믹 지도자로 (대학 레벨) 아랍어 주력 프로그램을 위해 일하는 것, 고등학생들을 위한 온라인 아랍어 학습 목표를 발전시키는 일, 상호 문화적 의사소통에 있어서 자신감을 위한 수준별 설명을 고안하기 위해 관계 부처 간 언어원탁회의를 통해 연방정부 동료들과 일하는 것 등을 포함한다. 이 글의 초안은 ILR 웹사이트 www.govtilr.org에서 볼 수 있다.

• 추천도서

이 책에서

개별언어에 대한 장으로는 52~58장과 60~65장이 있다. 언어능력의 전문적 사용을 위한 기회와 필요사항은 22장(이중언어 사용), 39장(미국의 언어 위기), 45장(언어 관련 직업), 46장(사전), 47장(통역과 번역), 그리고 49장(법의학언어학)에서 논의되고 있다.

다른 곳에서

- American Association of Teachers of Arabic (AATA), www.aataweb.org. 다음의 섹션들을 보시오. 아랍어에 관해서, 메뉴스크립트, 아랍어프로그램, 아랍어 소프트웨어, 일반 링크.
- Brustard, Kristen, et al. *Alif Baa: Introduction to Arabic Letters and Sounds* (Georgetown University Press, 2001).
- Brustard, Kristen, et al. *Al-Kitaab Fii Ta'allum al-'Arabiyya: A Textbook for Beginning Arabic, Part One* (Georgetown University Press, 1995).
  위 책들은 미국에서 초급 아랍어를 위해 가장 널리 사용되는 교재이다.
- Nydell, Margaret. *Understanding Arabs: A Guide for Modern Times* (Intercultural Press, 4th edition 2005). 아랍 사람들, 언어, 문화에 관해 더 많이 알기를 원하는 사람을 위한 가장 인기 있는 가이드이다.

- National Foreign Laguage Center (NFLC). www.langsource.umd.edu. 아랍 언어와 문화의 학습과 교수를 위한 몇몇 최고의 자료에 대한 간략한 리뷰로 구성된 데이터베이스이다.

60
아프리카 언어가 스와힐리어일까요?

도날드 오즈본

아프리카 사람들은 어떤 언어를 사용할까요?
유럽언어들처럼 아프리카의 모든 언어들이 관련이 있을까요?
이 언어들은 유럽언어보다 덜 복잡하고 덜 발전되었을까요?

"아프리카말로 말해봐." 당신은 아마 아프리카 교환학생에게 대학 1학년생이 이렇게 요청하는 것을 들을 수 있을 것입니다. 그러나 물론 하나의 '아프리카 언어'라는 것은 없습니다. 언어들에 관해 폭넓게 인용되는 색인서인 《에스놀로그》에 의하면 아프리카대륙에는 2,110개의 독립 언어가 있습니다. 어떤 언어들은 아주 작은 집단, 아마 한 마을에 사는 사람들에 의해서만 사용되고 어떤 언어는 수백만 명에 의해 사용되기도 합니다. 기억해야 할 것은 아프리카 특히 사하라사막 남부는 세계에서 가장 많은 언어가 사용되는 지역 중의 하나라는 사실입니다.

그러나 스와힐리어와 같은 공유하는 아프리카의 언어는 어떨까요? 글쎄요. 많은 사람들이 스와힐리어를 사용하지만 대부분 동부 아프리카에

한정되어 있습니다. 아프리카는 광활한 대륙이고 가장 광범위하게 사용되는 언어라 할지라도 단지 몇몇 지역들에서만 사용됩니다.

아프리카의 많은 수의 언어들 때문에 우리가 그것들에 대해 계속적으로 배우고 있는 많은 것들이 있습니다. 대부분이 문자 없이 구어의 전통만을 가진 구어들이기 때문에 그것들을 문서화하는 것은 쉽지 않습니다. 그리고 그것들은 어느 정도로 서로 관련이 있을까요? 디드릭 헤르만 베스터만의 작업과 같은 초기 작업에 바탕을 두고 언어학자 조셉 그린버그가 아프리카언어들은 단지 네 개의 다른 어족으로 분류된다고 주장한 1963년 전까지는 언어들 간의 관련 관계는 확실하지 않았습니다. 이 네 어족은 대부분의 사하라사막 하류에 퍼져있는 1,300개 이상의 언어그룹, 히브리어, 아랍어, 그리고 암하라어를 포함하는 북아프리카에 있는 그룹, 차드와 우간다 주변의 중부에 있는 그룹, 그리고 칼라하리사막 가까이의 코이산이라고 불리는 조그만 그룹으로 분류됩니다.

그러면 이런 언어들은 어떻게 생겼을까요? 그들의 다양성 때문에 어느 한 언어가 그것들 모두를 대표하지는 않습니다. 아마 당신은 케냐에서 집단의 사기진작을 위해 외치는 소리로 '함께하다'는 의미의 스와힐리어 하람비(harambee) 같은 단어를 종종 들었을 것입니다. 혹은 미리엄 마케바나 말리 파카의 노래들을 들었을 것입니다. 혹은 영화 〈아미스타드〉에서 배우들이 오늘날 시에라리온의 언어인 멘디를 말하는 아프리카 노예를 묘사하여 멘디로 대화하는 것을 들었을 것입니다. 아마도 영어 화자의 귀에 가장 이색적인 것은 몇몇 남부아프리카 언어들에서 자음으로 사용하는 클릭 소리일 것입니다. 당신은 이 소리들을 비제(Bizert)의 오페라 〈카르멘〉의 최근 영화 버전에서 들을 수 있는데 영화에서는 전적으로 호사(Xhosa)어로 말하고 노래합니다.

아프리카 언어들의 소리와 문법은 우리 영어 화자들에게 종종 보다 친숙한 것과는 아주 다릅니다. 예를 들어, 나이지리아의 요루바어처럼 많은 언어들이 단어의 의미를 구별하기 위해 중국어와 같은 성조를 사용합니다. 참, 이러한 성조가 바로 그 지역의 유명한 테크닉인 메시지를 전달하기 위해 사용한 '말하는 드럼'을 가능하게 만들었습니다.

그리고 몇몇 아프리카 언어의 구조는 꽤 복잡합니다. 우리는 명사를 분류하기 위해 3개의 성별을 가지는 독일어를 복잡하다고 생각하지만 서아프리카의 풀라니어는 24개 이상의 명사그룹을 가집니다. 그러나 이 경우 명사 어미와 지시하는 불변화사가 조화를 이루어 그것들을 익히는 것은 예를 들어 유럽대륙의 언어에서 물질이나 추상체의 성을 기억하는 것보다 더 간단합니다.

다른 언어들도 언어학자들이 이웃 코이산어에서 빌려왔다고 믿는 호사어에서의 클릭과 같은 그런 고유한 소리를 가집니다. 클릭소리는 우리 인간 조상들이 의사소통하기 위해 만든 초기 소리들 중 살아있는 잔여물이라고 주장되었습니다. 이것은 음성학의 측면에서 이러한 언어들을 우리가 아는 가장 오래된 언어들 중 몇몇 언어가 되게 합니다.

클릭소리는 오래됐지만 어떤 의미에서도 원시적이지는 않습니다. 아프리카 사람이 아닌 많은 사람들은 복잡한 생각을 표현하는 데 있어 아프리카 언어는 유럽 언어보다 덜 정교하다고 여전히 믿습니다. 반세기 전 세네갈의 학자 칙 안타 디오프가 아인슈타인의 상대성이론의 설명을 세네갈과 감비아 언어인 올로프로 번역한 것은 이런 태도에 대한 대항이었습니다.

그리고 문자는 어떨까요? 종종 아프리카 문화는 구전문화라고 말해지지만 이것은 지나친 단순화입니다. 많은 아프리카 언어들은 오랜 시간 동안 쓰였습니다. 에티오피아와 에리트리아의 암하릭과 티그린야를 위해 사용된 것과 같은 원주민 문자로 된 말들, 서아프리카에 있어서 몇몇, 그리고 아랍 문자로 쓰인 스와힐리어(비록 이것은 오늘날 덜 일반적이긴 하지만), 그리고 때때로 이러한 말들에서 사용된 부가적 소리를 나타내기 위해 부가적 문자를 가진 라틴 알파벳으로 된 많은 말들이 그렇습니다. 그러나 그들 언어의 문자를 실제로 사용한 사람들의 수는 많지는 않습니다.

이제 이런 다른 모든 언어들을 가지고 사람들은 어떻게 의사소통할까요? 그들은 방법을 찾습니다. 아프리카 사람들은 일반적으로 자기가 사는 지역 주변에서는 일상에서 하나 이상의 언어를 사용합니다. 만약 그들이 집을 떠나 멀리가면 그들은 주로 스와힐리어, 영어, 혹은 프랑스어 — 혹은 아마 피진어 — 와 같은 공용어에 의존할 수 있습니다.

그러나 이 같은 답변은 다른 종류의 질문을 야기합니다. — 이 모든 언어들이 얼마나 다르며, 혹은 실제로 몇 개의 언어가 있습니까? 《에스놀로그》에서 헤아리는 아프리카에서의 2,000개 이상의 언어들 중의 많은 수는 사실 아주 비슷합니다. 그들 중의 어떤 그룹은 대안적으로 한 언어의 사투리로 분류될 수 있습니다. 예를 들어, 《뿌리(*Roots*)》의 저자 알렉스 핼리의 조상인 쿤타킨테의 만딘카어는 말린케, 밤바라, 그리고 줄라라 불리는 언어들에 아주 가까워서 이 중 한 언어에 유창한 화자는 다른 사람을 정도의 차이는 있겠지만 이해할 수 있습니다. 이러한 근거에서 어떤 이들은 아프리카는 그렇게 보이기는 하지만 사실 바벨탑이 아니라고 주장합니다.

그럼에도 불구하고 인구성장과 사회변화로 이미 복잡한 다언어 상황은 더 복잡하게 되었습니다. 아프리카 언어는 특히 다양한 사람들이 함께 모이는 도시에서 변화하고 있습니다. 더 이상 — 혹은 전혀 — 학교에서 가르치지 않는 언어들은 화자들을 잃고 있습니다. 경제적 인센티브가 영어나 프랑스어를 선호하게 만들었습니다. 그러나 아프리카 언어들은 일상생활, 문화 정체성, 그리고 대륙의 경제활동의 확고한 부분입니다. 아프리카에 있는 언어의 수만큼이나 많은 답변이 있을 것입니다.

• 저자에 대해

도날드 오즈본은 워싱턴 D. C. 지역에서 일하는 독립 학자이다. 그는 또한 컴퓨터와 인터넷에서 아프리카 언어를 사용하는 것을 장려하는 작은 단체 비사랫을 운영한다. 오즈본 박사는 두 개의 아프리카 언어를 공부하여 말하고 두 언어 중 하나의 언어사전을 출판한 환경, 농업, 그리고 발달 영역의 전문가이다. 그는 12년 동안 서아프리카와 동아프리카에서 살면서 일했다.

• 추천도서

이 책에서

개별 언어에 대한 장은 52~59장과 61~65장을 포함한다. 언어그룹들이 어떻게 관계하는지에 관한 장은 6장(어족), 51장(영어의 기원), 그리고 52장(미국 원주민 언어들)을 포함한다.

다른 곳에서

- Batibo, Herman M. *Language Decline and Death in Africa: Causes, Consequences, and Challenges* (Multilingual Matters, 2005). 아프리카에서 멸종위기의 언어에 초점을 맞춘 입문서이다.
- Childs, G. Tucker. *An Introduction to African Language* (John Benjamins, 2004). 아프리카 언어와 언어학 입문서이다.
- Heine, Bernd and Derek Nurse, eds. *African languages: An Introduction* (Cambridge University Press, 2000). 아프리카 언어의 다른 측면의 연구들에 있어 전문 언어학자들에 의한 11편의 논문 모음이다.

- Webb, Vic and Kembo-Sure. *African Voices: An Introduction to the Languages and Linguistics of Africa* (Oxford University Press, 2000). 아프리카 언어와 그것의 아프리카 사회에의 중요성에 대한 논문들의 모음이다.
- Osborn, Donald. *African Language in a Digital Age: Challenges and Opportunities for Indigenous Language Computing* (HSRC Press /IDRC, 2010). 정보기술의 장점을 십분 활용하여 다언어 아프리카를 돕기 위한 노력의 시험적 시도를 볼 수 있다.

61
중국어를 공부하기 위해서는 고통을 자처해야 할까요?

배리 힐튼

중국어는(몇몇 서양 전도사들이 느끼는 것처럼) '중국에 복음전파를 막기 위해' 사탄에 의해 만들어졌을까요?
중국어가 세상에서 가장 어려운 언어일까요? 배울만한 가치가 있을까요?

만약 당신이 전문적인 언어학자에게 이와 같은 질문을 한다면 대부분은 아마 모든 언어는 어떤 면에서는 복잡하고 어떤 면에서는 단순하기 때문에 평균적으로 같은 수준의 복잡성을 가진다고 대답할 것입니다. 그러나 이것은 당신이 원하는 그런 종류의 답은 아닐 것입니다. 만약 당신이 질문을 조금 바꾸어 영어 모국어 화자가 배우기에 가장 어려운 언어가 무엇이냐고 묻는다면 중국어가 답이 될 가능성이 아주 높습니다. (배경정보: '중국어'라는 이름은 상호 밀접하게 관련된 최소한 6개 정도의 지역언어들을 말하는데 이들은 프랑스어, 스페인어, 이탈리아어가 상호간에 다른 것만큼의 차이를 가집니다. 내가 말하는 중국어는 이 모두에 적용되고 특히 가장 널리 말하는, 외국인들이 '표준중국어(Mandarin)'라고 부르는 것입니다. 이것이 중국 본토와 타이완의 공식언어입니다.) 몇 가지 이유를 한번 살펴봅시다.

첫 번째 어려움은 중국어는 영어와 관련이 없다는 사실입니다. 당신이 스페인어, 러시아어, 힌디어와 같은 인도-유럽어족에 있는 영어의 사촌을 공부할 때 당신은 발판으로 사용할 어원이 같은 많은 관련된 단어, 발음, 혹은 의미가 유사한 단어들을 발견할 것입니다. 중국어를 배우기 위해서 당신은 '타이푼(Typhoon(태풍)),' '컹호(gung ho(아주 열정적인)),' '쿨리(coolie(막노동꾼)), '카우타우(kowtow(저자세))'와 같은 몇몇 차용이를 제외하고는 완전히 새로 단어를 습득해야만 합니다.

두 번째 장애는 중국어는 영어화자 학습자가 듣고 따라 하기에는 어려울 수 있는 음성적 특성이 있습니다. 영어단어들처럼 중국어 단어들도 자음과 모음으로 만들어지지만 각각의 중국어 음절은 선택사항이 아닌 억양패턴을 가집니다. 중국어 음절은 다섯 개의 패턴에서 나옵니다. (1) 고음(만화의 오페라가수가 '미-미-미'를 연습하면서 준비하는 것을 생각하십시오), (2) 올림(문을 노크하는 데 대한 대답과 같은 'Yes?'), (3) 담그고 올림(길게 빼어 생각하는 것 같은 'we-e-ll'), (4) 갑자기 내림('Stop!'), 그리고 (5) 성조나 악센트가 없음('캐틀(cattle)'의 두 번째 음절처럼). 중국어 lyou^4(내림음)는 '6'을 의미하고 lyou^2(동일한 자음과 모음이지만 올림음)은 '유지하다'를 의미합니다. Ying^{2}mu^{4}은 '텐트'를 의미하고 ying^{1}mu^{3}은 '에이커'를 의미합니다. jya^{4}jr^{5}은 '가치'를 의미하고 Jya^{3}jr^{1}은 '인조팔'을 의미합니다. 성조를 잘못 사용하는 중국어 학습자는 영어학습자가 'fit'와 'feet'의 발음을 잘못 사용하거나 'hall'과 'hull' 발음을 잘못 사용했을 때 우리에게 이상하게 들리는 것처럼 중국어 화자의 귀에 이상하게, 혹은 이해할 수 없게 들릴 수 있습니다.

다음으로, 다른 많은 언어들—헝가리어, 아랍어, 인도네시아어 같은 언어들—도 영어화자 학습자가 의지할 수 있는 동일 어원을 가지지 않습니다. 그리고 베트남어, 태국어, 그리고 다양한 아프리카 언어들 또한 성조언어입니다. 중국어를 완전히 다른 레벨에 두게 하는 다른 장애가 있습니다. 바로 문자 체계입니다.

만약 당신이 읽고 쓰기 프로그램에 자원봉사를 한 경험이 있으면 글을 읽고 쓰지 못하는 것이 얼마나 큰 핸디캡인지 알 것이고, 성인 학습자가 종이 위에 표시된 수십 개의 구불구불한 선과 익숙한 발음을 연결시키는 '코드'를 마스터할 때 그들 스스로 얼마나 힘을 가진다고 느끼는지를 알 것입니다. 중국어를 배우는 사람들은 마스터해야 할 아주 복잡한 '코드'를 가지고 이러한 코드는 읽는 능력뿐만 아니라 어휘를 넓히고 다른 언어기술을 발달시키기 위한 능력을 방해합니다.

중국어 문자 체계가 사용하는 구불구불한 선—일반적으로 '문자(characters)'라 부름—은 영어가 나타내는 방식으로 자음과 모음발음을 나타내지 않습니다. 각각의 문자는 발음과 의미를 결합시키면서 하나의 완전한 음절단어를 나타냅니다. 예를 들어, 만약 중국어 같은 체계가 영어를 쓰는데 사용된다면 'unbearable'이라는 단어는 'un'을 나타내는 것 하나, 'bear'를 나타내는 것 하나, 'able'을 나타내는 것 하나 해서 세 개의 구불구불한 선으로 쓰일 것입니다. 그리고 여기서 'bear(참다)'를 나타내는 구불구불한 선은 'polar bear(북극곰)', 'childbearing(출산)', 'the right to bear arms(무기소지권리)'에 쓰이는—'barefoot(맨발)'이나 'Bering Strait(베링해협)'은 말할 필요도 없고—동일한 발음을 나타내는 구불구불한 선과는 다를 것입니다. 이것이 학습자가 암기해야 하는—24개의 알파벳 대신에 수천 개의 문자—많은 구불구불한 선을 더 많게 합니다. 이런 이유로 문맹은 중국의 가장 큰 문제입니다.

당신이 새로운 문자(혹은 당신이 배웠지만 잊어먹은 발음이나 의미)를 볼 때 당신은 그것을 어떻게 찾아봅니까? 수백 개의 중국어 사전이 있고 이 숫자만큼이나 많은 문자 배열을 위한 다른 체계들이 있습니다. 알파벳 순이 없어서 모르는 문자를 찾아 내려가는 것은 ABC 노래를 입안에서 흥얼거리면서 페이지를 넘기는 것보다 더 많은 노동이 듭니다. 심지어 당신이 문자를 찾았을 때에도 당신은 그것이 자체 단어인지 아니면 '참을 수 없는(unbearable)'과 같은 복합어의 한 부분인지—사전을 찾지 않고는 — 알지 못할 것입니다.

내 글이 중국어를 배우는 데 관심 있는 사람들의 기를 죽이기보다는 도전 의식을 심어줄 수 있길 바랍니다. 학습자는 중국어의 발음 체계가 성조를 제외하고는 아주 단순하다는 사실과 중국어 문법은—예를 들어, 나바호 문법과는 다르게—영어화자에게 어렵지 않다는 사실에서 용기를 얻을 수 있을 것입니다. 악마 같을 수 있는 문자 체계조차도 수세기 동안 외국인들을 매료시켰고 또한 세계의 위대한 문명 발생지 중의 한 곳의 고전 문학과 근대 경제적 생동력을 이해하는 데 열쇠를 제공합니다.

• 저자에 대해

배리 힐튼은 이 책의 부편집자이면서 이 책의 근간인 라디오 시리즈의 편집위원회의 위원이었다. 그는 프리랜서 작가겸 편집자이고 메인에 살고 있는 독립 학자로 작은 출판사들을 위한 마케팅 전문가로 일하고 있다. 그는 하버드대학의 우수졸업생이고 코넬, 예일, 조지워싱턴대학과 외국서비스연구소에서 대학원 공부 후 두루 여행을 하고 유럽과 아시아에서 살았었다. 그는 미국정부의 다양한 일에 그의 베트남어, 중국어, 일본어, 프랑스어, 독일어 실력을 전문적으로 사용하였다. 그는 자신을 "정식적인 훈련을 받지 않은 언어학자이고 다국어를 알았지만 현재로써는 그렇지 않은 사람"이라고 묘사한다.

추천도서

이 책에서

개별적 언어에 대한 다른 장으로는 52~60장과 62~65장이 포함된다. 문자 체계는 11장(문자들), 12장(문자의 역사), 58장(히브리어와 이디시어), 59장(아랍어), 그리고 62장(일본어)에서 논의되고 있다.

다른 곳에서

- Kratochvil, Paul. *The Chinese Language Today* (Hutchinson University Library, 1968). 비록 몇몇 예시 단어들은 오래 되었지만 진지한 일반 독자들을 위한 중국어에의 간단한 입문서로서 이 책은 다른 책에 의해 대체되지 않는다.
- DeFrancis, John. *The Chinese Language: Fact and Fantasy* (University of Hawai'i Press, 1984). 미국에서 중국어를 가르치는 노인이(1911~2009) 중국어에 관한 — 부분적으로 문자 체계에 관한 - 많은 잘못된 믿음을 아주 재미있는 방식에서 확실하게 밝힌다.
- McCawley, James D. *The Eater's Guide to Chinese Characters* (University of Chicago Press, 1984). 시중에는 '중국문자를 혼자 스스로 학습하세요.'라고 말하는 많은 가벼운 책들이 있고 이 중의 몇몇은 수박 겉핥기식이라 잠재적으로 잘못 인도하기도 한다. 맥코리의 가이드는 중국어 문자를 찾아가면서 읽기에서 실제적인 연습을 제공하지만 내용 자체는 일반 독자에게 중국어 메뉴판을 가지고 읽는 방법을 보이는 유용한 목표에 제한하고 있다.
- Moser, David. 'Why Chinese Is So Damn Hard', www.pinyin.info/readings/texts/moser.html. 중국어의 어려움에 대한 정확하고 놀랍게도 자세한 설명서. 그러나 책 자체는 잠재적 학습자에게 초대장으로 제공된다. 당신이 중국어 문자를 더 많이 알면 알수록 더 흥미 있고 중독된다.

62
일본어를 배우기 위해 애쓰는 것이 가치가 있을까요?

블래인 에릭슨

일본어는 정말 세계에서 가장 어려운 언어일까요?
일본어는 중국어와 관계가 있을까요?

'세계에서 가장 어려운' 언어라는 것은 없으며 어떤 언어든 당신의 모국어와 공통점을 덜 가질수록 배우는 데 시간이 더 걸립니다. 이런 측면에서 일본어는 영어 화자들에게 가장 어려운 언어 중의 하나 입니다.

그러나 일본어의 모든 면이 어려운 것은 아닙니다. 그것의 발음은 거의 문제가 없습니다. 아마 당신이 이미 알고 있는 것처럼 일본어는 영어의 'l'과 'r'에 해당하는 발음을 하나만 가지고 있긴 하지만 — 그래서 영어에서 일본인 악센트를 흉내 내는 코미디언은 단지 이 두 발음을 바꿈으로써 웃음을 자아냄 — 대부분의 발음은 영어와 비슷합니다. 불리한 측면은 일본어는 영어와 전혀 관련이 없어서 만약 당신이 독일어나 프랑스어를 배운다면 얻을 수 있는 것 같은 그저 먹을 수 있는 어원이 같은 단어로서 점화제 역할을 하는 어휘들을 가지지 못합니다. 일본어도 다른 언어들에서 많은 단어들을 빌려왔지만 당신이 그것들을 알아보지 못할 수도 있습니다. 예를 들어, '스미스(Smith)'라는 이름은 '수미수(Sumisu)'가 되고 '쿠루넥쿠 세타(kuruunekku seetaa)'는 '크루넥 스웨터(crew-neck sweater)'입니다.

일본어 문법은 그렇게 복잡하지 않지만 영어와는 확실히 다릅니다. 예를 들어, 영어 문장 순서는 일반적으로 주어, 동사, 그리고 목적어 순입니다. 일본어 문장은 동사를 맨 마지막에 두고 주어를 먼저 다음에 목적어를 두고 특히 '당신(you)' 이나 '나(I)'같은 단어는 종종 생략합니다. 일본어 문장은 또한 자주 조그만 단어로 끝나는데 이것들이 평서문을 의문문으로 바꾸기도 하고 혹은 문장을 더 단호하게 만든다거나 동의를 구하는 형태가 되게 합니다.

흥미롭게도 이러한 조그만 단어들의 어떤 것은 남자들만이 사용하고 어떤 것은 여자들만이 사용합니다. 이전만큼 그렇게 강하지는 않지만 남녀의 말의 차이는 영어보다 훨씬 큽니다. 사실 남녀어휘는 일본소설에서 남녀 사이의 대화에서 '그가 말했다' 나 '그녀가 말했다'를 생략해도 될 정도로 차이가 큽니다.

여자들은 '여성' 단어를 사용하는 것 이외에도 일반적으로 남자들보다 더 공손하게 말하는데 이것은 일본어의 또 다른 비영어적 측면을 보여주는 것입니다. 다듬어지고 공손하고 경의를 표하는 겸손한 말의 체계가 있습니다. 당신이 윗사람이나 초면인 사람과 말할 때 당신은 '가다'를 나타내는 '이라싸루(irassharu)'나 '말하다'를 의미하는 '오싸루(ossharu)'와 같은 '경의를 표하는' 단어를 사용하여 그들과 그들의 행동을 언급합니다.

당신이 간다거나 말한다는 것은 '겸손한' '마이루(mairu)'와 '모쉬아게루(mooshiageru)'를 사용합니다. (이것이 '당신'이나 '나'를 생략할 수 있는 부분적 이유이기도 합니다.) 당신이 친구나 가족과 이야기할 때 누구의 행동을 말하든 간에 당신은 '이쿠(iku)'나 '유우(yuu)'와 같은 '중립적' 단어를 사용할 수 있습니다. 언제 경의를 표하는 말을 사용해야 하고 언제 겸손한 말을 사용해야 하는지 당신은 어떻게 압니까? 이것은 성장하면서 일본어에 노출된 일본인들에게 조차도 쉽지는 않습니다. 큰 회사에 채용된 일본인 대학 졸업생들은 종종 공손한 말을 배우고 오라고 다시 돌려보내집니다. 그래도 당신이 하루 밤 사이에 그것을 마스터할 수 없다고 해서 석정하지 마십시오.

가끔 외국인들을 당황하게 만드는 또 다른 하나는 일본인들은 아주 자주 언어적 모서리들을 잘라버린다는 사실입니다. 그들은 '그것'이 무엇인지에 대한 언급도 없이 '그것'에 대해 말하고 모든 사람들이 대화의 주제가 무엇인지 알면 심지어 문장에서 동사, 주어, 목적어를 사용하지 않고 심지어는 구 전체를 말하지 않기도 합니다. 그들의 사교적 대화는 외부인에게 마피아의 전화통화만큼이나 아리송할 수 있습니다.

그럼에도 이것들은 여전히 당신이 합당한 시간과 노력으로 마스터할 수 있는 것들입니다. 학습자에게 경련을 일으키게 하는 것은 일본어 문자 체계입니다. 어떤 측면에서 그것은 통용어 중에서 가장 복잡한 문자 체계입니다.

다른 많은 아시아 사람들과 마찬가지로 일본인들도 중국의 영향을 많이 받았습니다. 그들이 그들 자신의 언어 — 이것은 중국어와는 전혀 관련이 없음 — 를 쓰기 시작했을 때 그들은 중국문자를 받아들였습니다. 일본인들은 학습자들이 어려워하는 기존의 체계 — 수천 개의 문자를 암기해야 하는 — 를 받아 들였고 어려움을 더 첨가했습니다. 그들은 동일한 문자를 여러 개의 다른 단어를 위해 사용했습니다. 만약 영어가 일본방식으로 중국문자를 가지고 쓰인다면 동일 문자가('말'을 쓰기 위해 사용된 것을 예를 들어 보면) '기사도정신(chivalry),' '기사도(cavalier),' '기수(horseman),' 그리고 심지어 '기사(knight)'의 문자버전의 일부로 나타날 수 있습니다. 독자는 이것들 중에 어느 것을 작가가 의미하는지를 문맥으로부터 추론해야 합니다. 그래도 생각만큼 그렇게 어렵지는 않습니다. 일본인들은 일반적으로 단지 약 2천 문자 정도(중국인들의 경우 3천, 4천, 혹은 더 많이 사용하는 것과는 대조적 임)를 사용하고 꽤 많은 것을 소리 나는대로 적습니다. 그러나 단지 당신을 긴장시키기 위해, 일본인들은 두 개의 다른 자체적 시스템에 더하기 로마 알파벳을 가지고 그렇게 합니다! 일본에서 태어난 사람에게도 이것은 혼란스러울 수 있습니다.

일본인들은 가끔 그들의 언어가 제기하는 장애물에 비뚤어진 자부심을 가지는 것 같지만 사실은 외국인들도 그것을 배울 수 있고 배웁니다. 어떤 사람들은 일본의 유명인이 되기도 합니다. 일본어를 잘 배우는 것은 유럽언어를 배우는 것보다 더 많은 공부를 요구하겠지만 그 노력은 진정으로 가치 있습니다. 일본은 1억 2천 7백만의 모국어 사용자를 가지고 이것이 일본어를 독일어, 프랑스어, 이탈리아어에 앞서는 세계에서 8번째로 가장 많이 말해지는 언어로 만듭니다.

일본이 제국주의 힘으로써 두려움의 대상이었고 '메이드 인 저팬'의 레벨이 값싼 모조품을 의미하는 것으로 생각되었던 시기는 오래 전에 지났습니다. 오늘날, 세계는 일본과 비즈니스를 하고 일본 제품들을 사고 일본의 팝뮤직과 애니메이션을 포함하여 스시에서 스모에 이르기까지 모든 일본문화를 즐기기 위해 일본의 문에 길을 냅니다. 매혹적인 문화를 이해하고 감상하기 위한 관문은 일본 언어입니다.

• 저자에 대해

블래인 에릭슨은 캘리포니아 주의 만터리 디펜스언어연구소 외국어센터의 부교수이다. 그는 오리건대학, 와세다대학(도쿄), 중국홍콩대학, 그리고 마노아 하와이대학에서 수학했다. 그는 근대일본어와 역사적 일본어 음운학과 형태론 전문가이고 중국어역사, 근대 광둥어, 그리고 근대영어와 역사적 영어에도 관심이 있다. 그는 요코하마, 삿포로, 가나자와, 그리고 구마모토에 살았고 일본의 많은 다른 지역들을 여행했다. 그가 가장 좋아하는 음식은 우나기(석쇠에 구운 신선한 장어)이고 구마모토의 특미인 바사시(말생고기)가 두 번째이다.

추천도서

이 책에서

개별적 언어에 대한 다른 장으로는 52~61장과 63~65장이 포함된다. 문자 체계는 11장(문자들), 12장(문자의 역사), 58장(히브리어와 이디시어), 59장(아랍어), 그리고 61장(중국어)에서 논의되고 있다.

다른 곳에서

- Miller, Roy Andrew. *The Japanese Language* (University of Chicago Press, 1967). 이 책은 오래됐지만 고전이다. 다양한 토픽을 담고 있는데 그 중에는 일반 독자보다는 보다 전문가들의 관심을 끌 수 있는 것들도 있다. 그러나 여전히 읽어볼 만한 책이다.
- Shibatani, Masayoshi. *The Language of Japanese* (Cambridge University Press, 1990). 밀러의 책보다는 훨씬 최근의 책으로 일본어뿐만 아니라 일본 북부에서 사용되는 거의 멸종위기에 있는 언어인 아이누도 담고 있다. 이 책도 특정 주제는 일반 독자에게 너무 전문적일 수도 있겠지만 여전히 읽을 만하다.
- McClain, Yoko Matsuoka. *Handbook of Modern Japanese Grammar* (Hokuseido Press, 1981). 일본어를 배우는 학생에게 훌륭한 참고도서로 주제들이 문법 패턴과 타입에 의해 논리적으로 나누어져 있다.
- Haig, John H., ed. *The New Nelson: Japanese-English Character Dictionary, based on the classic edition by Andrew N. Nelson* (Tuttle, 1997). 일본어를 읽기 위해 배우는 데 진지한 사람을 위한 확실한 참고도서이다.

63
인도 언어는 무엇일까요?

비제이 감비르

인도에는 몇 개의 언어가 있을까요? 인도에서 영어의 역할은 무엇일까요?
인도에 있는 모든 사람들이 힌디어를 사용할까요?
힌디어와 우르두어의 차이는 무엇일까요?

인도의 언어상황은 아주 복잡합니다. 일본이나 스웨덴과 같은 나라는 그 나라를 하나로 정의하는 한 언어를 가지지만 인도는 수백 개의 언어와 방언들을 가집니다. 2001년 인구조사에서 어떤 언어를 자신의 어머니로부터 배웠냐고 시민들에게 물었습니다. 통계된 대답은 1,635개의 다른 스피치공동체를 입증했고 이 중 234개의 언어는 만 명에서 그 이상의 화자를 가졌습니다. 인도어 전문가들은 이 234개의 공동체를 122개 언어의 사투리로 분류합니다. 122개 중에서 22개는 인도 인구의 약 95%에 의해 모국어로 사용되고 그들의 주요 역할은 국가헌법에 명확하게 인식되고 있습니다.

이 22개의 언어는 아주 다양합니다. 가장 폭넓게 사용하는 힌디어는 영어처럼 인도-유럽어족에 속합니다. 아삼어, 벵골어, 도그리어, 구자라트어, 카슈미르어, 콩카니어, 마이틸리어, 네팔어, 오리야어, 푼자비어, 산스크리트어, 그리고 우르두어도 마찬가지로 인도-유럽어족입니다. 인도 남부에 고유한 드라비드어족은 칸나다어, 말레이시아어, 태밀어, 그리고 텔루구어로 대표됩니다. 22개 언어 중 두 개인 보도어와 마니푸리어는 중국어와 같은 중국-티베트어족입니다. 방글라데시, 네팔, 그리고 부탄 국경 지역에서 주로 말해지는 산탈리어는 캄보디아어처럼 오스트로-아시아어족에 속합니다. 모든 인도 언어들이 다 헤아려진 것 같지는 않습니다. 최근 2008년에 내셔날 지오그래픽의 '인듀링 보이스(Enduring Voices)' 프로젝트가 히말라야 지역에서 코로라고 불리는 기존에 알려지지 않은 언어를 발견했습니다.

이 엄청난 언어 다양성은 현실적 목적에서 두 개의 '공식' 언어, 표준힌디어를 기본언어로 하면서 힌디어와 영어로 축소되었습니다. 인도에 있는 모든 사람들이 힌디어를 알지는 않지만 힌디어는 광범위하게 사용되고 도심지에 사는 대부분의 사람들은 힌디어를 말할 수 있습니다. 비록 비 힌디어 지역에 있는 사람들은 힌디어에 대한 기능적 지식이 없다 할지라도 직장과 비즈니스 기회를 위한 내부적 이동으로 인해 힌디어는 급속도로 파급되고 있습니다. 발리우드라고 대중적으로 알려진 인도 영화산업도 또한 나라 전역으로 힌디어를 대중화시켰습니다. 뭄바이(봄베이), 콜카타(캘커타), 그리고 방갈로(인도의 실리콘밸리)와 같은 광역도시들의 언어 프로파일은 최근에 크게 변했습니다. 이 도시들의 지역언어는 각기 마라티어, 벵골어, 그리고 칸나다어이지만 힌디어가 이 세 곳에서 모두 시장 언어 혹은 공용어로 기능하고 있습니다.

힌디어가 기본어이기는 하지만 인도는 세계에서 두 번째로 큰 영어 사용국이라는 사실을 기억하십시오. 영어는 1800년대 초 영국의 식민지와 함께 인도 아대륙에 들어왔고 그 이후로 그곳에서 역할을 담당하고 있습니다. 식민통치자의 언어로서 영어는 인도의 독립투쟁 당시 마하트마 간디와 같은 독립투사들에 의해 외면당했습니다. 그렇지만 많은 인도 언어들 사이에서 경쟁력 때문에 결국 공식언어로 채택되었습니다. 1960년대 중반 힌디어에 대항하는 강력한 언어폭동 이후 정부는 영어가 무한정 기간 동안 공식어로 계속될 것을 공포했습니다.

영어는 고등교육언어입니다. 그리고 세계화가 모든 레벨에서 영어훈련을 시키도록 하는 요구를 급속하게 조장했습니다. 왜냐하면 영어 유창성은 고연봉 직업을 위한 티켓으로 보였기 때문입니다. 영어는 인도의 중, 고등학교에서 의무과목입니다. 이것은 학생들에게 힌디어, 영어, 그리고 지역어를 가르칠 것을 요구하는 소위 말하는 '3개 언어 공식'의 정책 아래에서 행해집니다. 많은 중산층 부모들은 아이들을 국공립학교가 아닌 사립학교에 보냅니다. 대학 졸업생들은 그들의 대화실력을 향상시키기 위해 영어코칭센터로 달려갑니다.

그럼에도 불구하고 단지 인도인들의 일부만이 영어로 능숙하게 일할 수 있습니다. 그들의 영어는 종종 그들 자신의 고유한 향을 가지고 있습니다. 이것은 단일어 사용 미국인에게는 놀랍게 보일 수도 있지만 여전히 일을 해냅니다. (그리고 인도인 스텝으로 된 상업적 영어 콜센터는 급속히 성장하고 있습니다.) 힌디어 화자는 자주 영어단어나 구를 그들의 구어에 섞고 힝글리쉬라고 알려진 힌디어 버전을 만들어 냅니다. 예를 들어, I told you ke vo aayegaa('그가 올 것이라고 내가 말했잖아'). 힝글리쉬는 젊은 세대에게는 '멋있는 표현'이 되고 있습니다. 힝글리쉬는 또한 인도에서 비힌디어 사용자에게 덜 위협적으로 느껴지기 때문에 엘리트와 비엘리트 간의 언어의 갭을 줄이고 코카콜라나 맥도날드와 같은 다국적 기업들이 인도 소비자에게 접근하는 도구로 사용되고 있습니다.

그러면 우르두어는 어떨까요? 비록 이 질문이 정치적 질문일지라도 힌디어와 우르두어는 동일한 언어의 사투리일 정도로 가깝기 때문에 힌디어에 대한 모든 논의는 파키스탄의 기본언어를 포함해야만 합니다. 비록 그들은 동일한 어원과 거의 동일한 기본적 어휘, 문법, 소리체계를 가지고 있지만 이들은 인도에서 다른 언어로 취급되고 인도헌법에 분리된 언어로 기록되어 있습니다. 한 가지 이유는 그들이 다른 문자 체계를 가진다는 사실입니다. 힌디어는 왼쪽에서 오른쪽으로 쓰는 데바나가리(산스크리트문자와 동일함)를 사용하고 우르두어는 오른쪽에서 왼쪽으로 쓰는 나스타리크(페르소-아랍 문자)를 사용합니다. 그러나 진짜 이유는 힌디어 화자와 우르두어 화자는 다른 사회·종교적 정체성을 가지고 그들은 그들의 문학의 공식 어휘들을 다른 자원에서 빌려오기 때문입니다. 힌디어는 대부분 산스크리트어에서 빌려오고 우르두어는 아랍어와 페르시아어에서 빌려옵니다. 힌디어와 우르두어의 구어는 상호간에 이해할 수 있을 정도이지만 두 언어는 문학의 공식적 레벨에서 상당히 분리되어 성장했습니다.

그렇게 오래된 과거가 아닌 힌디어가 지구의 좁은 지역에 한정되고 인도 밖에서는 거의 배워지지 않은 시기가 있었습니다. 더 이상은 아닙니다. 힌디어 화자는 수리남, 싱가포르, 두바이, 영국, 캐나다, 오스트레일리아, 그리고 미국과 같은 지역에서 수없이 나타납니다. 힌디어는 미국 전역으로 거의 백 개의 칼리지와 대학 — 그리고 심지어는 몇몇 초등학교 — 에서 가르쳐지고 있습니다. 힌디어의 영향력은 상승하고 있고 '세계언어'의 대열에 합류된다고 당당하게 말할 수 있을 것입니다.

• 저자에 대해

비제이 감비르 박사는 펜실베이니아대학 남아시아 언어와 언어학과 퇴임교수이다. 그녀의 관심분야는 힌디어 구문론, 언어습득, 평가, 그리고 유산언어학습 등을 포함한다. 그녀는 전문적 저널에 다수의 논문을 발표했고 *South Asia Language Pedagogy and Technology* 의 편집자이다. 그녀는 또한 온라인 저널 'South Asia Language Pedagogy and Technology'의 첫 번째 권인 *Teaching and Learning Heritage of South Asia*의 초대편집자이다. 그녀는 힌디어 학습을 위한 대중적 비디오 시리즈, 〈nayii dishaayen naye log(새로운 방향, 새로운 사람)〉의 공동저자이다.

추천도서

이 책에서

다언어 사회를 다루는 다른 장으로는 9장(국제어)와 21장(언어충돌)을 포함한다. 힌디어의 중요성은 39장(미국 언어 위기)의 주제이고 힌디어의 문법 예는 18장(언어와 사유)에서 인용되고 있다. 언어들 간의 관련성은 4장(사투리들)과 6장(어족)에서 논의되고 있다. 개별 언어에 대한 장으로는 52~62 그리고 64~65를 포함한다.

다른 곳에서

- www.lib.berkeley.edu/ANTH/emeritus/gumperz/gumptalk.html.
- Gumperz, John J. 'Crosstalk' (BBC를 통해 방송됨, 1979). 〈다인종 영국〉이라는 제목으로 방송된 프로그램의 10개의 시리즈 중의 하나로 영국인과 인도 이민자들 사이의 일하는 동안 발생한 오해들을 다룬다.
- www.indiaeducation.net/UsefulResources/Maps. 인도의 주들과 주가 아닌 지역을 통틀어 주요 인도 언어들의 분포를 보여준다.
- Kachru, Braj, Yamuna Kachru, and S. N. Sridhar, eds. *Language in South Asia* (Cambridge University Press, 2008). 서론은 산스크리트, 페르시아어, 그리고 영어의 남아시아언어들에의 언어적 영향을 논의한다. 이 책의 2장은 남아시아의 다수언어, 소수언어, 그리고 부족언어의 지위에 대해 논의한다.
- Rai, Amrit. *A House Divided: The Origin and Development of Hindi-Urdu* (Oxford University Press, 1984). 힌디어/우르두어의 기원과 현대 힌디어와 우르두어

의 두 언어로의 분리에 초점을 맞추고 있다.

- Schiffman, Harold F. *Bilingualism in South Asia: Friend of Foe?* (www.lingref.com/isb/4/163ISB4.PDF, 2005). 독립 이후의 시기에 있어 인도의 언어 충돌과 영어의 역할에 대한 견해를 제공한다.

64
에스페란토어는 어떻게 되었을까요?

애리카 오크렌트 · E. M. 릭커슨

보편언어에 대한 생각은 어떻게 됐나요?
에스페란토어는 여전히 살아있나요? 만약 그렇다면 누가 사용하고 있나요?

세상의 모든 사람들이 동일한 언어를 사용한다면 좋지 않을까요? 혹은 모든 사람들이 가정에서는 그들 자신의 언어를 사용하지만 국제적 의사소통을 위해 동일한 제2언어(어느 한 나라에 속하지 않고 단지 몇 주 만에 배울 수 있는 쉬운 언어)를 배우는 것에 동의한다면 마찬가지로 좋지 않을까요?

만약 당신이 이 생각을 마음에 들어 한다면 당신은 좋은 동지와 있는 것입니다. 빠르게는 17세기 베이컨, 데카르트, 라이프니츠와 같은 철학자들에서 시작하여 국제언어에 대한 수백 개의 제안이 있었습니다. 그리고 사람들은 여전히 국제어를 만들려고 시도하고 있습니다. 그러나 여러 가지 이유로 성공적으로 지속된 유일한 언어는 19세기 후반 사람들을 연합시키기도 하고 분리시키기도 하는 언어의 힘을 이해했던 폴란드의 이상주의자 루트비히 자멘호프에 의해 만들어진 에스페란토어입니다.

에스페란토어는 어떤 종류의 언어일까요? 이 언어에 대해서는 들어봤지만 말해지는 것을 들어본 적 없는 사람들은 때때로 이 언어가 스페인어에 기초한다고 믿는데 사실이 아닙니다. 이름 '에스페란토'는 스페인어 향이 납니다. 그러나 어휘는 유럽언어들의 혼합입니다. 라틴어와 로망스 언어의 어근들뿐만 아니라 슬라브어와 게르만어의 어근들을 포함합니다. 이 언어의 이름은 '희망'(esper-)을 뜻하는 로망스 어근과 어미 –ant– (행동이 취해진다는 것을 나타냄) 와 -o (단어를 명사형으로 만듦)로 만들어졌습니다. 그래서 의미는 '희망하는 사람'입니다.

에스페란토어 단어를 만들기 위해 사용된 어미들은 완벽하게 규칙적입니다. 명사는 항상 -o로 끝나고 형용사는 -a로, 현재시제 동사는 -as로 과거시제 동사는 -is로 끝납니다. 이러한 어미들을 알면 단어를 만들기 위해 어떤 어근에 이들을 어떻게 첨가해야 할지를 알 것입니다. 최소한의 암기만으로 당신은 이 말을 시작할 수 있고 아주 빠르게 익혀 나갈 수 있다는 의미입니다. 에스페란토어는 성가신 불규칙성과 예외를 가지는 자연언어보다 배우기가 훨씬 쉽습니다. 그러나 완벽하게 예측할 수 있지는 않습니다. 배워야만 하는 표현들, 숙어들, 그리고 구들을 함께 묶는 방법들이 있습니다. 에스페란토어의 규칙들은 정해져 있지만 그렇게 잘 정해져 있지는 않습니다. 이것이 다른 수백 개의 경쟁자들이 어떤 견인력도 얻지 못했는데도 에스페란토어는 번성할 수 있었던 이유 중의 하나입니다. 에스페란토어는 변화와 성장을 위한 여지를 허용하고 사용자의 공동체가 사용을 통해 그것의 표준을 정하는 것을 허용합니다.

그러면 에스페란토어는 어떻게 됐을까요? 이 언어는 1887년에 만들어졌고 1920년대 전쟁의 피폐함으로부터 크게 인기를 얻었고 심지어 국제 연맹의 공식언어 후보가 되기도 했습니다. 그런 다음 점점 퇴색되었습니다. 그러나 사실 사라지지는 않았습니다. 20세기를 통해 흥망성쇠를 가졌지만 이 언어는 조용히 살아남았습니다. 그리고 21세기가 시작되면서 에스페란토어는 다시 드러났고 인기를 얻고 부상하고 있습니다. 부분적으로는 인터넷 덕분에 그렇습니다. 한때 에스페란토어 사용자들은 그것을 말하는 다른 사용자와 대화하기 위해 미팅이나 컨퍼런스를 찾아 여행해야 했지만 지금은 컴퓨터에 앉아 전 세계에 있는 그들의 동료 에스페란토어 사용자와 채팅할 수 있습니다.

이것은 미팅이나 컨퍼런스가 여전히 에스페란토어 사용에 있어 중요한 부분임을 말하는 것입니다. 다른 많은 발명된 언어들이 단지 상업이나 과학이나 국제외교를 위한 유용한 도구로 세계에 소개된 반면 에스페란토어는 인간이 언어를 가지고 할 수 있는 다양한 많은 것들에 초점을 맞춤으로써 그것의 매력을 얻었습니다. 에스페란토어 사용자들이 모였을 때 그들은 에스페란토어 노래, 코미디, 시 낭송 등을 합니다. 에스페란토어 소설과 잡지들도 있습니다. 《반지의 제왕》뿐만 아니라 성경 에스페란토어 번역도 있습니다. 에스페란토어 농담, 단어게임, 욕설도 있습니다. 심지어는 완전히 에스페란토어로 된 사운드 트랙을 가진 보통 장편 영화 길이의 영화도 있습니다. 전 〈스타트랙〉의 젊은 윌리엄 샤트너를 주연으로 하는 〈인큐버스(Incubus)〉.

지구상에 에스페란토어를 모국어로 하는 수백 명의 사람들이 있습니다. 모국어란 당신이 어머니 무릎 위에서 배운 것이고 에스페란토어는 이미 모국어를 가지고 있는 사람들을 위해 건축된 언어이기 때문에 아마 당신은 누가 이 언어를 모국어로 사용할 수 있을지 의심스러울 것입니다.

어머니와 아버지가 에스페란토어 컨퍼런스에서 만나 각자의 모국어를 사용하지 않는 것입니다. 그래서 그들은 가정에서 에스페란토어를 사용하고 그들의 아이들에게 에스페란토어로 말하면서 키웁니다. 이러한 새로운 에스페란토 모국어 화자는 단일언어 사용자는 아닙니다. 그들은 집밖에서 다수인 언어를 사용합니다. 이들의 언어상황은 이민 온 부모가 집에서 다수인 언어와 다른 언어를 사용하는 상황에서 자란 아이들과 크게 다르지 않습니다.

에스페란토어 사용자들은 흩어져 있어서 정확한 수를 헤아리기는 어렵습니다. 에스페란토어 화자라고 불리기 위해서는 어느 정도로 유창해야 하는지를 말하는 것도 어렵습니다. 그러나 최소한 약 10만 명 정도—5만 명이 타당한 추정치가 될 것 같음—가 어느 정도의 대화 능력을 가지고 있습니다. 매해 열리는 유니버셜 콘그레스—대부분 유럽에서 열리지만 중국, 한국, 일본, 브라질 그리고 이스라엘에서도 열렸음—에는 일반적으로 2천 명 정도가 참석합니다.

에스페란토어는 오랜 언어발명의 역사에서 현재까지 가장 성공적인 언어입니다. 보편언어도 아니고 그렇게 될 것 같지도 않지만 살아있는 언어가 되었습니다.

• 저자에 대해

애리카 오크렌트는 시카고대학 언어학과와 인지심리학 인지신경과학 프로그램에서 박사학위를 받았다. 그녀는 *The American Scholar*, *Tin House*, 그리고 *Slate*에 언어에 관한 글을 쓰고 있다. 2009년도 책 *In the Land of Invented Languages*를 집필하던 중에 그녀는 클링온 1단계 자격증을 땄다.

E. M. (릭)릭커슨은 이 책의 총괄 편집장이다. 그는 독일어 명예교수, 찰스턴대학(사우스캐롤라이나)에서 수상한 언어 프로그램의 명예책임자, 미국정부의 언어학습진보센터의 전 부국장이었으며, 국립언어박물관에도 관여하고 있다. 2005년 그는 *The Five-Minute Linguist*로 이후에 각색된 언어에 관한 라디오 시리즈 〈Talkin' About Talk〉를 만들었다. 현재 그는 은퇴하여 노스캐롤라이나에 있다.
이메일: rickerson@bellsouth.net.

추천도서

이 책에서

인간에 의해 의식적으로 만들어진 언어에 대한 다른 장들은 26장(수화)와 65장(인공언어 조사)가 포함된다. 다른 방법으로는 의사소통할 수 없는 집단 사이의 '가교'로써 봉사한 언어들은 9장(국제어), 10장(피진 언어들), 53장(라틴어) 그리고 58장(히브리어와 유대인어)에서 논의되고 있다.

다른 곳에서

- Okrent, Arika. *In the Land of Invented Languages: Esperanto Rock Stars, Klingon Poets, Loglan Lovers, and the Mad Dreamers Who Tried to Build a Perfect Language* (Spiegel & Grau, 2009). 인공언어를 만듦으로써 바벨을 극복하려는 많은 시도들에 대한 인기 있는 역사서이다.
- Richardson, David. *Esperanto-Learning and Using the International Language* (Esperanto League for North America, 3판 2004). 에스페란토어의 역사, 언어의 완전한 코스, 샘플 에스페란토와 설명서, 그리고 참고문헌을 담고 있다.
- Jordan, David. *Being Colloquial in Esperanto* (League for North America, 2nd edition 2004). 에스페란토어 문법에 대한 완벽한 개관서이다.
- www.Esperanto.net. 62개의 다른 언어로 에스페란토어에 관한 일반적인 정보를 제공하고 다른 관련된 사이트의 링크를 제공한다.
- www.lernu.net. 당신이 에스페란토어를 배우는 것을 돕는 다언어 사이트로 무료이다.

65

여기 클링온을 사용하는 사람이 있나요?

크리스토퍼 모즐리

사람들은 왜 인공언어를 만들까요?
만든 언어가 자연언어보다 더 과학적일 수 있을까요?

지구상에는 이미 거의 7천 개의 언어가 있는데 무엇이 사람들로 하여금 새로운 것을 또 만들도록 할까요? 어떤 사람의 동기는 상호이해를 바탕으로 전 인류를 연결하는 하나의 언어를 창조하는 것과 같은 이상적인 것처럼 보이는 동기입니다. 그러나 이러한 동기에는 결함이 있는 것 같습니다. 역사적으로 가장 치열한 충돌 중의 몇몇은 같은 언어를 사용하는 사람들 사이에 일어난 싸움이었습니다. 베트남전이나 영국시민전쟁, 미국시민전쟁, 그리고 영국과 미국 간의 전쟁을 생각해 보십시오!

또 다른 동기는 비밀사회를 만들기 위한 것처럼 보입니다. 어린아이들은 이것을 위해 늘 언어를 만듭니다.

그리고 허구적 시민을 위한 배경으로 만들어진 언어들도 있습니다. 좋은 예로는 TV시리즈 〈스타트랙〉에서 클링온(Klingon) 언어와 《반지의 제왕》에서 요정, 난쟁이, 그리고 중동의 다른 거주민들을 위해 만들어진 언어가 있습니다.

또 다른 이유는 사상가들이 자연언어가 세계를 완벽하게 나타내지 못하는 것에 대해 실망한 나머지 인공언어를 만든 경우입니다. 최소한 빠르게는 17세기에 시작해서 수학에서처럼 심벌을 사용하여 어떤 언어를 사용하든 상관없이 이해될 수 있는 '논리적' 언어를 창조하려는 시도가 있었습니다. 그러나 창조된 언어는 논리적이었지만 그것 또한 복잡하고 제멋대로이고 발명자를 제외하고는 배우기가 힘들었습니다.

1880년 볼라퓌크(Volapük)이라 불린 언어를 시작으로 하여 19세기 후반 보편언어에 대한 시도의 큰 흐름이 있었습니다. 그때 에스페란토어와 노비알, 인터링구아라 불린 언어와 수많은 다른 언어들이 나왔습니다. 대부분의 이런 언어들은 대개 독일어, 프랑스어, 영어, 스페인어와 같은 서유럽언어에 근거를 둡니다. 그리고 이들 대부분은 소멸되었습니다. 만들어진 언어가 언어 사용의 폭풍우 바다에 띄워지면 그것이 제아무리 정교하고 체계적이라 할지라도 발명가가 죽기까지 거의 살아남지 못합니다.

이러한 이상적인 19세기 발명품 중 가장 잘, 가장 널리 알려진 것이 에스페란토어입니다. 에스페란토어는 자체의 엄청난 문헌을 가지고 있고 오늘날에도 여전히 전 세계적으로 많은 열성적인 화자들을 가집니다. 보다 비일상적 개념을 가진 다른 인공언어들도 있습니다. 가장 흥미로운 인공언어 중 둘은 외계인이나 음악적 생각에 바탕을 둔 것입니다. 허구적이라 할지라도 클링온은 비언어학자들에게도 알려졌고 에스페란토어처럼 그것의 발명가 이후에도 살아남은 드문 언어 중의 하나입니다. 만약 당신이 그 언어를 배우고 싶으면 영어뿐만 아니라 포르투갈어, 독일어로 된 문법책, 오디오 테이프, 멀티미디어 클링온 튜터, 그리고 사전과 같은 도움을 받을 수 있는 것들이 있습니다. 그 언어가 살아있도록 노력하는 세계적 조직들까지도 있습니다. 대략 2천 단어의 텔레비전을 위해 만들어진 이 언어의 모든 것은 클링온인의 폭력적인 본성을 보여주기 위해 가능한 한 외계인 같고 잔인한 발음이 되도록 계획되었습니다.

19세기에 발명된 것들 중의 하나인 제2언어는 나에게 영화 〈미지와의 조우(Close Encounters of the Third Kind)〉를 기억나게 합니다. 외계 비행물체가 잊을 수 없는 다섯 개 어조의 시리즈를 말하도록 지구인을 가르침으로써 지구인과의 대화를 시작하길 시도하는 것을 기억할 것입니다. 발명언어 솔레솔(Solresol)도 아주 유사한 원리에 기초합니다. 노래를 가르치는데 사용된 도-레-미 시스템으로 시작되는 솔레솔은 특정한 연속에서 7개의 음계를 결합함으로써 단어를 만듭니다. 예를 들어, 파-파-도-파는 '의사'를 위한 단어이고 파-파-도-라는 '치과의사'를 말합니다. 솔레솔은 배우기가 상대적으로 쉽고 이 언어를 독특하게 만드는 것은 말해질 수 있을 뿐만 아니라 노래 불릴 수 있고 놀이나 휘파람으로 불 수 있다는 사실입니다! 이 언어는 한동안 인기가 있었습니다.

과학적인 목적으로 만들어진 언어들도 있습니다. 수학적 논리에 기초한 문법규칙이 언어 화자를 좀 더 명쾌한 사유자로 만드는지 아닌지를 테스트하기 위해 1960년에 만들어진 로글란(Loglan)이 그 예입니다. 그리고 1962년에 발명된 하나의 문자가 하나의 음절을 나타내는 문자 체계를 가진 'BABM'('보아보무'라고 발음됨)도 있습니다. 혹은 1979년에 발명된 것으로 생각과 소리를 나타내기 위해 문자보다는 아이콘을 사용하는 것도 있습니다. 리스트는 계속됩니다.

자멘호프 박사의 창조물 에스페란토어와 19세기 후반에 함께 경쟁했던 이도어나 노비알어 같은 언어는 모두 유럽의 자연언어의 기초 위에서 만들어졌습니다. 유럽제국들이 당시에 세계를 포위하고 있었고 라틴어나 그것의 자손 언어들이 이런 인공언어들의 기초로 취해진 것은 자연스러운 일입니다. 이 언어들은 언어학자들이 — 이미 존재하는 언어들의 혼합으로 만든 — '경험적' 언어라고 부르는 것들입니다. 솔레솔, 클링온, 그리고 다른 언어들은, 어떤 것들은 친숙한 알파벳을 사용하고 어떤 것들은 자체의 문자를 사용하는데, 우리가 순수하게 창조한 것으로 '선험적' 언어라고 부릅니다.

www.langmaker.com이라는 웹사이트가 있는데 기술적 어려움이 없다면 여기서 당신은 재미로든 생각을 더 발전시키기 위해서든 새로운 언어들을 포함하여 여러 언어들을 발견할 수 있습니다. 우리가 이미 가지고 있는 것보다 더 나은 당신 자신의 언어를 창조해 보고 싶습니까? 그렇다면 같이 한번 해 봅시다. 이것은 언어를 좋아하는 사람들 사이에서는 보편적인 충동인 것 같습니다.

• 저자에 대해

크리스토퍼 모즐리(chrismoseley50@yahoo.com)는 대학 강사, 작가, 프리랜서 번역가, *Encyclopedia of the World's Endangered Languages* (2006)의 편집자, 그리고 *Atlas of the World's Languages* (1993)의 공동 편집자이다. 2009년 그는 유네스코 세 번째 판 *Atlas of the World's Languages in Danger*를 편집했다. 그는 인공언어에 특별한 관심을 가지고 있다. (그리고 스스로 하나를 만들었다.)

추천도서

이 책에서

언어는 인간에 의해 지속적으로 창조된다는 것에 대한 장은 26장(수화)와 64장(에스페란토어)를 포함한다.

다른 곳에서

- Large, Andrew. *The Artificial Language Movement* (Blackwell, 1985). 라지의 책은 한 권으로 복잡한 이야기에 대한 가장 종합적 리뷰를 제공한다. 만약 당신이 개별 언어에 대해 더 한층 조사하기를 원한다면, 저자들의 교재와 안내서 그리고 그들의 선전을 찾아봐야 한다. 이것들은 찾기가 아주 힘들 것이다. 현재도 남아 있는 것들은 거의 없다.
- Okrent, Arika. *In the Land of Invented Languages: Esperanto Rock Stars, Klingon Poets, Loglan Lovers, and the Mad Dreamers Who Tried to Build a Perfect Language* (Spiegel & Grau, 2009). 라지의 책보다는 덜 백과사전적이지만 학문적이고 아주 읽기 쉽고 재미있다.
- 위에서 언급한 www.langmaker.com 사이트는 오늘날 언어를 만드는 데 생생한 경쟁을 볼 수 있는 훌륭한 곳이다. 《언어학에 대한 65가지 궁금증》의 출판 날까지 주 사이트는 기술적인 문제로 작동되지 않았다. 그러나 사이트의 다른 섹션들은 볼 수 있다. 가능한 섹션으로는 www.langmaker.com/base.html, www.langmaker.com/conlang.html, www.langmaker.com/mlindex.html, 그리고 www.langmaker.com/outpost/ido.htm. 등이 있다.

찾아보기

(ㅅ)

(ㅇ)

(ㅈ)

The 5-Minute Linguist, Second edition

언어학에 대한 65가지 궁금증

엮은이 E. M. 릭커슨·배리 힐튼
옮긴이 류미림
펴낸이 박문규
펴낸곳 경문사
펴낸날 2013년 9월 1일 1판 1쇄
등 록 1979년 11월 9일 제313-1979-23호
주 소 121-818, 서울특별시 마포구 와우산로 174
전 화 (02)332-2004 팩스 (02)336-5193
이메일 kyungmoon@kyungmoon.com

값 22,000원

ISBN 89-978-6105-712-7